מסורה

ArtScroll Halachah Series®

Rabbi Nosson Scherman / Rabbi Meir Zlotowitz

General Editors

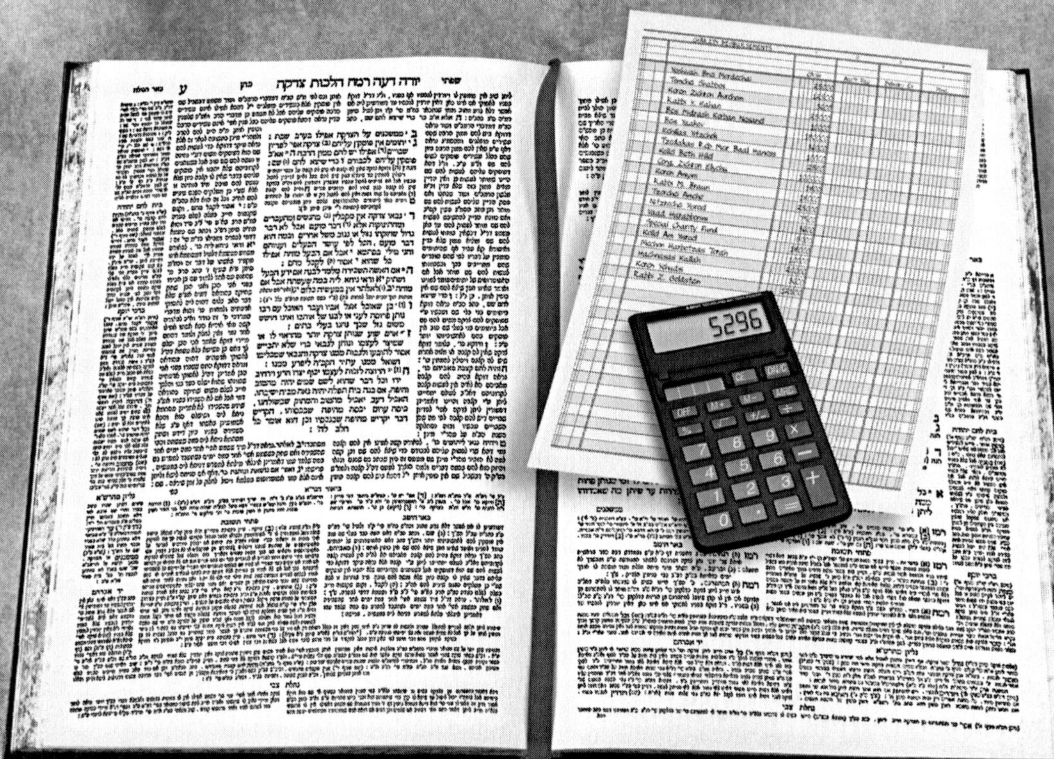

Published by

Mesorah Publications, ltd

אמרי צדקה

The Laws of TZEDAKAH AND MAASER

A COMPREHENSIVE GUIDE

Rabbi Shimon Taub

FIRST EDITION
First impression . . . November 2001
Second impression . . . May 2006
Third impression . . . August 2009
Fourth impression . . . February 2018
Fifth impression . . . July 2020
Sixth impression ... May 2021

Published and Distributed by
MESORAH PUBLICATIONS, Ltd.
313 Regina Avenue / Rahway, N.J. 07065

Distributed in Europe by
LEHMANNS
Unit E, Viking Business Park
Rolling Mill Road
Jarrow, Tyne & Wear NE32 3DP
England

Distributed in Australia & New Zealand by
GOLDS WORLD OF JUDAICA
3-13 William Street
Balaclava, Melbourne 3183
Victoria Australia

Distributed in Israel by
SIFRIATI / A. GITLER _ BOOKS
POB 2351
Bnei Brak 51122

Distributed in South Africa by
KOLLEL BOOKSHOP
Northfield Centre, 17 Northfield Avenue
Glenhazel 2192, Johannesburg, South Africa

ARTSCROLL® HALACHAH SERIES
THE LAWS OF TZEDAKAH AND MAASER

ITEM CODE: LOTH
ISBN 10: 1-57819-589-6
ISBN 13: 978-1-57819-589-3

Typography by Compuscribe at ArtScroll Studios, Ltd.

Printed in the United States of America
Bound by Sefercraft, Quality Bookbinders, Ltd. Rahway, NJ

לזכר נשמת

Joseph Tanenbaum ז״ל
ר׳ יוסף בן ר׳ אברהם ז״ל

A true visionary and exemplar in the realm of *tzedakah,* his philanthropy, offered in the spirit of a ''Zevulun,'' has ensured the perpetuation of Torah learning around the globe.

In particular, his generosity has enabled the growth and success of the *baal teshuvah* movement from which he derived great *nachas.*

Uncompromising integrity and compassion were the hallmarks that distinguished his conduct.

A resolute individual, his fondest dream was that his family and others would follow in his footsteps and support Torah — the key to Jewish survival.

May his legacy of *chesed* and love for *Yiddishkeit* and his fellowman forever be a source of inspiration and noble endeavor.

רדף צדקה וחסד ימצא חיים צדקה וכבוד
''One who pursues *tzedakah* and kindness will find life, righteousness and honor'' (*Mishlei* 2:21).

To mark his 10th *Yartzeit*
כ׳ חשון התשס״ג

by his children, grandchildren and
THE TANENBAUM CHARITABLE FOUNDATIONS

לזכר נשמת

האשה החשובה היקרה הצנועה והכבודה
מנשים באוהל תבורך, ובחכמת נשים בנתה ביתה
אמי מורתי

הרבנית **יטא רחל בת ר׳ יעקב לייב,** ע״ה

אשה יראת ה׳ היא תתהלל

ימיה היו רצופים שרשרת של חסד ומעשים טובים
טהרה וצניעות לימדה ובה עסקה לילות כימים
אשת חיל עטרת בעלה, ובניה הכהנים
קמו ויהללוה בתרומיות מידותיה
רבות פעלה בצדקה וגמ״ח ברוח אצילה ונפש עדינה
חבל על דאבדין ואי שופרא דבלי בארעא
לדאבון בעל נעוריה הוריה בניה משפחתה ומוקיריה
שקעה השמש ויצאה נשמתה למנוחת עולמה
בעת בואי בשלום בליל שבת מלכתא
ביום שבת קודש י׳ מרחשון שנת ה,,**ח׳ יטא רחל עליה השלום**״
תהא נשמתה צרורה בצרור החיים

Dedicated in loving memory of my dear mother,

Rebbetzin Judy Taub

who exemplified *Tzedakah* and *Chesed*
Nifterah 10 *Cheshvan* 5762

Rabbi Shmuel Auerbach

Jerusalem

שמואל אויערבאך

פעיה"ק ירושלים תובב"א

ב"ה, ירושלים יום רביעי ט"ו בכסלו תשס"א

הן כל יקר ונעים ראו עיני אשר הביא לפני ידידי וחביבי הרה"ג הרב שמעון עזריאל הכהן טאוב שליט"א אשר ערך ואשר העלה בטוב טעם בהלכות צדקה במה שנוגע להלכה למעשה, וכל המעיין יראה וישפוט כי הרבה עמל ויגיעה השקיע בזה ברוב תבונה ודעת, וזה ערוך ומסודר הן בפני בעה"ב יראי ה' לדעת את המעשה אשר יעשון, והן גם הוסיף הערות והארות מחכימות הראויות לעלות על שלחן מלכים מאן מלכי רבנן, ויש בזה מלאכה גדולה עם רוב חכמה בכל אשר עשה ידידי מע"כ הרב המחבר שליט"א, ואשר בודאי יהיה לתועלת רבה להמעיינים הישרים מבקשי דבר ה' זו הלכה, והנני בברכה לידידי וחביבי שליט"א אשר יזכהו ה' לשבת באהלה של תורה תוך מנוחה ושמחה ורוב נחת, וימלא ה' ית"ש כל משאלות לבו לטובה ולברכה, ויהי נועם ה' עליו סלה.

בכל חותמי ברכה והוקרה

שמואל [illegible]

מו"ה שלמה זלמן זללה"ה אויערבאך

הרב חיים פינחס שיינברג
ראש ישיבת "תורה אור"
ומורה הוראה דקרית מטרסדורף

Rabbi CHAIM P. SCHEINBERG
Rosh Hayeshiva "TORAH ORE"
and Morah Hora'ah of Kiryat Mattersdorf

בס"ד, י"א מנחם אב, תשס"א

מכתב ברכה

הנה הביאו לפני קונטרס מלא ברכת ה' שחיברו הרה"ג ר' שמעון עזריאל טאוב שליט"א על הלכות צדקה ומעשר כספים, ונראה לעין כל כי המחבר השקיע ועמל הרבה לבאר ולהסביר את עניני הצדקה בטוב טעם ודעת, והרבה חידושי דינים נתחדשו תוך כדי העמל והעיון בדברים אלו, וערך הכל בצורה ברורה ומאירת עינים, ובודאי שיהיה חיבור זה לתועלת גדולה לכל הרוצה לקיים מצות צדקה כתיקונה. ובפרט בימינו שלא הכל מבינים את מעלת וחשיבות מצות צדקה כיאות, ולא עבדי כדמיבעי להו. וכבר כתב הגר"א בביאורו למשלי על הפסוק "צדקה תציל ממות" וז"ל "שאין לך דבר שמועיל כמו צדקה לכל דבר שבעולם", ומתוך הנסיון רואים כמה דבר זה מועיל.

ואף שזה זמן רב שאיני יוצא בהסכמות לספרים מטעם שעמדי, ובפרט לחיבורים העוסקים בעניני הלכה למעשה, מ"מ בראותי את גודל העמל שהשקיע המחבר בחיבורו זה ע"כ אברכהו שחפץ ה' בידו יצלח, ויזכה לשבת באהלה של תורה כל ימיו, להוסיף ולחבר חיבורים נוספים בתורה הקדושה כשאיפתו הטהורה, להגדיל תורה ולהאדירה.

הכו"ח לכבוד התורה ועמליה

חיים פינחס שיינברג

רחוב פנים מאירות 2, ירושלים, ת.ד. 6979, טל. 537-1513 (02), ישראל
2 Panim Meirot St., Jerusalem, P.O.B. 6979, Tel. (02) 537-1513, Israel

ישיבה שער התורה-גרודנה
Yeshiva Shaar Hatorah-Grodno

בס"ד

Rabbi Zelik Epstein
Rosh Hayeshiva

אהרן זליג הלוי עפשטיין
ראש הישיבה

הנה ידידי הרב שמעון גבריאל הכהן טאוב שליט"א הביא לפני
חיבור על הלכות צדקה אשר רוצה להוציאו לאור. כפי שעיינתי במקצת מן הגליונות
מצאתי שהביא דז"ל טעם ודעת ומתוך השקפה ועיון רב בכתובים בהלכות הענין הקשה
זה על הלכות צדקה על כל ענפיה, וכבר שבחו החיבור גדולי זמננו. וקוני שזה
בהלכה שיזכה להוציא חיבורו היקר הזה לאור עולם ולזכות בו הרבים ויזכה גם להיו[ת]
ממזכי הרבים וזכות הרבים יהא תלוי בהם

הכותב לכבוד התורה ולומדיה
אהרן זליג הלוי עפשטיין

117-06 84th Avenue Kew Gardens, N.Y. 11418
(718) 846-1940

בס"ד

שמואל קמנצקי
Rabbi S. Kamenetsky

2018 Upland Way
Philadelphia, Pa 19131

Home: 215-473-2798
Study: 215-473-1212

דס"ד ד' וארא אתן שדה לפ"ק

רחב לבי לראות כי ידידי הרה"ג ר' שמעון
עזריאל טאבר שליט"א עומד להוציא לאור ספר
על הלכות צדקה.

עברתי על הקונטרס וראיתי כמה יגע והשקיע
להוציא בסדר מתוקן ומסודר ורוב הלכות
הדינא לפני גדולי הוראה והוציא הלכה פסוקה.

אמרו רז"ל שאין כסא ישראל מתכונן ודת
האמת עומדת אלא בצדקה ואין ישראל נגאלים
אלא בזכות צדקה ולכן בטוח אני שזה ספרו
יחזק מצוה זו. בימים אלו שצריך דוחקים ומצב
קשה מאד בזמנינו הקשה, ובפרט הדלים מה
מאוד [illegible] ונתן מצוה זו [illegible] ובזה נזכה לגאולה
שלמה בקרוב.

יתן השי"ת שיזכה להמשיך מעשי החסדים
ויזכה לשמחות וכל טוב.

בידידות רבה

שמואל קמנצקי

כולל אברכים טאראנטא

KOLLEL AVREICHIM OF TORONTO

515 Coldstream Ave.
Toronto, ON M6B 2K7
416 - 789-1853
Fax: 785-8243

בס"ד

הרב שלמה אליהו מילר שליט"א
ראש הכולל

הנה כבוד ידידי הרב שמשון גבריאל כהן שליט"א אזר חיל ושם עיונו
בהלכות צדקה ומוכן עכשיו להוציא לאור חיבורו על הלכות צדקה בלשון אנגלית
וראיתי קצתו וראיתי שדקדק היטב במש"כ ועל שמחה לא ראיתי מה ידעתי לידע
שמים וכל חפצו לבוא אל האמת בהלכות אלו ע"כ ודאי נכון להוציא לאור חיבורו
המסודר יפה כשלחן ערוך שלא מצויים. וראיתי בדבריו שהביא במחלוקת אם גם
במעשר כספים מותר לנכות האם הכרה של הרווחי גו בזאת קאי רק על מעשר
דגן או גם על מעשר כספים. ולדעתי היה נראה עפ"י מהרש"א סוף פ"ק דסוטה כלום
אתה מבקש אלא לקבל שכר משלה אני אוכל כאלו עשיתם והק' מהרש"א הא אמרינן
חז"ל ביבמות במשמשים את הרב ע"מ לקבל פרס ותי' מהרש"א היינו במעשר
שלא מחייב בה כבר אבל הכא שעשו לאו כו לא ישם קופה.. שמור עי'
ובקש משום הבין שכרו, ולפע"ד במעשר תבואה כיון דיכול להכניס דרך פאות
ולפטור עצמו ממעשר. ואינו עושה כן ומכניסו דרך שער כדי להתחייב מותר לעשות
ע"מ להתעשר. ושו מצאתי כן בספר פרדס דוד על חומש (נדפס שנת תקמ"ו)
מרב דוד בר יואל דישבעק בא"ד פרשת ראה דף קפ"ט ע"ב והשתא
לפע"ד היתה במעשר
תבואה שיכול לפטור עצמו יכול לנכות אבל במעשר כספים וגם נאמר דאי חיוב
ממש ליכא היתר לנכות. וכ"כ שם בספר פרדס דוד. ואם נאמר דגם מעשר
כספים ליכא חיוב אלא מנהגא בעלמא ומעשר לעשות ע"מ לקבל פרס. ואפשר
דמותר לנכות, אבל יתכן דלהסוברים דליכא חיוב במעשר כספים אבל לא דמי
כלל ומעשר תבואה ומ"מ אפ"ה ס"ל דהוא לנכות.
והנני מברך מע"כ שחפץ ד' בידו יצליח ויזכה להפיץ הרבה כמוה
התורה תורת חסד שלומדה לאחרים.
וכתבתי ביעה"ח היום ו' מרחשון תשס"א לפ"ק פה טאראנטו
שלמה אליהו מילר

בע״ה

RABBI ARYEH MALKIEL KOTLER
BETH MEDRASH GOVOHA
LAKEWOOD, N.J. 08701

ארי׳ מלכיאל קוטלר
בית מדרש גבוה
לייקוואוד, נ. דז.

א׳ ניסן תשס״א

באורח צדקה אהלך בתוך נתיבות משפט (משלי ח׳) ובשמו״ר פ׳ משפטים מפ׳ שהתורה אומרת באי זה נתיב אני מהלכת אהלך בדרכן של עושי צדקה בתוך נתיבות משפט התורה באמצע ודינים מלפניה ודינים מאחריה, מלפניה (שמות טו) שם שם לו חק ומשפט מלאחריה ואלה המשפטים עכ״ל והביאור שהמשפט של התורה ושל הכלל ישראל אפילו היא אורח צדקה אשר משפטים כאלו בל ידעום וחסד לאומים חטאת והצדקה בהכלל ישראל הרי הוא משפט ומדת שלי שלי ושלך שלך יש אומרים שהיא מדת סדום והרבה הלכות גדולות נאמרו בדיני צדקה

אברך נעלה ידידי הרה״ג ר׳ שמעון עזריאל הכהן טאוב שליט״א מחשובי האברכים פה בית מדרש גבוה אשר העמיק נתיב משפט באורח הצדקה חיבר ספר שלם ומקיף בהלכות צדקה וביגיעה ועמל בירר ולבן הלכות אלו ישב לפני החכמים ודן לפניהם ומוציא מתחת ידו דבר לתלמידי חכמים דבר מתוקן ומבורר, ותלמידי חכמים מופלגים עברו על כל הספר והפליגו בשבחו, ובודאי יהיה תועלת גדולה ללומדים ומעיינים בברכת שיתקבלו דבריו בבי מדרשא יפוצו מעינותיו יזכה להמשיך לשבת במנוחה באהלי התורה ולהתברך כהנה וכהנה להגדיל תורה ולהאדירה

הכו״ח לכבוד התורה אריה מלכיאל קוטלר
בא״א מו״ר הגר״ש זצוק״ל

בס"ד

בית · מדרש · גבוה
Beth Medrash Govoha
Rabbi Aaron Kotler Institute for Advanced Learning
617 Sixth Street, Lakewood, NJ 08701 • (908) 367-1060
Fax: (908)367-7487

בס"ד

הנני בזה לחזק ידי ידידי יקירי חמדי הרה"ג שמעון עזריאל הכהן מאיר שליט"א
מיקירי תלמידי אהרני הגדול שעי' ישיבתנו הק', המופלג בהתמדתו בלימודו
ובנועם הליכותיו ובמדותיו התרומיות ובכוונתו הקודמת לחכמתו
אשר נשאו לבו לקרבה אל מלאכת הקודש לחבר ספר חשוב מאוד
ויקר ערך בעניני מעשר כספים והמסתעף, ובעזהשי"ת ומתוך עמל
ויגיעה רבה זכה להוציא מתח"י דבר מתוקן מאוד, הן בהיקף כל הענינים
ובסידור נכון ויפה. ואשרי חלקו שאכן זכה בזה לימנות בין מזכי הרבים ומגדלי תורה,
והנני בזה לברכו מקרב לב ובידידות נאמנה שאכן יזכה לברך על המוגמר בקרוב.
ולהוציאו לאור עולם ויתקבלו הדברים באהבה ובהערכה בי רבנן ובתלמידיהון
ויזכה להמשיך דרכו ועבודתו בקודש מתוך מנוחת הנפש והרחבת הדעת
ולהביא כתובות [illegible] ויתעלה לפנים [illegible] מעלות התורה והיראה
מתוך [illegible].

בהוקרה ואהבה רבה

דוד צבי שוסטאל
עש"ק פ' בהר ג' אייר תשס"א לפ"ק,
לייקוואוד, יצ"ו,

מכתב ברכה

מאת

הרה"ג רב מתתיהו חיים סלומון שליט"א

בס"ד

אור ליום ג' פרשת כי תשא [illegible] לפ"ק

פה לייקווד יצ"ו

ראיתי ספר שלם שחבר ידידי הרה"ג שמעון [illegible]
הכהן שליט"א על הלכות צדקה ערוך בסדר נכון
ובסגנון קל להועיל לרבים מבני עמינו אחב"י ישראל הקדושים
גומלי חסדים בני גומלים חסדים עוסקים בצדקה בכל עת
להורות להם הדרך ילכו בה עפ"י תורה ומסורה.

דבר גדול עשה המחבר בהב[illegible] תורתו
לבית הדפוס כי כאמר ציון במשפט תפדה ושביה
בצדקה יהי' בדבריו והוראותיו מעורר ללכת בדרך
ה' לעשות צדקה ומשפט ולקרב הגאולה בב"א.

ממני הכו"ח ב[illegible] להרהמ"ח שליט"א

מתתי' חיים סלומון

ב"ה

ישראל הלוי בעלסקי

941 - 0112

Rabbi Y. Belsky

506 EAST 7th STREET

BROOKLYN, NEW YORK 11218

ידי"נ הרב שמעון עזריאל הכהן טאוב נ"י הראה לי אוסף כתביו על הלכות צדקה ומעשר
כספים, בו הציע בלשון נמרץ ומובן בשפת המדינה, את הדרך ילכו בה ואת המעשה אשר יעשון
למי שנשאו לבו לשמור דרך ד' לעשות צדקה כהלכה בכל מאודו. והנה בזמן האחרון
ראינו בה"ה שנתחזק מאוד בעיני קהל ד' ענין מעשר כספים, והרבה בני תורה מקפידים
לקיים בנפשם דבר זה ואשרי חלקם, מיהו בעקב קיומו נולדו כמה שאלות וספיקות, כי
לאו מילתא ברירא היא בכל דבר הוצאה נספית לדבר מצוה אי מותר לפרוע מעות
ממעות מעשר או לא, ואף לא ברור בכל מה שבא ליד האדם אי יתחייב לעשר אותו
או לאו, והמחבר הרחיב הדבור בזה והביא דעות נכונות והדרכה ישרה בטוב"ט.

ובדבר אחד רציתי להעיר בזה, והוא במה שהורים ואחים רגילים להעניק
לילדיהם אברכי הכוללים נ"י לקיים נפשם ונפש נכדיהם משך השנים הטובות שמגדלים
להתמיד בלימוד התורה הק' אחר החתונה, ודבר זה תפארת אומתנו, אשרי חלקם של
תמכין דאורייתא אלה ירבו כמותם בישראל.

והנה נשאלה שאלה זאת מפיהם, האם מחוייבים אברכים אלה לעשר המלגה החדשית
שלהם, כי היא להם הרוח וההכנסה העיקרית והשלמתית, וראה שנכנסה בגדר הרווחה שיש לעשרה
ככל הרוחה רגילה. אולם יש לעיין כי דבר פשוט הוא שכל אדם אחרי שעישר ואיכן מעשרו
מותר לו להוציאם לכל צרכו ואף שמוציאם לצרכי בני ביתו, וברור שאין עליו חיוב לעשר שנית
את האוכל שנותן לתוך פיהם או הבגדים שקונה בידם ואף הכסף שנותן בידיהם, כי כל זה הוא
מגדרי הוצאות הבאה לצרכיו כי גידול בניו הוא צורך עצמו, לא הרוחה ומשכורת שמקבלים ידיו
ממנו כפועלים, ואף אם יבגר הבן ואין האב חייב עוד מן הדין לא יצא מכלל הוצאות עצמו,
וכי יעלה על הדעת שרק מה שמטיל אדם עליו ומניח על בשרו נכנסים בהוצאות ממונו
כמעושר הלא כל טורח האדם הוא בעד יוצאי ירכו ועל זה נושא את נפשו ועושר את
ממונו והחלפו להוצאה באופן זה, וכנראה כ"ע מודים בזה שאין דס"ד לחלק בין הנ"ל ובין
מה שנותן לבניו ובנותיו הנשואים ויחד ההוצאה שרוחקים לסוג נפרד מן הנשואים. אולם האמת
יורה דרכו דאין שום חילוק בעולם דכל מה שמעניקים ההורים לבנים נשואים הנ"ל המשך בעלת
נפרד מהוצאות גידוליהם שלפני זה, וכך נחשב בעיני האב לא כדבר חדש, וזה שמתולדו
וכבוד אשתו והוצאת עצמו לבניו לא מעין משכורת והרוחה. וברור בעיני שממון זה כבר מעושר
ואין צורך לעשרו שנית מלבד מה דאין ספק שניתן להם זה בעד מחאש להם ואין להם רשות לבזבזו שלא
כרצון הנותן. מיהו במקום שמפרש האב שזה בניו תמורת מעשר גופא או שאבה הבן יצריך הבן האומן לעשר
כי אלו אינם בגדר הוצאות כנ"ל אלא בכנסה ועי' היטב בזה ואסיים בברכה לסבבית להמחבר שיזכה לזכות
את הרבים כל ימיו. ע' כסלו תשנ"א לפ"ק

ישראל הלוי בעלסקי

מכתב הסכמה
מאת
הרה"ג רב שמואל יצחק פעלדער שליט"א

בס"ד

הנה הובא לפני ספר היקר מידי"ד הר"ר שמעון עזריאל הכהן טאוב נ"י על עניני מצות צדקה וביקש ממני הסכמה לספרו, מעיקרא אמרתי בלבי "מי אני ליתן הסכמות וכי הגם שאול בנביאים" אבל לאחר שאני יודע היטב כמה טרח המחבר ויגע שיצא מתחת ידו דבר מתוקן ומבואר נקי מכל פסולת, והוא עבר על הדברים בירור אחר בירור עד שיצא סולת נקיה זך וישר וברור שראוי לעלות על שלחן מלכים. לכן באתי בהסכמתי בתורת "במקום שאין איש" היודע הטרחה וההשקעה והעבודה שנעשה "אשתדל להיות איש"

כבר יצאו לאור הרבה ספרים על בירורי עניני הלכה בכל המקצועות ואף שכולם אהובים וכולם קדושים מעולם לענ"ד יש בספר הזה מעלה מיוחדת, שכולל מה שיש לאדם שרוצה לעיין במקצוע ז', מקום למצוא מה שלבו חפץ. יש גם למי שרוצה לדעת האיך לנהוג הלכה למעשה ספר שיכול להשתמש בו להיות מבורר בכל שאלות השונות שהרי המחבר בכל נדון בירר לאור הידיעה והעמקות והתייעצות עם גדולי הפוסקים של דורינו איך להכריע למעשה, ובזה זכה שיהא זיכוי להרבים באופן הכי גדול.

ובפרט שעברתי על כל הספר על גופי ההלכות וראוי לסמוך עליהם. לכן באתי בהסכמתי וברכתי שיזכה להיות ממזכי הרבים ע"י בירור ההלכה להורות הדרך אשר ילכו בה וכה יוסיף חיילים לתורה והוראה להגדיל תורה ולהאדירה.

הכו"ח לכבוד התורה ולומדיה
שמואל יצחק פעלדער

Rabbi Baruch Taub
69 Bevshire Circle
Thornhill, Ontario L4J 5C6
Tel: (905) 886-3680

ברוך אלטער הכהן טאוב
טארנחיל-טאראנטא קנדה

בעזהי"ת יום ד' לסדר ויצא, בעיון הדבר יום שאומרים לכבוד השבת, לכו נרננה לה' יומא דהילולא של האריז"ל
זי"ע שנת "ונשלמה פרים שפתינו" לפ"ק.

תודתי אמת מן שמיא לכבוד בני זקוני הגיבור החריף והשנון הרב שמעון עזריאל הכהן נר"ו שליט"א
ני"ר ויופיע.

ראיתי ספרך ותאורנה עיני כי הוא חבור נחמד ויקר ונלוה בו פי שנים שבהם מרגלית ירדת
לעומק הבנת העוסקים לברר וללבן דבריהם ז"ל בדבר ללמוד וללמד וגם קיימת לשמור ולעשות בענייני
הלכה למעשה וגדולה מזו צדקה שאין ישראל נגאלין אלא בזכות הצדקה שנא' ושביה בצדקה
(בגמרא הנביא בפסוק אחרון של ההפטרה שקורין בשבת חזון) ואני תפילה ה' יהי עמך לדרך על המאמר
וראוי לכל איש אשר נכספה בגיבה תמיד לאחוז של תורה לעלות אותה על מזבח הדפוס לבל
יעוף כנשר גל חיש והוא פסוקא דלא פסק כי הוא פרי השכל מלוכא ושפתי כהן ישמרו דעת. אמרו רז"ל
מיום שחרב בהמ"ק אין לו להקב"ה אלא ד' אמות של הלכה בלבד שחביב להקב"ה בכל הקרבנות. ובעוונותינו
הרבים אין לנו לא כהן בעבודתו וכו' ואין מזבח לכפר אלא' דהתורה ע"כ שכרו אתך גדול מאד. אודה
מאד בפי אשר שם חלקך מיושבי בהמ"ד ואני נמליך לך טובה ואין טוב אלא תורה (ב"ק י"ז) שקיימת במלא מובן
הפסוק בן חכם ישמח אב (משלי י:א) וע"ד יכול אני לומר עליך מה כלישנא דרבנן הק'
שמדון בני חכם (כתובות ק"ג:) כדאי לב... בגמ'. אמר שלמה ע"ה אמר בני אם חכם לבך ישמח לבי גם אני
(משלי כ"ג:טו) וכתב הגר"א במתק לשונו כי האב והבן הם משרש אחד ובעת שהבן חכם בלבבו ישמח, ואף אם
ולא חכמתו הגולה בדיבורו אז תוכל גם לב האב שמח כמו שאמר הנקרא מגנעט שמתאחדו לשנים,
כשחלקו האחד יתנועע תנועה הב' יתנועע אל שיכים מרחוק דקצה האחר. כי האב וגו' חבן בעת שמח
לבו גם אביו ישמח בלבבו עכ"ד ודפח"ח. ...פי פרושת בשמחה ליצר" ואברך תנינה וברכת רפואה שלמה
לאמך תחי' ראו בנים שגדלתה אשת חיל המהוללה בכשרון מעשיה ... כל בת ריבל ה' יאריך
ימים ושנותיה עוד רבות שנים ותזכה לראות שמחות רבות מכל יו"ח ... על התורה והעבודה.

בעה"ח בכל חותמי ברכות ובאהבה רבה אביך המצפה
לישועת ה'. ונזכה לראות בישועתן של ישראל וגאולתן השלימה ויופיע
אור ה' בבנין אריאל ב"ב ותכלה שנה בקללותיה ותחל שנה בברכותיה
ציון וירושלים ולהקריב קרבנות ... עם ...
...
ברוך אלטער הכהן

Table of Contents

Preface

The laws of *tzedakah* and *maaser kesafim* are among the most unclear and consequently improperly fulfilled halachos. The sheer volume of halachic responsa combined with the challenge of applying these principles to contemporary society leaves one confused as how to properly fulfill this mitzvah. Hence, the necessity existed for a book which would encompass the laws pertaining to *tzedakah* and *maaser kesafim* explained in a clear straightforward fashion, making them truly accessible to scholar and layman alike.

In writing this *sefer* I have not attempted to decide any halachah on my own. I have, rather, recorded the halachos as they have been decided by the *Poskim* of past and present generations.

The footnotes, in addition to citing the sources of each halachah, also contain extensive discussions pertaining to the broader concepts and underpinnings of the halachos. It was, therefore, felt that although the text of the *sefer* is in English, the objective of the footnotes would be most effectively achieved by writing them in Hebrew.

It is my wish that this *sefer* will accomplish its purpose, to increase awareness and knowledge of the laws of *tzedakah* and *maaser kesafim* and thereby promote and enhance its observance.

A note regarding the Hebrew title of this *sefer* — אמרי צדקה. My mother, יטא רחל בת ר׳ יעקב לייב הכ״מ, was *niftar* days before the *sefer's* publication. She was the personification of *tzedakah* and *chesed* in their broadest sense. The letters of אמרי (words of) when re-arranged form the initials אמי מורתי יטא רחל, referring to my mother, a woman of *tzedakah* in all its ramifications. I hope and pray that the learning and *tzedakah* engendered by this *sefer*, which meant so much to her, will serve as a זְכוּת לְזֵכֶר נִשְׁמָתָהּ.

Acknowledgments

וַאֲנִי אָשִׁיר עֻזֶּךָ וַאֲרַנֵּן לַבֹּקֶר חַסְדֶּךָ כִּי הָיִיתָ
מִשְׂגָּב לִי וּמָנוֹס בְּיוֹם צַר לִי (תהלים נ״ט:י״ז)

It is with an overwhelming sense of gratitude to Hashem *Yisbarach* that I present this *sefer* to the English speaking public.

Words cannot adequately express the tremendous *hakaras hatov* that I have to my dear and esteemed parents, הרה״ג ר׳ ברוך אלטער הכהן שליט״א and להבחל״ח מרת יטא רחל הכ״מ, both of whom have dedicated their lives to learning and teaching the word of Hashem. Wherever my parents established a home it was always with the knowledge that it must be permeated with Torah, *tzedakah* and *chesed*, thus enabling them to disseminate the principles of Torah.

They settled in Toronto where they have dedicated themselves to establishing a Torah-true community in Thornhill based on those principles. Selflessly, my parents set out to educate and guide Jewish families — adults and children alike — showing them the beauty of Hashem and His Torah. After many years, the fruits of their tremendous labor are so obviously apparent in the spiritual renaissance of the community that they established. They have built a personal house of Torah and *chesed*, establishing the proper foundation for me and my siblings. Their *mesiras nefesh* in raising us in the ways of Torah and their constant encouragement and assistance have enabled me to dwell in the tents of Torah.

Tragically, as this *sefer* neared the final stages of production my mother was *niftar*. I feel that the following *dvar Torah* is apropos. The Vilna Gaon offers a beautiful explanation of the two expressions of רְאִיָּה, seeing, utilized by Bilaam in the *pasuk*, כִּי מֵרֹאשׁ צֻרִים אֶרְאֶנּוּ וּמִגְּבָעוֹת אֲשׁוּרֶנּוּ, "For from its origins I see it rock-like, and from hills do I see it" (*Bamidbar* 23:9). Rashi says that צְרִים refers to the *Avos,* while גְבָעוֹת refers to the *Emahos.* The Gaon asks why it is necessary for the Torah to use two expressions for seeing. Answers the Gaon, אֶרְאֶנּוּ means to see the physical reality and אֲשׁוּרֶנּוּ is the perception of what one sees. The term אֲשׁוּרֶנּוּ is used regarding the *Emahos* because women have keener insight than men. My mother, הכ״מ, was blessed with great insight and perception. She utilized these characteristics to raise a family and build a Torah-true home and community. Her exemplary *middos* and conduct, her *simchas ha'chaim, ahavas ha'briyos* and unparalleled *emunah* are her legacy. May יטא רחל בת ר׳ יעקב לייב הכ״מ be a *melitzah yesharah* for her family, *kehillah* and *Klal Yisrael.* ת.נ.צ.ב.ה.

I only hope and pray that Hashem should continue to give my father good health, strength and *siyata d'Shemaya* to continue their holy work and may he see only *nachas* from his children and grandchildren.

In addition, I would like to thank my father for his help in reviewing and editing portions of this *sefer* and for writing the Foreword.

I owe a tremendous amount of *hakaras hatov* to my Rebbe, HaGaon HaRav Shmuel Auerbach, of Jerusalem, who initially gave me the idea to write this *sefer,* and for his continued interest in my welfare.

I was privileged to be able to present halachic questions to HaGaon HaRav Yosef Shalom Eliashev, of Jerusalem, and to HaGaon HaRav Chaim Kanievsky, of Bnei Brak. I have incorporated their rulings into this work.

I humbly express my gratitude to HaGaon HaRav Shmuel Kamenetsky, HaGaon HaRav Shlomo Miller, and HaGaon HaRav Yisroel Belsky, who patiently and graciously gave of their time to answer all the *sh'ailos* that I presented to them.

It is my privilege to have the *zechus* to study Torah in that citadel of Torah, Beth Medrash Govoha of Lakewood. I am profoundly indebted to the illustrious *Roshei HaYeshiva,* HaGaon HaRav Malkiel Kotler, HaGaon HaRav Yeruchim Olshin, and HaGaon HaRav Yisroel Neuman. I am especially obliged and grateful to HaGaon HaRav Dovid Schustal, who has taken a special interest in my welfare. The unparalleled level of Torah study in the yeshiva, and its many accomplished *talmidei chachamim* make it a place where one can grow and aspire to reach his full potential. May Hashem grant the *Roshei HaYeshiva* the strength and fortitude to continue their dedicated and invaluable work on behalf of Torah.

Ever since I arrived in Lakewood I have had the honor to form a close relationship with two outstanding *Poskim* and *talmidei chachamim*. HaGaon HaRav Shmuel Felder reviewed the entire *sefer*. It bears his imprint since each of the halachos was discussed and clarified with him. HaGaon HaRav Yaakov Forcheimer gave of his time to discuss different parts of the *sefer* and his comments were always valuable and appreciated.

Mere words are insufficient to express my heartfelt gratitude and appreciation to HaGaon HaRav Yitzchak Dwek, Rav of the Synagogue of Deal and *Rosh HaYeshiva* of Yeshivas Deal. He has provided me an opportunity to be *marbitz Torah* as a rebbe in the Mesivta for the last number of years. In addition to this, his ongoing concern for my personal welfare extended well beyond the call of duty. May he be *matzliach*, and may Hashem grant him the strength to continue his dedicated efforts on behalf of the Yeshiva, מֵחַיִל אֶל חָיִל.

With deep feelings of friendship and *hakaras hatov* I want to thank a יְדִיד נֶפֶשׁ, Rabbi Yaakov Tzvi Rubin. His comments and unfailing encouragement every step of the way were greatly appreciated. May he and his wife continue to see *nachas* from their children and grandchildren.

A special thank you must be extended to my *chavrusos*, Rabbi Ezriel Munk, Rabbi Moshe Rosner, Rabbi Dovid Zauderer, and Rabbi Gad Meir Tauber, with whom I learned most of these halachos.

I would like to thank Rabbi Avrohom Yeshaya Savitz for editing all the Hebrew footnotes. His tremendous talent is readily apparent in the clarity of the text.

Mrs. Ethel Gottlieb reviewed, edited and proofread the entire *sefer* with precision and erudition. Her professional editorial experience and literary skills were most instrumental in enhancing the quality of this *sefer*. In addition, I thank her for preparing and organizing the comprehensive English Index.

I want to express my heartfelt thanks to Rabbi Meir Zlotowitz, general editor of ArtScroll/ Mesorah Publications. His responsiveness to this project and his encouragement mean so much to me. May he continue to be *marbitz Torah* in the superior manner for which ArtScroll is so justifiably famous. My appreciation to R' Avrohom Biderman and the entire ArtScroll staff for producing such a beautiful *sefer*.

My sincere appreciation is extended to Rabbi Yehuda Munk for his friendship and support.

I extend my gratitude to those who helped type this *sefer* — Mrs. Yehudis Brown, Mrs. Chaya Suri Tabak, and Mrs. Shani Weissman. In addition, I am grateful to my sister-in-law, Mrs. Nechama Taub, who also participated in the typing.

I would like to acknowledge the assistance of *Ezras Ha'Michabrim* toward the publication of this *sefer*.

May it be the will of Hashem *Yisbarach* that my dear and wonderful children, Avrohom Elimelech, Sorah Adina, Chana, and Devorah שיחי', should continue to be a source of *nachas*, growing in Torah and *yiras Shamayim*.

ואסיים בתפילה: יהי רצון שלא ימוש התורה מפי ומפי זרעי מעתה ועד עולם ושאזכה לישב באהלה של תורה כל ימי חיי, ללמוד וללמד, לשמור ולעשות ולקיים את כל דברי תלמוד תורתך באהבה.

Shimon Taub

מוצאי שבת פרשת חיי שרה התשס״ב
November 11, 2001
Lakewood, New Jersey

In Memory of Joe Tanenbaum ע"ה

It has often been said that my grandfather, Joe Tanenbaum *z"l*, was no regular Joe. His life's work made — and continues to make — an indelible impact on our family, community and all of *Klal Yisrael.*

With the advent of his tenth *Yartzeit,* we strongly felt that it should be marked in a special way. Though there are many mitzvos that one might do *lichvod* a *Yartzeit,* the opportunity to dedicate this amazing work of scholarship on the mitzvah of *tzedakah* was so *beshert* that there was no question in our minds that it would be a most fitting tribute. Let me explain. Rabbi Baruch Taub, the distinguished father of the author, is a monumental figure in our family. As the *Mara D'Asra* of the Beth Avraham Yosef synagogue of Thornhill, he has masterfully built our *shul* from its very simple beginnings. Today, it has achieved renown throughout the world. Additionally, there is a close bond between the Taub and Tanenbaum families, particularly in my grandfather's case. Despite the almost half a century difference in age, Rav Taub was simultaneously a much cherished *chaver* and *rebbe.* It is not an exaggeration to say that my grandfather spent scores of *Shabbasos* in the Taub home and grew immeasurably from his close relationship with the Rav and the entire *mishpachah.*

Since he was so intimate with the family, my grandfather considered the esteemed author, R' Shimon Taub, like his own grandson. For him, it was a great *zechus* and tremendous *nachas* to watch Reb Shimon develop and mature into such a fine *talmid chacham.* For these reasons alone the dedication of this work in Joe Tanenbaum's memory would have been fitting. One can only imagine how much more we felt this the case when we learned that the *sefer* was a compilation of *hilchos tzedakah. Tzedakah* was my grandfather's raison d'etre. It is well known that he viewed his very existence in terms of his ability to build Torah and *Yiddishkeit.*

Joe Tanenbaum's *tzedakah* was not only above average, it was *lifnim mi'shuras ha'din.* He did not give in proportion to what he earned, but endlessly, according to the continuous needs of our people.

My grandfather would have considered it inappropriate to dedicate a work such as this without giving mention to his beloved mother, Chippa Sora bas R' Yitzchok Izak *a''h.* He was so careful to regularly remind us that his propensity for giving was only a result of what he had gleaned as a boy from her remarkable example of *chesed.* If this was his decision, he would have wanted this honor to go to her.

It is our hope that many will study this *sefer,* keep the *halachos* herein and remember the example of Joe Tanenbaum.

Yaakov Dovid Kaplan

Foreword

By: Rabbi Baruch Taub

וּתְשׁוּבָה וּתְפִלָּה וּצְדָקָה מַעֲבִירִין אֶת רֹעַ הַגְּזֵרָה
"Repentance, prayer and charity avert the evil decree."
(תפילת מוסף של ימים נוראים)

On the awesome days of Rosh Hashanah and Yom Kippur, Jews beseech the *Ribono Shel Olam* with the stirring words of *U'nesaneh Tokef*, written by Rabbi Amnon of Mainz over 1000 years ago. The crescendo of this poignant prayer is the collective declaration, *"Teshuvah, tefillah,* and *tzedakah* avert the evil decree."

Many a pen has been put to paper using this rubric to explore the efficacy of the Days of Awe. Curiously, however, the subject matter generally deals *only* with the first two components, *teshuvah* (repentance) and *tefillah* (prayer) and invariably there is little or no discussion of the third component, *tzedakah* (charity). Indeed, the equation itself does seem odd. Why is *tzedakah* included?

One can readily understand how the mitzvah of *tefillah* (prayer) — which appeals to God's mercy — can potentially avert an evil decree. By soliciting a positive response from God the decree is canceled.

Similarly, if a person just takes advantage of the remarkable possibility of *teshuvah* (repentance), God forgives the sinner and the decree is averted.

But why is *tzedakah* (charity) included here? On the surface it is a mitzvah like any other, with built-in performance rewards. Why is it adjoined to *teshuvah* and *tefillah* in this grandest of ideas and endowed with the power to avert an evil decree?

Wherein lies the commonality of *tzedakah* with *tefillah* and *teshuvah* to allow for such a sweeping possibility as that expressed by Rav Amnon, "*Teshuvah, tefillah,* and *tzedakah* avert the evil decree"?

◆§ The Common Feature of *Teshuvah, Tefillah* and *Tzedakah*

There is, in fact, an extraordinary feature common to all three components and it is this feature that justifies Rav Amnon's equation. *Teshuvah, tefillah,* and *tzedakah* are all transformative. Proper performance of these three mitzvos can totally change the individual.

◆§ *Tefillah*

Many have been puzzled by the fact that prayer has the ability to change God's mind, so to speak. It borders on the absurd to contemplate the possibility that mortal man can effect a change in a divine decree. How are we to understand this?

One approach is that of Rav Yoseph Albo.[1] He suggests the elegant notion that in fact it is **not** God who changes His mind but it is man who changes! Prayer is so powerful that it is quite possible that the person who concludes his sincere and heartfelt petition to God through prayer is not the same person who began the prayer. The evil decree still stands; after all, it was divinely ordered. But the offender no longer exists. Prayer has transformed him into a different person!

In fact, the verb form for the Hebrew word to pray bears out this idea. Why is it not simply *m'fallel-l'fallel* (מְפַלֵּל-לְפַלֵּל), in the *paal* (פעל), simple verb form? In fact, prayer is articulated as *mispallel-l'hispallel* (מִתְפַּלֵּל-לְהִתְפַּלֵּל), the *hispael* (התפעל), reflexive verb form. As this grammatical conjugation correctly implies, the worshiper is as much confronting himself while he is addressing the Almighty![2]

Prayer is essentially a transformative experience.

---

1. ספר העקרים, מאמר ד׳ פרק י״ח.
2. סידור אוצר התפילות, דף ה׳ ע״ב

⁂ *Teshuvah*

A similar dilemma exists with the concept of *teshuvah*. Rav Moshe Chaim Luzzatto queries how *teshuvah* can possibly help the sinner. It would seem that no amount of remorse, regret or pleading can alter the reality. The deed is done![3] Yet, *teshuvah* does just that — repentance wipes out the misdeed. It would not be unreasonable to describe this seemingly preposterous notion with the following scenario.

A fellow robs a bank and upon being hauled before the judge the trial moves quickly. The witnesses all present their irrefutable testimony and just before sentencing the judge turns to the bank robber to ask him if he has anything to say in his defense. To which the robber responds, "Judge, it is all true, but I am sorry. I will not do it again. Can I go now?" Clearly this is an absurd scenario. Yet, with *teshuvah* this is precisely what would take place — after returning the theft the "Judge" pardons the criminal. *Teshuvah* does work. Why?

The answer is that *teshuvah*, too, in a somewhat miraculous manner is transformative.[4]

In the powerful words of Rav Yitzchak Hutner: תשובה – נישט בעסער ווערן נאר אנדערש ווערן, "*Teshuvah* does not *better* the person but actually *changes* the person."[5] The Almighty creates a kind of "Witness Protection Program" for the *baal teshuvah*. He is a new person. *Teshuvah* also is transformative.

⁂ *Tzedakah*

אמר לה רבי חייא לדביתהו, כי אתי עניא אקדימי ליה ריפתא כי היכי דלקדמו לבניך. אמרה ליה מילט קא לייטת להו. אמר לה קרא כתיב כי בגלל הדבר הזה, ותנא דבי רבי ישמעאל, גלגל הוא שחוזר בעולם. תניא ר׳ גמליאל ברבי אומר ונתן לך רחמים ורחמך והרבך, כל המרחם על

---

3. ספר מסילת ישרים, פרק ד׳

4. ספר קובץ מאמרים של מרן הגאון ר׳ אלחנן בונם וסרמן זצ״ל, מאמר על התשובה.

5. ספר פחד יצחק של מרן הגאון ר׳ יצחק הוטנר זצ״ל, ראש השנה מאמר ח׳,כ״ט:ט.

הבריות מרחמין עליו מן השמים וכל שאינו מרחם על הבריות אין מרחמין עליו מן השמים. — *R' Chiya said to his wife: "When a poor man comes, be quick to offer him bread, so that others may be quick to offer it to your children." "You curse them!" she exclaimed. "A verse is written," he replied: " 'Because of (בִּגְלַל) this thing,' " whereon the School of R' Yishmael taught: It is a wheel that revolves in the world. It was taught, R' Gamliel Beribbi said: "And He shall give you mercy, and have compassion upon you, and multiply you — he who is merciful to others, mercy is shown to him by Heaven, while he who is not merciful to others, mercy is not shown to him by Heaven."*[6]

וזו שאלה שאל טורנוסרופוס הרשע את ר״ע, אם אלוקכם אוהב עניים הוא מפני מה אינו מפרנסם? א״ל כדי שינצול אנו בהן מדינה של גיהנם. — *This question was actually posed by Turnus Rufus to R' Akiva: "If your God loves the poor, why does He not support them?" He replied, "So that we may be saved through them from the punishment of Gehinnom."*[7]

Aside from the obvious lesson to be derived from R' Chiya's advice to his wife, namely "what goes around comes around," there is an additional subtlety suggested. Being the recipient of divine mercy as a result of one's charitable behavior is a personality-altering experience. By being charitable a person is transformed into a more noble individual. The same subtle idea is also implicit in R' Akiva's response to Turnus Rufus. Turnus Rufus insists that if God is good and is concerned for the poor then God Himself should do what is necessary to change the world for the better. R' Akiva, in essence, demonstrates to Turnus Rufus that he has it all wrong. God's purpose in creating the world is for *man* to change things and in so doing he changes himself.

◆§ The Mitzvah of *Tzedakah* According to the Rambam

כִּי יִהְיֶה בְךָ אֶבְיוֹן . . . לֹא תְאַמֵּץ אֶת לְבָבְךָ וְלֹא תִקְפֹּץ אֶת יָדְךָ מֵאָחִיךָ

---

6. גמרא שבת קנ״א ב׳.

7. גמרא בבא בתרא ט׳ א׳.

הָאֶבְיוֹן, "If there is a destitute person among you . . . you shall not harden your heart or close your hand against your destitute brother" (*Devarim* 15:7). כִּי פָתֹחַ תִּפְתַּח אֶת יָדְךָ לוֹ, "Rather you shall open your hand to him" (ibid. v. 8).

The Torah presents the mitzvah as both a positive (מִצְוַת עֲשֵׂה) and a negative mitzvah (מִצְוַת לֹא תַעֲשֶׂה). And in fact, the Rambam codifies this duality into law.[8]

It might be suggested that this duality reflects an even more profound dichotomy. Namely, *tzedakah* is a mitzvah that functions on two planes — between man and God and between man and man. The negative commandment (לאו) clearly relates to the mitzvah as God-centered and of a determinative nature. However, the positive mitzvah may imply something else — namely a man-centered act with a clear ethical imperative. By this is meant not only the obligation to help another but to, in effect, help the doer of the mitzvah himself — to even transform him into another person.

The Rambam, in fact, articulates the transformative nature of *tzedakah* in his explanation of the *Mishnah* in *Pirkei Avos:* וְהַכֹּל לְפִי רוֹב הַמַּעֲשֶׂה — "One's judgment depends on *rov* (רוֹב), the majority of his actions."[9] Rambam explains that if a person has a large sum to dispense to the needy, he should divide it among *many* poor people rather than give it to just one individual. This multiple performance of the mitzvah is preferred because it will aid in the character transformation of the giver, a goal inherent in the mitzvah of *tzedakah.*[10]

This duality in *tzedakah,* according to the Rambam, can be further demonstrated by examining a seeming contradiction in his presentation of the mitzvah.

מצות עשה ליתן צדקה לעניים כפי מה שראוי לעני, אם היתה יד הנותן משגת. שנאמר פתוח תפתח את ידך לו, ונאמר והחזקת בו גר ותושב וחי עמך, ונאמר וחי אחיך עמך. — *It is a positive commandment to*

8. רמב״ם הלכות מתנת עניים, פרק ז׳ הלכה א׳ וב׳

9. מסכת אבות, פרק ג׳ משנה ט״ו.

10. רמב״ם בפירוש על אבות שם.

give tzedakah to the poor of Israel, according to what is fitting for them (the poor), if the giver can afford it. As the pasuk teaches us, "You shall open your hand to him," and "You shall hold on to him," and "You should let your brother live with you."[11]

כל עיר שיש בה ישראל חייבין להעמיד מהם גבאי צדקה אנשים ידועים ונאמנים שיהיו מחזירין על העם מערב שבת לערב שבת ולוקחין מכל אחד ואחד מה שהוא ראוי ליתן ודבר הקצוב עליו. והן מחלקין המעות מערב שבת לערב שבת ונותנין לכל עני ועני מזונות המספיקין לשבעה ימים. וזו היא הנקרא קופה. — *In every city inhabited by Jews it is their duty to appoint from among themselves well-known and trustworthy persons to act as charity collectors to go around collecting from the people every Friday. They should take from each individual what is proper for him to give and what he has been assessed for, and should distribute the money every Friday, giving each poor man sustenance sufficient for seven days. This is what is referred to as an "alms fund"* קוּפָּה.[12]

It appears that at one point the Rambam states that *tzedakah* should be dispensed "according to the requirements of the "needy." Later he states that the community assesses the potential donor according to his means, without reference to the needs of the potential recipient.

The Rambam is articulating the dual nature of *tzedakah*. Of course, central to the mitzvah of *tzedakah* is the obligation to provide for the needy, but there is also a component to the mitzvah that speaks to the giver. *Tzedakah* is transformative. It has the ability to change the person who is doing the mitzvah. For that reason the Torah is concerned about fulfilling the needs of the benefactor as well as those of the recipient. (The *Baal HaTurim* and others note that וְנָתְנוּ, "and they shall give," in *Parshas Shekalim* reads the same forward and backward [a palindrome]! They explain that this is illustrative of the fact that the giver will be repaid for what he gives monetarily. Addition-

---

11. רמב"ם הלכות מתנות עניים פרק ז' הלכה א'.

12. רמב"ם שם פרק ט' הלכה א'.

ally, it could very well be referring to the transformation of the giver into a better person.)

Moreover, *tzedakah* seems to be in a class by itself in the Rambam's treatment of the mitzvah.

חייבין אנו להזהר במצות צדקה יותר מכל מצות עשה. שהצדקה סימן לצדיק זרע אברהם אבינו שנאמר כי ידעתיו למען אשר יצוה את בניו לעשות צדקה ואין כסא ישראל מתכונן ודת האמת עומדת אלא בצדקה שנאמר בצדקה תכונני. ואין ישראל נגאלין אלא בצדקה שנאמר ציון במשפט תפדה ושביה בצדקה. — *It is our duty to be more scrupulous in the performance of the mitzvah of tzedakah than any other positive commandment, for giving tzedakah is a mark of a righteous man who is of the seed of our father Abraham, as it is said, "For I have known him to the end that he may command his children . . . to do righteousness." The throne of Israel cannot be established, nor true faith made to stand up, except through charity. As it is said, "In righteousness shall you be established." Nor will Israel be redeemed except through the practice of charity as it is said, "Zion shall be redeemed with justice, and they who return to her through righteousness."*[13]

Two issues raised by the Rambam here deserve our attention. First, the Torah demands more care and meticulousness in the performance of *tzedakah* — MORE THAN ANY OTHER MITZVAH. Second, this idea is traced back to Avraham *Avinu* and a statement of the Torah which provides a rare glimpse of what the Almighty expects of the Jewish people. From the inception of the nation of Israel God articulates that their central motif is לַעֲשׂוֹת צְדָקָה — to do *tzedakah.*

Avram — now transformed to Avraham — is spoken of as someone who will father a people of *tzedakah.* The quintessential definition of the Jew is provided here: to do *tzedakah* and foster justice.

◆§ *Tzedakah*: A Pseudonym for All *Mitzvos*

In fact, *tzedakah* is a code-word for all the mitzvos of the

---

13. רמב״ם שם פרק י׳ הלכה א׳.

Torah.[14] The well-being of the world is nurtured by the fulfillment of the 613 mitzvos of the Torah. The mitzvah of *tzedakah*, which essentially provides for the needs of others, is thereby the paradigm of this idea. Additionally, a Jew who does not practice any other mitzvah may quite conceivably perform the mitzvah of *tzedakah*. A simple act of charity will definitely improve the condition of the beneficiary as well as enhance the character of the giver.

R' Tzadok HaKohen points out that the process of changing our character for the better begins with *tzedakah* and it is this fact — its transformative power — that makes it the pseudonym for all mitzvos.[15]

◆§ Rambam: Laws of *Teshuvah*

The Rambam does not restrict his discussion of *tzedakah* to the laws of *tzedakah* alone. There are two seemingly curious references to *tzedakah* in the laws of repentance.

מדרכי התשובה להיות השב צועק תמיד לפני השם בבכי ובתחנונים ועושה צדקה כפי כחו ומתרחק הרבה מן הדבר שחטא בו, ומשנה שמו כלומר אני אחר ואיני אותו האיש שעשה אותן המעשים, ומשנה מעשיו כולן לטובה ולדרך ישרה, וגולה ממקומו שגלות מכפרת עון מפני שגורמת לו להכנע ולהיות עניו ושפל רוח — *Among the means of repentance is for the penitent to constantly call out before Hashem, crying and entreating, to perform charity according to his ability, to separate himself far from the object of sin, and to change his name, as if to say, "I am a different person and not the same one who sinned." Also, to change his behavior in its entirety to the good and the path of righteousness, and to travel into exile from his home. Exile atones for sin because it causes a person to be submissive, humble and meek of spirit.*[16]

Rambam mandates prayer, distancing oneself from sin,

---

14. יחזקאל פרק ל״ג, גמ׳ ב״ב ט׳, דברים רבה ח׳.

15. ספר ישראל קדושים עמ׳ נ״ט, ספר מחשבות חרוץ עמ׳ י״ד, וספר פרי צדיק קדושת שבת מאמר א׳ עמ׳ מ״ב.

16. רמב״ם הלכות תשובה פרק ב׳ הלכה ד׳.

changing one's identity and giving *tzedakah* as essential components in the process of repentance.

Of all the mitzvos of the Torah, why does the Rambam mandate doing *tzedakah* together with *tefillah* as a means of effecting *teshuvah*? The answer is that *tzedakah* together with prayer and the obvious changing of one's name are all transformative acts.

In discussing the particular efficacy of *teshuvah* during the Ten Days of Repentance, the Rambam states:

ומפני ענין זה נהגו כל בית ישראל להרבות בצדקה ובמעשים טובים ולעסוק במצות מראש השנה ועד יום הכיפורים יתר מכל השנה. ונהגו כולם לקום בלילה בעשרה ימים אלו ולהתפלל בבתי כנסיות בדברי תחנונים ובכבושין עד שיאור היום — *For these reasons it is customary for all of Israel to give generously to charity, perform many good deeds, and be occupied with mitzvos from Rosh Hashanah until Yom Kippur to a greater extent than during the remainder of the year. During these ten days, the custom is for everyone to rise while it is still night and pray in the synagogues with heartrending words of supplication until daybreak.*[17]

Again the Rambam singles out *tzedakah* but this time as a "leader" for all other mitzvos. Clearly the transformative power of *tzedakah* potentially applies equally to all of our mitzvah activities.

Tzedakah, therefore, truly belongs in the equation of Rav Amnon — "*Teshuvah, tefillah* and *tzedakah* avert the evil decree."

The lofty place accorded *tzedakah* during the Days of Awe is emblematic of its centrality in our daily lives, an ideal towards which we should strive — in fact, it is our obligation. The Torah enables us to achieve this ideal by providing us with precise parameters within which to develop fully the trait of charitableness. *Maaser kesafim* requires each Jew to view himself as a member of a collective enterprise which he is obligated to enhance and support. In addition, the grand mitzvah of tithing

---

17. רמב״ם הלכות תשובה פרק ג׳ הלכה ד׳.

one's possessions, when viewed in proper perspective, allows one to realize that his possessions are not entirely his alone and in fact "belong" to those in need.[18]

Proper performance of the laws of *tzedakah* and *maaser kesafim* will refine a person's character, enhance society and advance the entire world closer and closer to the ultimate redemption.

May the merit of the Jewish people's *tzedakah* — גוֹמְלֵי חֲסָדִים בְּנֵי גוֹמְלֵי חֲסָדִים, benefactors, the children of benefactors — allow the muted footsteps of *Mashiach Tzidkeinu* to become increasingly audible in our day.

---

18. מסכת אבות פרק ג׳ משנה ז׳, רבי אלעזר איש ברתותא אומר תן לו משלו שאתה ושלך שלו. וע׳ בפירוש רבינו יונה שם.

1 / The Mitzvah of *Tzedakah*

The Torah mandates that one donate money to assist those who are less fortunate. This mitzvah is derived from four *pesukim*: (1) The primary verse is כִּי פָתֹחַ תִּפְתַּח אֶת יָדְךָ לוֹ, "Rather you shall open your hand to him" (*Devarim* 15:8) — one should open one's hand to help those less fortunate; (2) נָתוֹן תִּתֵּן לוֹ, "You shall surely give him" (ibid. v. 10) — one should give to a poor person in need; (3) וְכִי יָמוּךְ אָחִיךָ וּמָטָה יָדוֹ עִמָּךְ וְהֶחֱזַקְתָּ בּוֹ, "If your brother becomes impoverished and his means falter in your proximity, you shall strengthen him" (*Vayikra* 25:35) — you should offer support to a person in need; (4) וְחֵי אָחִיךָ עִמָּךְ, "and let your brother live with you" (ibid. v. 36) — one who helps those in need fulfills a number of Torah commands.[1]

---

1. כתב בסמ״ג מצוה קס״ב שיש כאן שתי מצות עשה האחד לפתוח יד לעני וליתן לו צדקה, על זה נאמר פתוח תפתח את ידך לו. וז״ל ספר החינוך מצוה תע״ט שמצות צדקה הוא לעשות צדקה עם הצריך אליה בשמחה ובטוב לבב כלומר שנתן מממונו למי שיחסר לו, ולחזק העני בכל מה שצריך למחיתו בכל יכולתו ועל זה נאמר פתוח תפתח את ידך לו, ודרשו רבותינו זכרונם לברכה פתוח תפתח ואפילו כמה פעמים. ועוד נאמר והחזקת בו גר ותושב וחי עמך, ואמר עוד וחי אחיך עמך. עכ״ל. וכן הוא בסמ״ק מצוה רמ״ו. וכן מנה בספר יראים מצוה מ״ח, אם פתחת מעט סופך לפתח מאה פעמים, שנא׳ פתח תפתח נתן תתן. וכתב הרמב״ם במצוה קצ״ה, וכבר בא הצווי במצוה זו במלות מתחלפות אמר יתעלה פתוח תפתח את ידך וכו׳ אמר והחזקת בו ואמר וחי אחיך עמך, והכוונה באלו הלשונות כולם אחת והוא שנעזור אותם ונחזקם די ספוקם, עכ״ל. וע׳ בספר אור פני מלך על הרמב״ם הובא בספר מעשר כספים דף ק׳ דתמה למה דילג הרמב״ם העשה של נתן תתן, ובפרט שהגמרא בשבועות כ״ה א׳ הביא פסוק זה למקור של מצות צדקה. וע״ש מה שתירץ. וע׳ בביאור הגר״א שם סע׳ א׳ דנלמוד העשה גם מהפסוק של נתן תתן. וכן כתב בספר אהבת חסד ח״ב פרק י״ט ס״ק ד׳ באמצע ההגה״ה ע״ש. וע׳ בשו״ע יו״ד סי׳ רמ״ז סע׳ א׳ מצות עשה ליתן צדקה כפי השגת יד וכמה פעמים נצטוינו בה במצות עשה. וכתב במהר״י קורקוס סע׳ ב׳ דמבואר בדברי הרמב״ם שיש כאן מצות עשה להפריש צדקה אפילו כשאין כאן לפניו עניים תובעים. וכן מבואר בספר צפנת פענח על הרמב״ם פ״ז הל׳ א׳ בתחילת דבורו. וע׳ בספר ראשון לציון סי׳ רמ״ז סע׳ א׳, וכן בספר דרך אמונה הלכות מתנות עניים פ״ז ס״ק ז׳.

By observing the mitzvah of *tzedakah* one is fulfilling a number of positive commandments (*mitzvos asei*) and if one does not he is transgressing both a positive and prohibitory command (*mitzvas asei* and *mitzvas lo saaseh*). We derive this from the *pasuk*, לֹא תְאַמֵּץ אֶת לְבָבְךָ וְלֹא תִקְפֹּץ אֶת יָדְךָ מֵאָחִיךָ הָאֶבְיוֹן, "you shall not harden your heart or close your hand against your destitute brother" (*Devarim* 15:7) — one should be kind and generous when giving *tzedakah*. One who is able to give *tzedakah* and does not, transgresses these prohibitions.[2]

A. Reasons for *Tzedakah*

The primary reason for *tzedakah* is that the Almighty wants people to accustom themselves in the trait of *chesed*, kindness. When a person habituates himself to be merciful and compassionate to those who are less fortunate, he becomes worthy of

---

2. ע׳ ברמב״ם במצות לא תעשה רל״ב ,כתיב לא תאמץ את לבבך וזה אזהרה מלקנות מדת הכילות ואכזריות, ולא למנוע צדקה והרחבה מאחינו האביונים אשר נדע עניים ויכלתנו להחזק להם. וכתב הסמ״ג ל״ת רפ״ט וז״ל שלא יעלים עיניו מן הצדקה וכל המעלים עיניו מן הצדקה עובר בלא תעשה שנאמר לא תאמץ את לבבך ולא תקפוץ את ידך מאחיך האביון. ותניא בספרי (ראה) יש לך אדם שמצטער אם יתן אם לא יתן פירוש על אימוץ הלב מוזהר אדם כשלבו נוטה לרחם שלא יסוב את לבבו ולא יאמץ להסב הרחמנות מלבו, ויש לך אדם שפושט ידו וחוזר וקופצה על זה נאמר לא תקפוץ, והנותן צדקה בעין רעה עובר משום אל ירע לבבך בתתך לו כי בגלל הדבר הזה יברכך ה׳ אלקיך, עכ״ל. וכן כתב בספר החינוך מצוה תע״ח, והוסיף על זה ואל תחשוב שיהיה לך בדבר חסרון ממונך כי בגלל הדבר ההוא יברכך ה׳, ויפה לך ברכתו רגע קטן מכמה אוצרות של זהב וכסף. וכן הוא בסמ״ק במצוה כ׳ וכתב החילוק בין לא תאמץ ולא תקפוץ, דלא תקפוץ פירוש קפיצת ידים שלא יאמר אם אתן פרוטה לעני לא יהא קרני שלם מוטב שלא אתן ת״ל לא תקפוץ, ולא תאמץ שלא יאמר מה לנו לסייע לפלוני אם היה רוצה היה מרויח יותר מצרכו. ת״ל לא תאמץ שאפילו אתה נותן במחשבה הזאת אתה עובר בלא תאמץ. והוסיף עוד לאו והוא לא ירע לבבך בתתך לו פ׳ שלא יצטער אחר הנתינה אלא ישמח ע״ש. וכן הוא בספר יראים מצוה מ״ט שאם יאמץ ואם יקפץ סופך ליהיות לו אח, היינו שתהיה אביון כמותו. כדכתיב ולא תקפץ את ידך מאחיך האביון. וע׳ גם בספר שערי תשובה לרבינו יונה שער ג׳ סע׳ ל״ה ול״ו. וע׳ בפירוש מהר״י קורקוס על הרמב״ם הלכה ב׳ שכתב דאינו עובר על הלאו רק אם ביקש ממנו ולא נתן אבל כשלא ביקש ממנו אינו עובר בלאו. וכן כתב בספר צפנת פענח על הרמב״ם הל׳ מתנת עניים פ״ז ה״א דהל״ת הוא רק אם ביקש ממנו ולא נתן ע״ש. ועי׳ שם בדרך אמונה ס״ק ה׳ שהביא מהמנ״ח סי׳ תע״ט שאינו עובר בלאו אם אינו נותן לגר. וע׳ בנצי״ב בספר העמק דבר דברים ט״ו:ז, ד״ה ולא תקפץ.

Hashem's *berachos*, blessings.[3] Another reason for *tzedakah* is that if we show mercy to those less fortunate Hashem will have mercy on us.[4]

B. Definition of *Tzedakah*

The mitzvah of *tzedakah* is relative to the needs of each individual poor person and one is obligated to give him based on what he is lacking. As the Rambam writes: If one does not have clothing to wear one should give him clothing. One who does not have necessary furniture or household utensils should be

---

3. וז״ל החינוך במצוה ס״ו במצות הלואה, שורש המצוה שרצה האל להיות ברואיו מלומדים ומורגלים במדת החסד והרחמים, כי היא מדה משובחת, ומתוך הכשר גופם במדות הטובות יהיו ראויים לקבלת הטובה, כמו שאמרנו שחלות הטוב והברכה לעולם על הטוב ולא בהפכו, והיטיב השם יתברך לטובים יושלם חפצו שחפץ להיטיב לעולם ואם לאו מצד שורש זה הלא הוא ברוך הוא יספיק לעני די מחסורו זולתנו, אלא שהיה מחסדו ברוך הוא שנעשינו שלוחים לו לזכותנו. ועוד טעם אחר בדבר, שרצה האל ברוך הוא לפרנס העני על ידי בני אדם מגודל חטאו, כדי שיוכח במכאוב בשני פנים, בקבלת הבושת מאשר כגילו ובצמצום מזונו. עכ״ל. וכן מצינו בב״ב י׳ א׳, תניא רבי מאיר אומר יש לו לבעל הדין להשיבך ולומר לך אם אליקכם אוהב עניים הוא מפני מה אינו מפרנסן אמור לו כדי שניצל אנו בהן מדינה של גיהנם. וזו שאלה שאל טורנוסרופוס הרשע את רבי עקיבא אם אלוקיכם אוהב עניים הוא מפני מה אינו מפרנסם א״ל כדי שניצול אנו בהן מדינה של גיהנם.

4. וכדכתב השו״ע סי׳ רמ״ז סע׳ ג׳, כל המרחם על העניים הקב״ה מרחם עליו, והוסיף עליו הרמ״א מהגמרא שבת קנ״א ב׳ שיתן האדם אל לבו שהוא מבקש כל שעה פרנסתו מהקב״ה וכמו שהוא מבקש שהקב״ה ישמע שעותו כך הוא ישמע שעות עניים גם יתן אל לבו כי הוא גלגול החוזר בעולם וסוף האדם שיבא הוא או בנו או בן בנו לידי מדה זו וכל המרחם על אחרים מרחמין עליו. והוסיף הטור בסימן הנ״ל ואל יעלה בלבו עצה לומר איך אחסר ממוני ליתנו לעניים כי יש לך לדעת שאין הממון שלו אלא פקדון לעשות בו רצון המפקיד וזה רצונו שיחלק לעניים ממנו וזהו החלק הטוב שיהיה לו ממנו כדכתיב והלך לפניך צדקה. ועי׳ עוד שם בטור שכתב כמה דברים נחמדים מהבבלי על מעלת הצדקה. וע׳ בילקוט על רות פרק ב׳ פסוק ח׳ הובא בספר ליקוטי הלכות על הלכות צדקה סי׳ רמ״ז סע׳ ב׳, מעשה בחסיד אחד שירד מנכסיו והיה לו אשה כשרה ובא אצלו אליהו ע״ה בדמות ערבי ואמר לו יש לך ו׳ שנים טובות אימתי אתה מבקש אותם עכשיו או לסוף ימיך? התייעץ עם אשתו ואמרה עכשיו וכן היה אמרה אשתו כיון דכבר משך עלינו הקב״ה חוט של חסד נתעסק בגמ״ח בשנים הללו אולי יוסיף לנו, וכתבה ע״י בנה כל מה שעשתה בשנים הללו. לסוף הו׳ שנים בא אליהו ואמר להחסיד דבא הזמן ליטול את העשירות, חזר לאשתו ואמר לה, אמרה לך אמור להזקן אם מצאת בין בנ״א יותר נאמנים תן להם. ראה הקב״ה את דבריה צודקים והוסיף להם טובה לקיים מה שנאמר והיה מעשה הצדקה שלום.

given those items. One who is not married should be helped to find an appropriate mate.[5] Furthermore, if one is accustomed to having servants and then becomes impoverished the mitzvah is to rehabilitate him to his original status.[6] In general, one should ascertain what the poor person needs and attempt to provide him with those needs.

---

5. ז״ל הרמב״ם פ״ז מהל׳ מתנות עניים הלכה ג׳ לפי מה שחסר העני אתה מצווה ליתן לו. אם אין לו כסות מכסים אותו. אם אין לו כלי בית קונין לו. אם אין לו אשה משיאין אותו. ואם היתה אשה משיאין אותה לאיש. אפילו היה דרכו של זה העני לרכוב על הסוס ועבד רץ לפניו והעני וירד מנכסיו קונין לו סוס לרכוב עליו ועבד לרוץ לפניו שנאמר די מחסורו אשר יחסר לו. ומצווה אתה להשלים חסרונו ואין אתה מצווה לעשרו עכ״ל. וכתב במאירי כתובות ס״ז א׳ שאע״פ שרואין את העני מתפרנס דרך כבוד אין בכך למשוך יד שלא ליתן לו, אדרבה ראוי להפליגו במתנותיו שאפשר שהעניים חוששים לפעמים ליחוסם ומדרגת מעלתם ולא משום תענוג הם עושים אלא מדרך מעלה להסתיר דלותם מבני אדם. וכמו כן הוסיף השו״ע סי׳ ר״נ סע׳ א׳ וז״ל הראוי לתת לו פת נותנים לו פת, עיסה נותנים לו עיסה, מטה נותנים לו מטה, הראוי ליתן לו פת חמה חמה, צונן צונן להאכילו לתוך פיו מאכילין. עכ״ל. וכתב בספר דרך אמונה פ״ז ס״ק י״ג בשם הזוה״ק (ויקהל קצ״ח א׳) הלא פרוס לרעב לחמך, שצריך בעה״ב לפרוס הפרוסות לפני האורח כדי שלא יתבייש ויפרוס לו פרוסות גדולות בעין יפה. וכתב בשו״ת שאילת יעבץ סוף סימן ג׳ בד״ה ונ״ל שענין, שיש שני סוגים בצדקה. א׳ דאורייתא והב׳ דרבנן, ועל הדאורייתא זהו להמציא לעני הגון די מחסורו כל צרכו, לפי מה שהוא אדם חסר אשה ובית דירה וכלי תשמישים או פרנסה ובריאות או אפילו הצריך למעדנים בטבעו חובה להזמן לו כל זה בכל היכולת אם אפשר בצבור, ואם לא צריך היחיד לקיימו במה שאפשר לו. וע׳ להלן פרק ד׳ בציון 1.

6. וזה ע״פ הגמרא כתובות ס״ז ב׳, תנו רבנן ד׳ מחסורו אתה במצווה עליו לפרנסו ואי אתה במצווה עליו לעשרו, אשר יחסר לו אפילו סוס לרכוב עליו ועבד לרוץ לפניו. אמר עליו על הלל הזקן שלקח לעני בן טובים אחד סוס לרכוב עליו ועבד לרוץ לפניו פעם אחת לא מצא עבד לרוץ לפניו ורץ לפניו שלשה מילין, וכתבו שם עוד מעשה באנשי גליל העליון שלקחו לעני בן טובים אחד מציפורי ליטרא בשר בכל יום. והביא בשיטה מקובצת שם מח׳ הראשונים בטעם הדבר למה צריך לעשות כל זה. שהגאונים כתבו דכל זה מיירי בעני שאינו מפורסם בעניות שעושין לו כל הכבוד הזה כדי שלא יתפרסם הדבר אבל בעני שנתפרסם העניות שלו אע״פ שהוא רגיל בכל זה הרי הוא כאשר עניי ישראל.אולם התלמידי רבינו יונה כתב דכל זה מיירי רק בעשיר שירד מנכסיו שהוא מורגל מתחילה בתענוגים אבל בשאר עניים שלא הורגלו בכך לא מחייב כולי האי. וע׳ במהרש״א שם בד״ה שלקח לעני, שביאור שזה מיירי במ׳ שלמד להתפנק בבית אביו, אולם אם הוא הרגיל את עצמו לפינוק אין צורך להתחשב בצרכיו. וע׳ בערוה״ש סי׳ ר״נ סוף ס״ק ב׳ שכתב כעין זה, שרק יתן לזה העני שהירגל קודם שהעני אבל מי שמרגיל את עצמו בכל זה לאחר שהעני לא, כיון שלא היה לו להרגיל את עצמו כן. וע׳ בספר דרך אמונה הל׳ מתנות עניים פ״ז ס״ק י״ד שכתב שכן כתבו כל הפוסקים.

One also fulfills the mitzvah of *tzedakah* by giving an indigent money in order to fulfill a mitzvah.[7]

C. Giving a Poor Person All His Needs

We have previously established that the optimum performance of the mitzvah of *tzedakah* is to provide each poor person with his individual needs. This, however, does not mean that the *entire* obligation to help an indigent falls on each prospective donor and that he alone must give the entire amount. Rather, one only has to contribute what he can afford to fulfill the poor person's needs. Generally, when the poverty-stricken seek assistance it is done in a public fashion. They produce documents attesting to their needs and approach the general population. To such indigents one only has to contribute *something towards* their needs, but not an amount to cover their *entire* needs, even if the donor can afford to. Since the poor are publicizing their plight, the obligation to give is not limited to one individual.

If, however, an indigent who did not want to publicize his needs would *privately* approach a person who could afford to help him fully, the obligation of the prospective donor is a matter of dispute among the *Poskim*. Some maintain that he is only obligated to donate an *amount towards* the indigent's needs and he may suggest that the poor man publicize his situation in order to achieve his total goal. Others, however, maintain that since this indigent approached him *privately* and is not prepared to go to the general population he cannot be forced to do so, and if the prospective donor can afford to he would indeed be obligated to provide him with *all* of his needs.[8]

---

7. כן כתב בשו״ת דברי מלכיאל ח״ד סי׳ ט״ו וכן משמע בשו״ת בית שלמה או״ח סי׳ צ״ה. אולם ע׳ בבה״ל סי׳ תרע״א סע׳ א׳ בד״ה ואפילו עני, שהביא בשם החמד משה שאף שיש מצוה ליתן להעני בעד המצות ואפילו המצות שהוא רק משום פירסומי ניסא אינו צריך ליתן להעני רק בשביל עיקר המצוה ולא בעד ההידור, כגון נר חנוכה שצריך ליתן להעני רק נר אחד כיון דזהו מעיקר הדין. אולם ע׳ בשו״ת אג״מ יו״ד ח״ב סי׳ קמ״א ענף ג׳ בד״ה ופירוש שכתב שעיקר מצות צדקה לעני הוא רק בשביל צרכי גשמיות אבל ליתן מעות לעני כדי לקיים מצות כגון תפילין, מזוזה וציצית אף שהוא דבר גדול במה שעושה שיכול העני לקיים מצות ה׳ אינו ענין של צדקה ע״ש.

8. כתב הטור בריש סי׳ ר״נ וז״ל כתב הרמב״ם אין נותנין לו (העני) מתנה מרובה אלא

D. How Much *Should* Be Given in Order to Fulfill the Mitzvah of *Tzedakah*?

The *Shulchan Aruch* tells us that there are three percentage categories in the observance of the mitzvah of *tzedakah*:[9] one-fifth, one-tenth, or less than a tenth of one's money. One who gives up to one fifth of his possessions is fulfilling the mitzvah to its maximum.[10] One who gives one-tenth (*maaser*) of his

---

מתנה מועטת, ואסור להחזיר העני השואל ריקם אפילו אין נותן לו אלא גרוגרת אחת שנאמר אל ישוב דך נכלם, ולשון א״א הרא״ש ז״ל אין נותנין לו מן הקופה מתנה מרובה אלא מתנה מועטת משמע דאגבאי צדקה קאי, ומסתברא כדברי הרמב״ם שעל כל אדם קאי דכיון שהוא מחזור אין האחד צריך ליתן לו די מחסורו, עכ״ל. ומשמע מדבריו דדוקא כשמחזור על הפתחים אז אין היחיד מחיוב ליתן כל די מחסורו אבל אם הוא אינו מחזר על הפתחים אז הוא מחיוב ליתן כל הדי מחסורו. וכן כתב הב״י בדברי הטור ותמה עליו וז״ל ועוד שכתב (הטור) דכיון שהוא מחזיר על הפתחים אין האחד צריך ליתן לו די מחסורו דמשמע שאם אינו מחזר על הפתחים צריך האחד לתת לו מחסורו ודבר תימה הוא דלמה לא יודיע צערו לרבים ובין כולם יתנו לו הדי מחסורו עכ״ל. ופסק הרמ״א כהב״י דאפילו אין העני מחזור על הפתחים אין היחיד מחויב ליתן להעני כל הדי מחסורו אלא מודיע צערו לרבים. אולם הב״ח סובר כהטור דכשאין מחזור על הפתחים אם ידו משגת צריך היחיד ליתן כל הדי מחסורו. וכן סובר הגר״א ס״ק ג׳ כמו הטור. אולם ע׳ בש״ך ובט״ז ס״ק א׳ ובערוה״ש ס״ק ה׳ שפסק דאין על היחיד לבד ליתן כל מה שהעני צריך ואפילו אם בא העני אצלו מודיע לכולם. וע׳ בחכמ״א כלל קמ״ד ס״ק ה׳ שמסופק בדין זה. אולם הרמ״א בעצמו כתב דאם אין רבים אצלו יתן לו היחיד אם ידו משגת, ובאופן זה לא נפטר במתנה מועטת אם ידו משגת ליותר. וע׳ בספר דרך אמונה פ״ז ס״ק מ״ו שהביא מהירושלמי פאה פ״ח ה״ה דאם ידוע שאפילו אם יחזור על הפתחים לא יספיק לו כדי פרנסתו צריך להוסיף לו עד כדי פרנסתו ע״ש. וכן ע׳ שם ס״ק י׳. וע׳ בספר ראשון לציון סי׳ ר״נ ס״ג שמסביר שיטת הטור. ואי יש חיוב ליתן לגר די מחסורו ע׳ בספר דרך אמונה פ״ז הל׳ א׳ בבאור ההלכה ד״ה ונאמר. וע׳ בספר מעשר כספים דף קט״ז מהו שיעור של יד הנותן משגת. וע׳ בשו״ת אג״מ יו״ד ח״א סי׳ קמ״ה בד״ה והנה, שדייק מדברי הרמב״ם דכשכתב שהחיוב צדקה תלוי בידו משגת, תנאי זה משונה משאר מצות, דבשאר מצות יש מצוה עליו תמיד, רק אם אי אפשר לעשותה הוא נקרא אנוס מלקיימה משא״כ במצות צדקה, דמצות צדקה אך ורק תלוי באם ידו משגת אבל אם לא היה במצב של ידו משגת אין חיוב צדקה. ע״ש.

9. שו״ע סי׳ רמ״ט סע׳ א׳. ולענין אי הני שיערים מדאורייתא או מדרבנן ע׳ בספר ראשון לציון סי׳ רמ״ז סע׳ א׳. דנראה מדבריו שהם דאורייתא, אולם בשו״ת שבט הלוי ח״ד סי׳ קכ״ד דחה זה. וכן מהסכמת הפוסקים לא משמע שהם מדאורייתא. וכן הוא בשו״ת שאילת יעבץ שאלה ג׳ בסוף, בד״ה ונ״ל, שהוא מדרבנן.

10. כן כתב הרמב״ם פרק ז׳ הלכה ה׳ מהלכות מתנת עניים, שחומש נכסיו מצוה מן המובחר. וז״ל הפרישה סי׳ רמ״ט ס״ק ב׳ ויליף לה מדכתיב וכל אשר תתן לי עשר אעשרנו לך תרי עישורין היינו חומש ר״ל כשתטול שני חלקים מי׳ חלקים, היינו חומש.

money to *tzedakah* is fulfilling the *middah beinonis* (average).[11] The person who gives less than one-tenth to *tzedakah* is considered as having a "stingy eye"(*ayin raah*).[12]

E. The *Minimum* Amount of *Tzedakah*

One who gives *less* than one-tenth of his money to *tzedakah* still fulfills the mitzvah of *tzedakah* — he just has not fulfilled the mitzvah properly.

The minimum amount required in order to fulfill the mitzvah

אבל סתם שני עשירות אינו חומש שהרי כשתטול ראשונה חלק העשירי וישארו ט׳ חלקים יתחלק אותן ט׳ חלקים לעשרה וטול חלק העשירי, אין חלק אותו הי׳ בשוה אם חלק הי׳ הראשון אלא פחות ממנו וק״ל עכ״ל. וזה ע״פ הגמרא בכתובות נ׳ א׳, אמר רב אשי אעשרנו לבתרא כי קמא. וע׳ ברש״י שם ד״ה אעשרנו דמדלא כתיב עשר אעשר לך הכי קאמר אעשרנו כראשון כלומר מעשר שני יהא כראשון. וכן הוא בלבוש יו״ד סי׳ רמ״ט דשיעור חומש נכסיו אסמכינהו אקרא דעשר אעשרנו לך תרין עישורי היינו חומש. וע׳ בברכי יוסף סי׳ רמ״ט סע׳ ג׳ בסוף ד״ה ועתה.

ואם תשאל איך הגדירו חכמים לא ליתן יותר מחומש, היכא שלא הוי שיעור די מחסורו של העני, הלא יש לאו ויש להאדם ליתן כל ממונו ולא לעבור על הלאו? ואפשר לתרץ זו באופנים שונים. הרמב״ן במס׳ קידושין ל״ד א׳ כתב דיש מצות שעיקר המצוה העשה ולא בא הלאו אלא לקיים העשה. וממילא הכא כשם שלקיום העשה אין חיוב לתת יותר מחומש הוא הדין לגבי הלאו. אולם זה דחוק כיון שבפסוקים הלאו בא קודם להעשה ולכאורה אין זה בגדר מה שכתב הרמב״ן. ואפשר לתרץ עוד ע״פ שו״ת חת״סי סי׳ רכ״ט שלמדנו מדין תורה שיש חיוב לתת צדקה אפילו יותר מחומש וכל ההיתר לא ליתן הוא שחייך קודם, וממילא יש לומר שחכמים שפסק שאין ליתן יותר מחומש יכולים לעקור דבר מן התורה בשב ואל תעשה. וע׳ בערוה״ש יו״ד סי׳ רמ״ט ס״ק ה׳.

11. מקור לכל זה הוא מהגמרא תענית ט׳ א׳, א״ר יוחנן מאי דכתיב עשר תעשר, עשר בשביל שתתעשר. אשכחיה ר׳ יוחנן לינוקא דריש לקיש אמר ליה אימא לי פסוקיך א״ל עשר תעשר. א״ל מאי עשר תעשר א״ל עשר בשביל שתתעשר. וע׳ שם בתוס׳ ד״ה עשר תעשר, וז״ל הכי איתא בספרי עשר תעשר את כל תבואת זרעך היוצא השדה שנה שנה, אין לי אלא תבואת זרעך חייב במעשר רבית ופרקמטיא וכל שאר רווחים מנין? ת״ל את כל. דהוה מצי למימר את תבואתך מאי כל, לרבות רבית ופרקמטיא וכל דבר שמרויח בו, עכ״ל. וע׳ במדרש תנחומא פרשת ראה סי׳ י״ח שכתב עשר תעשר, עשר בשביל שתתעשר עשר כדי שלא תתחסר רמז למפרשי ימים להפריש אחד מן עשרה לעמלי תורה. וע׳ בהגהות מרדכי בבא בתרא סי׳ תרנ״ט דבירושלמי מפיק מעשר מעות מכבד ה׳ מהינך ומראשית כל תבואתך. וע׳ בספר אור זרוע הל׳ צדקה אות י״ג. וע׳ בלבוש סי׳ רמ״ט סע׳ א׳ דמסברא אמרו דבינוני אחד מעשרה. וע׳ בברכי יוסף סי׳ רמ״ט סע׳ ג׳. וע׳ לקמן פרק י״א הערה 11, עוד בעינן שיעור של מעשר.

12. לשון הרמב״ם שם וכן פסק השו״ע הנ״ל.

is a *shelishis ha'shekel* — a third of a shekel — per year[13] (discussed below). Even if one does not give this amount at one time, as long as it is given over the course of one whole year he fulfills his obligation.[14]

It is noteworthy that the practice of circulating a *tzedakah pushka* during *davening* was instituted with this in mind. In this manner, over the course of one year, even if one were to contribute the smallest coins they would add up to a third of a shekel.[15]

F. *Shelishis Ha'Shekel* — A Third of a Shekel

According to most authorities the amount of a full shekel is 14.0313000 grams of pure silver. In U.S. dollars that would equal approximately $2.50.

One third of a shekel would then be approximately 0.84 cents. Indeed, even an indigent would be obligated to contribute this amount to *tzedakah* each year.[16]

G. Giving Less Than a *Shaveh Perutah*

Generally, in halachah, money which is worth less than a *shaveh perutah* is not considered money. *Shaveh perutah* is the amount of money equal to the value of the smallest coin (*perutah*) used in Talmudic times. This is not the case with regard

---

13. בבא בתרא ט׳ א׳, א״ר אסי לעולם אל ימנע אדם עצמו מלתת שלישית השקל לשנה כדכתיב בנחמיה י׳: ל״ג והעמדנו עלינו מצות לתת עלינו שלישית השקל בשנה לעבודת בית אלקינו. וכן פסק השו״ע יו״ד סי׳ רמ״ט סע׳ ב׳ וע׳ בספר דרך אמונה פ״ז ס״ק כ״ט דשיעור זה הוא מדרבנן אבל מן התורה אין לה שיעור למטה. וע׳ בספר קרית ספר הרמב״ם. וע׳ בשו״ת פני יהושע או״ח שאלה ג׳ שכתב שהשיעור הוא חצי שקל אולם הברכ״י דחה זה ע״ש.

14. משמעות הרמב״ם הלכות מתנת עניים פ״ה ה״ז ואפילו אתה נותן לו גרוגרת אחת. וע׳ בספר דרך אמונה פ״ז ה״א בבאור ההלכה ד״ה מ״ע ליתן צדקה.

15. ש״ך שם ס״ק ד׳. וע׳ בערוה״ש ס״ק י״א שכתב ואולי משום דבשליש שקל יש רנ״ו פרוטות כנגד ימי החול שבכל השנה לבד שבת וערב שבת שטרוד בצרכי שבת ויגיע פרוטה ליום.

16. ע׳ בספר מסורת השקל שדן בעינן שיווי המטבעות של ימי חז״ל והעלה שם דאליבא דהרבה ראשונים דשיעור שקל הוא 14.0313000 גרם של כסף נקי. וע׳ בספר דרך אמונה פ״ז ס״ק ל׳.

to *tzedakah.* One can fulfill the mitzvah even though he is giving less than a *shaveh perutah* as long as the total amount of what he gives throughout the year adds up to a minimum of a third of a shekel.[17]

H. Upper Limit — *Takanas Usha*

Despite the fact that *tzedakah* is a great mitzvah and it is considered praiseworthy the more one donates of his money, the Sages put a cap on how much one may give. One may **not** give more than one-fifth. The reason is that the Sages did not want someone to become impoverished and ultimately need *tzedakah* himself. In Chapter Seven we will discuss this concept in greater detail, together with all the exceptions to this *din* (law).[18]

I. Borrowing Money to Give to an Indigent

One who does not have money to give to an indigent is not obligated to borrow funds for this purpose. However, if he does have funds but they are not readily available (interim investments) he should attempt to borrow.[19]

J. *Aniyei Kamai* — Poor People Presently "in Front of You"

Though we have established that it is *praiseworthy* to set aside and give one-fifth of one's money to *tzedakah,* according to some *Poskim* that only applies when there are not poor people in your presence needing financial assistance. When the poor are

---

17. כן הוא בשו״ת מהרי״ל דיסקין סי׳ כ״ד באמצע ד״ה והנה זה, ובשו״ת בית יצחק חלק או״ח סי׳ כ״א בד״ה אבל שבתי ע״ש, ודלא בדכתב בספר צפנת פענח על הרמב״ם פ״ז הל׳ א׳ דאינו יוצא ידי חיוב העשה בנתינה פחות משוה פרוטה. ועי׳ שו״ת שבט הלוי ח״ה סי׳ קל״ד אות ג׳ ס״ק ג׳ וכן בדרך אמונה פ״ז הל׳ ה׳ בבה״ל ד״ה מ״ע ליתן צדקה.

18. כתובות נ׳ א׳, א״ר אילעא באושא התקינו המבזבז אל יבזבז יותר מחומש ועי״פ זה פסק הרמ״א סי׳ רמ״ט סע׳ א׳ אל יבזבז אדם יותר מחומש שלא יצטרך לבריות. ועי׳ בשו״ת אג״מ יו״ד ח״א סי׳ קמ״ג ד״ה ובדבר אם תקנת אושא, אם הדין של אל יבזבז הוא איסור או רק עצה טובה.

19. ספר דרך אמונה פרק ז׳ ס״ק ז׳ בשם החזו״א והטעם הוא שהרי חייב לילך לביתו ולהביא מעות בעדו. מיהו אם העני לא רצה להמתין עד שילך לביתו, כתב שם בציון ההלכה ס״ק י״ז דאין חייב ללות.

actually "in front of you" needing financial assistance, if one could afford to, one would be *obligated* to donate the one-fifth.[20]

---

20. ע׳ מס׳ פאה פרק א׳ משנה א׳, אלו דברים שאין להם שיעור הפאה וביכורים והראיון וגמילות חסדים... וע׳ ברמב״ם בפירושו וז״ל ומה שאמר בכאן גמ״ח אין לה שיעור רוצה לומר לעזור האדם בגופו אך שיעזור אותו בממונו יש לו שיעור והוא חמישית ממונו ולא יתחייב לתת יותר מחמישית ממונו לבד אם עשה כן במדת חסידות... אבל אם יצטרך לתת להם מן החומש יתן חמישית בלבד ויסתלק מלתת עוד ולא יהיה עון עליו בהמנעו להשלים כל מה שצריך להם לפי שצרכם יותר מן החומש. אבל אם לא נזדמן לו דבר מאשר זכרנו יוציא החומש מן הריוח ולא מן הקרן ויתנהו מצרכי מצות, עכ״ל. וזה ע״פ הירושלמי פאה א: א דבאושא התקינו שיהא אדם מפריש חומש נכסיו למצוה. ולכאורה צריך לדעת דבהבבלי כתב (כתובות מ״ט א׳) דבאושא התקינו שיהא אדם מפריש עד חומש נכסיו למצוה מן המובחר. דמשמע דאין חיוב בזה ליתן חומש רק ממדת חסידות ואיך השמיט זה לכתוב כהירושלמי דיש חיוב עד חומש? וכתב ע״ז החפץ חיים באהבת חסד ח״ב פרק י״ט ס״ק ד׳ בהערה דהרמב״ם סובר דהבבלי איירי היכא דלא קיימי עניים וממילא יש מצוה להפריש עד חומש מצוה מן המובחר כיון דלא קיימי עניים, אבל לא הוי חיוב והירושלמי איירי כשקיימי עניים וממילא יש חיוב להפריש עד חומש, וז״ל אך באמת ניחא הכל דהרמב״ם בפירוש המשנה סובר דלשון הירושלמי דקאמר באושא נמנו שיהא אדם מפריש חומש נכסיו למצוה משמע דצריך להפריש מדינא ולא למצוה בעלמא, ובבלי קאמר המבזבז משמע דהוא רק מדה טובה בעלמא... והירושלמי מיירי היכא דקיימי עניים לכך עד חומש צריך להפריש מדינא אם ידו משגת כדי לקיים די מחסורו אשר יחסר לו... וס״ל להרמב״ם דהיכא דקיימי עניים לא תקנו רבנן בזה כלל דאל יבזבז יותר מחומש, עכ״ל. אולם עדיין קשה, דהרמב״ם בהלכות מתנת עניים פרק ז׳ הלכה ה׳ כתב וז״ל בא העני ושאל די מסורו ואין יד הנותן משגת נותן לו כפי השגת ידו, וכמה עד חמישית נכסיו מצוה מן המובחר עכ״ל מוכח מדבריו דאפילו בקיימי עניים אין דין של חיוב חומש נכסיו רק מטעם מידת חסידות ולכאורה הוא סותר דבריו שבפירוש המשניות דכשיש עניים קמאי יש דין של חומש נכסיו? וע״ז תירץ החפץ חיים שם דאפילו בקיימי עניים יש חילוק בין אם ידו משגת לאין ידו משגת, דבידו משגת יש דין של חומש מנכסיו כיון דקיימי עניים, וע״ז כתב הרמב״ם בפירוש המשניות דמחיוב ליתן חומש, אבל היכא שאין ידו משגת אז אין חיוב ליתן חומש אם לא מטעם מצוה מן המובחר, וע״ז כתב ביד החזקה דאם אין ידו משגת חמישית נכסיו הוא רק למצוה מן המובחר. וע״ש עוד שהביא ראיות לחילוק זה. ועפ״ז פסק השו״ע סי׳ רמ״ט סע׳ א׳ דאם אין ידו משגת חומש מנכסיו מצוה מן המובחר... דחומש הוא רק מצוה מן המובחר ולא חוב ממש.

וע״ש עוד בהחפץ חיים הנ״ל שהביא מהגר״א באגרתו בעלים לתרופה כמו כן, שכתב שם לבני ביתו וז״ל שלמען ה׳ שתפריש את החומש כאשר צויתיך ולא תפחות כאשר הזהרתיך כי בפחות מזה עוברים כל רגע על כמה לאוין ועשין... ושקול כאילו כופר בתורה הקדושה ח״ו. עכ״ל. ולכאורה מה ההסבר בהגר״א הלא הגמרא אמרו דחומש הוא רק מדה יפה אלא צ״ל דהגר״א ג״כ ס״ל בזה דבקיימי עניים מחיוב מדינא ליתן חומש. וע״פ כל זה כתב שם הח״ח בס״ק ד׳ די״א דשיעור חומש הוי מדה יפה הוא דוקא בלא קיימי עניים אבל בקיימי עניים כשיודע שיש בעיר אלמנות ויתומים וכה״ג אנשים מצוקים כאלו שאין לאל ידם להושיע את עצמם מחיוב מדינא להפריש עד חומש נכסיו.

This would therefore mean that nowadays, when unfortunately we are confronted with an inordinate number of poor, giving one-fifth would not be considered in the category of "praiseworthy" but in the "obligatory" category.

Others maintain that even when impoverished people are "in front of you," giving one-fifth is praiseworthy but not obligatory. One should consult a *Rav* for guidance.

K. Actual Presence or Knowledge — What Is Required?

Another important aspect of *aniyei kamai* — poor people "in front of you" — is whether or not the indigent himself actually has to be present, or is *knowledge* of an indigent sufficient to be

---

ובשו״ת בית דינו של שלמה יו״ד סי׳ א׳ ביאור הרמב״ם כעין זה דהיינו דיש תרי אמוראי דפליגי במציאות תקנת אושא, חדא דיש חיוב ליתן חומש דהיינו כמו הירושלמי וחדא דחומש הוא מדה יפה וזהו מה שכתב בתלמוד דידן, ולכן הרמב״ם סובר דהבבלי והירושלמי לא פליגי, דהבבלי מיירי היכא שלא קיימי עניים והירושלמי מיירי כשקיימי עניים, ולכן כשבא הרמב״ם לקבוע ההלכה כתב דהיכי דקיימי עניים אז חיובא איכא לתת להם כדי צרכם עד חומש, ואם לא יספיק להם חומש לא מחייב להם ביותר מזה ואם נדבה רוחו להוסיף להם נקרא חסיד, אבל היכא דלא קיימי עניים ואין עניים תובעים או אפילו אי יש עניים תובעים אלא שיש רבים אצלו ובין כולם הם נותנים להם די מחסורם אז אין חיוב על איש אחד לתת חומש אלא הוא רק מדה יפה. ומסיים שם הבי״ד של שלמה וז״ל היכא דקיימי עניים הצריכים למזון וכסות או שבויים צריך לתת להם עד כדי צרכם עד חומש ואם לא יספיק להם חומש אינו חייב יותר ואם רצה להוסיף יוסיף ותבוא עליו ברכה. אבל היכא דלא קיימי עניים או דשכיחי גבי רבים המספיקים להם והוא רוצה לזכות משלו להספיק להם או שרוצה לתת יותר מכדי צרכם אז עד חומש הרשות בידו ליתן ולא יותר מחומש, זהו נראה לפי דעת הרמב״ם, עכ״ל בי״ד של שלמה.

וע׳ בברכי יוסף סי׳ רמ״ט סע׳ א׳ שג״כ כתב לחלק בין קיימי עניים ללא קיימי עניים אלא שכתב שם שאין סתירה ברמב״ם מטעם אחר, שכתב בד״ה ומעתה, דמה שהוא היפך ממש״כ בחיבורו לא קשיא, דזה רגיל דהדר מר משמעתיה מפירוש לחיבור כידוע. וכן כתב בשאילת יעבץ סי׳ ג׳ באמצע ד״ה ואמנם. אולם העלה הברכי יוסף באות ב׳ דאליבא דהשו״ע אף אי קיימי עניים ליכא חיוב ליתן חומש אם לא ממדה יפה וזה לא כהאהבת חסד הנ״ל. ופשטות לשון השו״ע משמע הכי דכתב בשו״ע סי׳ רמ״ט סע׳ א׳ שיעור נתינתה אם ידו משגת יתן כפי צורך העניים ואם אין ידו משגת כל כך יתן עד חומש נכסיו מצוה מן המובחר ואחד מעשרה מדה בינונית, דמשמע דאף אי קיימי עניים ליכא חיוב ליתן חומש רק מטעם מצוה מן המובחר. וע׳ בספר ארחות רבינו ח״א דף רצ״ד שכתב שמה שכתב הגר״א שצריך להפריש חומש ובפחות מזה עוברים כל רגע על כמה לאוין ועשין, כוונת הגר״א ז״ל לצדיקים בעלי מדרגות גדולים. וע׳ עוד בספר דרך אמונה פ״ז ס״ק כ״ד.

categorized as "in front of you"? The consensus of the *Poskim* is that just the knowledge of an indigent needing money would obligate one in the mitzvah of *tzedakah*.[21]

Therefore, one who receives validated letters requesting help for a poor person would be obligated to contribute *tzedakah* to that individual since *knowing* about his plight suffices to obligate the potential donor.[22]

By sending letters the impoverished person is publicizing his plight. Therefore, one would only be obligated to contribute *towards* his needs but not provide the entire amount, as previously established.

However, he is only obligated if he has not yet given the amount of *tzedakah* he intended. Once he has donated one-fifth of his money he no longer is obligated.

L. The Concept of אַל יָשֹׁב דַּךְ נִכְלָם — "Do Not Turn Back the Oppressed in Shame"

A *pasuk* in *Tehillim* (74:21) tells us אַל יָשֹׁב דַּךְ נִכְלָם, " do not turn back the oppressed in shame" — one should not turn away an indigent without at least giving him something.[23] Even a person who already has given all of his *tzedakah* money for the year cannot send an impoverished person away empty-handed. Just by giving the poor person a small amount he will fulfill this requirement.[24] Therefore, a person should budget himself in order not to give **all** his *tzedakah* at once, but rather spread out his donations throughout the year.

One who has nothing to give an indigent should tell him that he would like to help but unfortunately he is not able. Instead,

---

21. כן הוא בראשון לציון סי׳ רמ״ז ס״ק א׳, שאין בו לאו אלא אם יודע שיש עני נצרך והוא מעלים עין אבל יכול לקיים העשה של צדקה בידיעה שיש עני הנצרך. וכן הוא בשו״ת ערוגת הבשם יו״ד סי׳ רי״ט דיש כאן מצות עשה ליתן צדקה היכא דידע מהעני אע״פ שאינו מבקש ממך. וכן כתב בשו״ת שבט הלוי ח״ה סי׳ קל״א בהשמטות לשו״ע סי׳ רמ״ז סע׳ א׳.

22. שו״ת באר משה ח״ד סי׳ צ״ב.

23. רמ״א יו״ד סי׳ רמ״ט סע׳ ד׳ בשם הרמב״ם פ״ז מהלכות מתנת עניים הלכה ז׳.

24. שם וכן הוא בעוה״ש שם ס״ק י״ג. וע׳ בספר דרך אמונה פ״ז ס״ק מ״ט.

he should try to make the poor person feel better about his situation.[25] (This mitzvah of trying to make someone feel better about his situation applies not only to an indigent but to anybody who is experiencing distress.[26])

It goes without saying that one is prohibited from raising his voice to the poor person or upsetting him in any other way.[27] However, if one discovers that the person is not really impoverished he is permitted to chastise him.[28]

M. Exception to אַל יָשֹׁב דַּךְ נִכְלָם, "Do Not Turn Back the Oppressed in Shame"

The *din* of אַל יָשֹׁב דַּךְ נִכְלָם only applies when the indigent is

---

25. רמב״ם הל׳ מתנות עניים פרק י׳ הלכה ה׳. ומסביר להעני שאתה מצטער שאין לך מה ליתן לו. וע׳ בגמ׳ ב״ב ט׳ ב׳, ואמר רבי יצחק כל הנותן פרוטה לעני מתברך בשש ברכות והמפייסו בדברים מתברך בי״א ברכות... שנאמר ותפק לרעב נפשך ונפש נענה תשביע וזרח בחשך אורך ואפלתך כצהרים. ונחך ה׳ תמיד והשביע בצחצחות נפשך... ובנו ממך חרבות עולם מוסדי דור ודור תקומם וכו׳. ישעיה נח: י׳־י״ב. וע׳ תוס׳ שם בד״ה והמפייסו, שזה מיירי אפילו אם לא נותן לו כלום. וכמו שכתב המהרש״א שם, ועוד כתב שם שמפורש בילקוט ותפק לרעב נפשך אר״ל אם אין לך ליתן לו נחמו בדברים אמור לו תצא נפשי עליך שאין לי וכו׳ דהיינו לנפשך בגופו, אבל מי שיש לו ממון ליתן פשיטא דלא סגי ליה בפיוס בדברים ועובר על לא תקפוץ ידך והעינן כי גדול המפייסו בדברים מנותן ואינו מפייסו לפי שזהו בגופו וזהו בממונו דמה״ט גדול גמ״ח יותר מן הצדקה. וע׳ בביאור הגר״א סי׳ רמ״ט ס״ק ז׳ שהביא מאבות דרבי נתן פרק י״ג משנה ד׳ דהמקבל את חבירו בסבר פנים יפות אפילו לא נתן לו כלום מעלה עליו הכתוב כאילו נתן לו כל מתנות טובות שבעולם. וע׳ בספר אהבת חסד ח״ב פרק י״ז בהגה״ה על אלו שמונעין העניים מלהחזור על הפתחים, והביא שם שמונה קלקולים ששייך לבוא מדבר אכזרי כזה ע״ש באריכות. וע׳ בספר חסידים סי׳ תרי״ב.

26. אהבת חסד ח״ג פרק ח׳ בשם רבינו יונה.

27. שם ברמב״ם ושו״ע סי׳ רמ״ט סע׳ ד׳. וראיתי דבר נפלא בספר בית הלוי על התורה סוף פרשת תרומה וז״ל, הנה בעת שנותנים צדקה להעני ונמצא מקיים בהעני מצות צדקה ועוד כמה מצות עשה כמו והחזקת בו, אז העני הוא ממש כמו בחינת אתרוג בעת שנוטלו לצאת בו, דאע״ג דאתרוג אחר המצוה אין בו שום קדושה מ״מ בעת קיום המצוה חלה עליו קדושת המצוה ואסור בהנאה ובתשמיש של חול. ובעצי סוכה מבואר במס׳ סוכה (דף ט׳) כשם שחל שם שמים על החגיגה כך חל ש״ש על הסוכה ואסורים בהנאה. וכן אסור לנהוג בו מנהג בזיון וכמו דדרשינן בשבת מקרא גבי כיסוי הדם במה ששפך יכסה שלא יכסנו ברגל שלא יהיו מצות בזויות עליו. כן העני ממש בעת שנותנים לו אסור ליתן לו בבזיון חלילה, וזהו איסור דאורייתא.

28. עוה״ש יו״ד סי׳ רמ״ט סע׳ ג׳, ובדרך אמונה פ״י ס״ק כ״ט.

present and collecting for himself. In the case where someone else is collecting on behalf of the indigent one would not violate this *din* by not giving him.[29]

Of course, this only refers to the *din* of אַל יָשֹׁב דַּךְ נִכְלָם. However, if one has the wherewithal to give one would still be obligated in the mitzvah of *tzedakah* even though the person making the request is only the representative of the poor person, since, as we have established, the *knowledge* of an impoverished individual is sufficient to obligate one to give.

N. Non-Monetary Aid for an Indigent

In section B of this chapter we noted that not only does one fulfill one's obligation of *tzedakah* by helping an indigent financially, one may also do so by providing him with a particular need.[30] For example, if a poor person needs a suit and one who is a tailor sews it for him, he would be able to count the value of the work as giving *tzedakah.*

Not only would he be able to deduct the cost of the suit, he also may deduct from *tzedakah* the profit minus 10 percent that he would have made by selling the suit. For example, if the cost price of the suit is $100 and he sells it for $300, he would deduct the profit and apply it to *tzedakah.* However, he may only deduct $180 of the profit since he still has to give *maaser* on his profit.[31]

It is, however, important to note that if one does not have the funds to give an indigent he is **not** obligated to provide non-monetary aid instead.[32]

---

29. ע׳ ספר דרך אמונה פ״ז ס״ק מ״ח. וע׳ עוד שם בציון ההלכה ס״ק י״ד דאפילו אם הגובה ג״כ עני ומקבל חלק מזה נראה דאין שייך אל ישוב דך נכלם, כי החלק שהוא מקבל זה הוא מקבל ממי ששלחו עבור שכר פעולה ואין זה שייך להנותן שנותן הכל לצדקה להמשלח. אולם ע׳ בתשובות והנהגות ח״ג סי׳ רפ״ז שמסופק בדין זה.

30. שו״ת מהרי״ל דיסקין סי׳ כ״ד. וע׳ בספר חסידים סי׳ ס״א.

31. הגאון הרב שלמה זלמן איוערבאך זצ״ל בקונטרס קול התורה חוברת ל״ט דף פ״ז שאלה ח׳.

32. שם במהרי״ל דיסקין.

O. Giving Shoes to an Indigent

Some have a custom that a Jew should **not** wear the shoes of a deceased person. Therefore, if one wanted to donate such shoes to the poor one should sell them to a non-Jew and donate the money instead.[33]

33. ספר חסידים סי׳ תנ״ד. וע׳ בשו״ת אג״מ יו״ד ח״ג סי׳ קל״ג. וע׳ בספר זכרון מאיר על הלכות אבילות דף 233 אריכות על ענין זה.

2 / Definition and Support of the Poor

A. Definition of an Indigent in Past Generations

In earlier generations when societies were agricultural in nature there were standard consistent means by which poor people were supported. Besides the Torah-prescribed gifts to the poor of *leket* (לֶקֶט, gleaning), *shich'chah* (שִׁכְחָה, forgotten sheaves), *pe'ah*, (פֵּאָה, corner of the field), and other agricultural gifts which the Torah obligated farmers to leave for the poor,[1] most cities established systems to take care of the indigent. One such system was called the *Kuppas Tzedakah* — *Tzedakah* Fund — and every city had one. This fund was designed as follows: Once a week, selected *gabbaim* (charity collectors) approached the people of the city and collected from every individual a sum of money that had been determined each was able to afford.[2] Generally, this fund was used for the poor people of that town and each indigent was given enough money for fourteen meals — an entire week. It was expected that those who had sufficient means to support themselves for a week did not take from this fund. This process was repeated every week to help those in need. There was another system which was not established in all cities called the *Tomchui* (תַּמְחוּי) — Charity Plate. Money was collected each and every day from the townspeople, by going house-to-house. People gave whatever amount they wanted and this fund provided two meals to each poor person so he would have food for that day. This fund was used primarily to help the poor who came from other cities since the poor living in the

---

1. רמב״ם הלכות מתנות עניים פ״א הל׳ א־ח.

2. גמ׳ ב״ב ח׳ ב׳, ת״ר קופה של צדקה נגבית בשנים ומתחלקת בשלשה, נגבית בשנים שאין עושים שררות על הציבור פחות משנים ומתחלקת בשלשה כדיני ממונות.וע׳ שם בתוס׳ ד״ה ומתחלקת, שאין צריך שלשה לגבות הממון לפי שהיה ידוע סכום של כל אחד ואחד כמה ליתן. וכתב בספר דרך אמונה הל׳ מתנות עניים פ״ט ס״ק ט׳ שהסכום ידוע שכבר קצבו הגבאים או בני העיר ממונו של כל אחד ואחד כך ביאר הפרישה שם ס״ק א׳.

town were sustained by the *Kuppah* fund. However, in the towns that did not establish a *Tomchui* Fund, the poor people from other cities would be supported from the *Kuppah* Fund of that town.[3] Together with what individuals supplemented on their own, poor people were able to be sustained.[4]

Since this cycle of agricultural gifts to the poor would renew itself every year, the Rabbis determined[5] that the definition of a poor person is one who does not have enough to

---

3. רדב״ז הובא בדרך אמונה הל׳ מתנות עניים פ״ט ס״ק י״א.

4. רמב״ם שם פ״ט הלכה א־ג ע״פ הגמרא ב״ב ט׳ א׳, וכתב שם הרמב״ם הלכה ג׳ וז״ל מעולם לא ראינו ולא שמענו בקהל מישראל שאין להם קופה של צדקה אבל תמחוי יש מקומות שנהגו ויש מקומות שלא נהגו בו, עכ״ל. והטור יו״ד סי׳ רנ״ו מבאר מהו הקופה ומהו התמחוי, וז״ל כל עיר שיש בה ישראל חייבין להעמיד מהן גבאי צדקה ידועים ונאמנים שיהיו מחזירין על העם מע״ש לע״ש ולוקחין מכל אחד מהן מה שהוא ראוי ליתן ודבר הקצוב עליהן והן מחלקין המעות מע״ש לע״ש ונותנין לכל עני ועני מזונות המספיקין לשבעת הימים והוא הנקרא קופה של צדקה, לפיכך מי שיש לו מזון שבעה ימים לא יטול ממנה, וכן מעמידים גבאים שלוקחים בכל יום ויום מכל חצר וחצר פת וכל מיני מאכל ופירות או מעות שנתנדב לפי השעה ומחלקין את הגבוי לערב ונותנין ממנו לכל עני פרנסת יומו וזה הנקרא תמחוי, לפיכך מי שיש לו פרנסה יום אחד לא יטול ממנו, עכ״ל. וביאור הערוך השולחן סי׳ רנ״ו ס״ק ב׳ דזה שכתב שיהיו מחזירין על העם מע״ש לע״ש, לא שבע״ש היו מחזירין אלא כל השבוע היו מחזירין להכין על החלוקה של ע״ש הבא.. וזה שכתב שהקופה לעניי אותה העיר והמתחוי לעניי עיר אחרת זהו מפורש בגמרא ב״ב ח׳ ב׳, ע״ש.

אולם לשון הרמב״ם שם פ״ט הל׳ ו׳ צריך ביאור, דהוא כתב שם וז״ל, התמחוי לעניי עולם והקופה לעניי אותה העיר בלבד עכ״ל, הנא מה שהוסיף בתיבה בלבד משמע שהתמחוי מתחלק גם לבני אותו העיר ורק הקופה הוי רק לעניי אותה העיר. וכך העיר הדרישה בסי׳ רנ״ג ס״ק א׳. וא״כ ק״ק דאם כבר קבלו בני העיר חלקם מהקופה למה צריכים הם לקבל מהתמחוי ? והרי אין התמחוי אלא אם אין לו מזון שתי סעודות, וכשקבל מהתמחוי כבר יש לו י״ד סעודות מהקופה ? ע״ז הביא הדרישה המהרי״ק שורש י״ז סי׳ ב׳ שהתמחוי לא נתקן אלא כדי שיהיה להם להעניים מזונות יותר ברווח, אבל בלעדו יש להעניים כדי סיפוקם בצמצום ע״י מה שקבלו מהקופה. והנראה שכוונתו הוא שהקופה מתחלקת מע״ש לע״ש כדתנן בב״ב שם, וא״כ אע״פ שגבו מבני העיר בשביל הקופה, לפעמים אם יש עוד עניים לקבל מהקופה וכדי לתת להם בעינן למעט ממעות הקופה ולתת להעניים רק בצמצום, ולכן אין להעניים כ״כ ויכולים לגבות ג״כ מן התמחוי. ועוד נראה לפרש באופן אחר דכיון שמחלקין דמי הקופה בע״ש אפשר שיש בני אותו העיר שאינם עניים אז אבל באמצע השבוע יש להם צורך לצדקה וממילא הם יכולים ליטול אז מהתמחוי. וע׳ בספר דרך אמונה פ״ט ס״ק מ״ג.

5. דמן התורה יכול ליטול כל מה שחסר לו, כך כתב הקרית ספר על הרמב״ם הל׳ מתנות עניים פרק ט׳ הובא בספר דרך אמונה פ״ט ס״ק פ״א.

live on for an entire year. Furthermore, they established the amount of money one needed for an entire year to be 200 *zuz* per person, and through the above-mentioned systems one was able to receive that amount. Consequently, one who did not have 200 *zuz* could collect the Torah-prescribed gifts for the poor, in addition to assistance from the various funds of the cities.[6]

However, one who was capable of earning a living was not permitted to collect these gifts if he had an amount of money that was sufficient to enable him to engage in business so as to earn a livelihood for the year. The Rabbis determined that amount to be 50 *zuz*. One who did not have 50 *zuz* and was capable of working was permitted to take that amount from *tzedakah* in order to try to earn a livelihood.[7]

B. Nowadays

As time passed, and by and large societies became less agricultural in nature, there were fewer agricultural gifts available to be given to the poor. Unfortunately, the numbers of poor people increased to the point that it became very difficult for cities to maintain their charity funds. Consequently, impoverished people were generally sustained by approaching the general popula-

---

6. מקורו הוא במסכת פאה פרק ח׳ משנה ח׳, דמבואר הדין של מתנות עניים. וע׳ בר״ש וברע״ב שם שפירשו שאותם מאתים זוז קים להו לרבנן שמספיקים לשנה אחת לכסות ולמזונות, וכ״כ בפירוש שנות אליהו שם. וכתב הטור ביו״ד סי׳ רנ״ג שאם יש לאדם שיעור זה לא יטול צדקה. וביאור הב״י שם וז״ל שאע״פ שלא אמרו אלא לקט שכחה ופאה ומעשר עני כתב רבינו לא יטול צדקה כלל משום דמשמע דכל שאינו נוטל את אלו אינו נוטל שום צדקה. וכ״כ המרדכי בפ״ק דבבא בתרא סי׳ ת״ק בשם רבינו אפרים ובשם האור זרוע דגם בצדקה הוא גוזל את העניים דבעל הבית שנתן לו לא יתן לעניים אחרים, והביא ראיה מירושלמי דכל שיש לו מאתים זוז לא יטול צדקה, עכ״ל הב״י. וכן הוא בשו״ת הרשב״א סי׳ תתע״ב ע״ש, ועפ״ז פסק השו״ע סי׳ רנ״ג סע׳ א׳ דמי שיש לו מאתים זוז לא יטול צדקה. וע׳ בשו״ת משיב דבר ח״ב סי׳ ס׳.

7. מקורו הוא במסכת פאה פרק ח׳ משנה ט׳, הדין של חמישים זוז הוא כמו מאתים זוז, ושיטת הראשונים הובא בציון 6 למעלה. וכן פסק השו״ע שם, דאם נשאו ונתנו בהחמישים זוז אין ליטול צדקה. וע׳ בדברי המשנה ראשונה פאה פרק ח׳ משנה ט׳ שכתב דהני שיעורים של חמישים ומאתים זוז הוא רק ליחיד אבל אם יש לו אשה ובנים יכול ליטול מאתים זוז בעד כל אחד מהם. וכך כתב בדרך אמונה פ״ט ס״ק פ״א.

tion and collecting whatever amount possible to provide for their needs.[8]

Today we live in an industrial society. Consequently poor people are not able to collect the agricultural gifts established for them in the Torah. So the Rabbis determined that a poor person is one who does not have the basic necessities for an entire year. Therefore, the Rabbis maintained that one who is lacking may either collect sufficient *tzedakah* until he acquires enough money to be sustained for the entire year, or collect enough capital to enable himself to start a business in order to have a consistent means of support and be able to live off the profits. If he is married and has children that amount would include them as well.[9]

C. Determining Amount of Capital

There are a number of ways to determine how much money one needs to earn profits from one's capital on a consistent basis.

---

8. ערוך השולחן סי׳ רנ״ו ס״ק א׳ כתב וז״ל, ועתה בעוונתינו אין לנו לא קופה ולא תמחוי שמפני לחץ הפרנסה וריבוי העניים אינו באפשר רק כל יחיד מישראל נותן צדקה מכיסו, ורבו עניים לאלפים המחזרים על הפתחים וכל אחד נותן לו פרוסת לחם או מטבע קטנה, ורבו המעשים בכל עיר ועיר שכמעט בכל שבוע הולכים שני אנשים לקבץ נדבות יחיד, ועם כל ריבוי הצדקה שבימינו, אלה עכ״ז אין הקומץ משביע וכו׳. . .עכ״ל.

9. כן כתב הטור סי׳ רנ״ג בשם הסמ״ק סי׳ רמ״ז וז״ל שכל אלו השיעורים לא נאמרו אלא בימיהם שהיה להם קופה ותמחוי והיו מחלקין מעשר עני בכל שנה והיו נוטלין לקט שכחה ופאה, לפיכך שיערו שמי שיש לו מתים זוז לא יטול לפי שיכול לעבור בהן שנה ולשנה הבאה יהיה לו במה שיהיה, אבל האידנא שאין כל זה יכול ליטול עד שיהיה לו קרן כדי שיתפרנס מן הריוח. אלמא הכל לפי הענין. ואפשר כי בימיהם היתה ההוצאה מעוטה ואפשר להתפרנס בריוח של חמישים זוז אבל האידנא א״א, והכל לפי המקום והשעה, עכ״ל. ושיטה זו הובא בשילטי גבורים כתובות ס״ח א׳, ובדפי הר״ן כ״ט ב׳. והשו״ע סי׳ רנ״ג סע׳ ב׳ פסק כדבריהם, וסיים ודברים של טעם הם. וע׳ בספר דרך אמונה פ״ט בציון ההלכה ס״ק קכ״ט שהביא שכ״כ בחוברת תרומות ומעשרות שהדפיס ר״ז שפירא ז״ל ע״פ מרן החזו״א שכל מי שאינו מסודר בפרנסתו שאין לו כדי מחייתו נקרא עני ויכול ליטול מעשר עני. ולענין אי צריך למכור הכלים קודם שיקבל מצדקה ע׳ בסי׳ רנ״ג סע׳ א׳ ובמפרשים שם. והמנהג הוא לא להקפיד על כך ולכן לא הסברתי הגדרים. וראיתי טעם הגון לזה בשו״ת מנחת צבי ס״ק ט׳ דאם האדם ימכור חפצים משומשים הוא יפסיד סכום גדול ויצטרך למוכרם במחצית שווים, נמצא שההפסד שיהי להעני הוא גדול מהריוח המועט שיוכל להתפרנס מהחפצים. אולם ע׳ בגליון המהרש״א סי׳ רנ״ג ס״ק ב׳ שהביא משו״ת דבר שמואל (אבוהב) סי׳ ל״ב דגם בזה״ז יש דין של מאתיים וחמישים זוז. וזה, כנגד דעת כל הפוסקים וצ״ע.

One may place the money in a bank and earn interest, or he may take a sum of money and try to start a business. A person's situation would determine the course one would have to take. One who is not capable of working for whatever valid reason (i.e., elderly, disabled, etc.) may accumulate enough capital to support himself from the profits and then place the money in a bank or CD and live off the interest. However, one who is capable of working but is lazy and does not want to, is only permitted to receive a sum of money that can be used to set himself up in a business that will generate a source of income.[10] One must

---

10. חילוק זה אפשר ללמוד מהא דחילקו חכמים בין מאתים זוז לחמישים זוז, דלכאורה אמאי היתרו לו ליטול עד מאתים זוז, הרי כשיש לו חמישים זוז היה צריך לעשות עסק בהם ובזה יפרנס הוא ובני ביתו מהרויח? וצ״ל דחילוק יש בין מי שאפשר לעבוד ולעסוק במשא ומתן כגון איש בריא ובעל יכולת, דאצלו אפשר לו לחיות בחמישים זוז לכן לו אמרו שיקח חמישים זוז, אבל מי שאינו יכול לעסוק במשא ומתן כגון זקן או חולה, או אדם בעלמא שאינו בעל עסק הוא יכול לקבל עד מאתים זוז. וכן שמעתי חילוק זה מפוסקי זמנינו. ונראה שמרומז חילוק זה בדברי העורה״ש סי׳ רנ״ה ס״ק ב׳ שהוא מדבר באיש שאינו רוצה ליטול צדקה בגלל הגאוה שלו וז״ל, כשצריך ליטול ואינו יכול להרויח כגון זקן או חולה או בעל יסורין או שיש לו בנות רבות ואין לו במה להשיאן, עכ״ל. ומשמע דאי לאו דהנך דברים מפריעים היה צריך לעסוק בהם להרויח.

ויש לדון אם יש איש שהוא בריא וחזק ואין לו מפריעים ויכול לעסוק במשא ומתן להתפרנס אבל הוא מתעצל ואינו רוצה לעשות שום מלאכה רק לחזור על הפתחים לקבץ מהנדיבים צדקה האם רשאי הבעל הבית לומר לו צא והתפרנס במעשה ידך? ומצאתי דבר נפלא בספר חסידים סי׳ תתרל״ה בא״ד וז״ל אבל אם תראה איש שיכול ללמוד והוא מבין, וסופר שיכול לכתוב ואינם רוצים ללמוד ולכתוב, אם תתן להם צדקה קורא אני עליהם לצדקה והנה צעקה! (ישעיה ה: ז) שנאמר כי לא עם בינות הוא על כן לא ירחמנו עושהו ויוצרו לא יחוננו (שם כז: יא), עכ״ל. הרי מבואר בדבריו שלאיש שיש ביכלתו לעשות מלאכה ואינו רוצה אין צריכים ליתן לו צדקה. וכן מבואר עוד יותר בדברי הדרישה באה״ע סי׳ ע״א ס״ק א׳, שהוא דן בהדין של כופין את האב לזון את בניו ובנותיו, והקשה שם שכתב הטור דדוקא עד שיגדלו חייב לפרנסן והא ביו״ד מבואר דכופין את האב לזון בניו אפילו הם גדולים, ותירץ וז״ל ונראה דלא קשה מידי דודאי אם ידוע שהבן או קרוביו אי אפשר להתפרנס ממעשה ידיהן אזי צריכין להאכילן שלא ימותו ברעב, אלא דעד שיגדלו מסתמא אין להם שום עסק ומשא ומתן משום הכי כופין אותו שיפרנסם. משא״כ לאחר שיגדלו יכול האב לומר שיתפרנסו ממעשה ידיהן או ישאלו על הפתחים. אבל אם יודע שאי אפשר להן להתפרנס בשום צד על זה קאמר התם ביו״ד שהאב מחויב יותר משאר עשירים או מקופה של צדקה עכ״ל הדרישה. ולכאורה מבואר בדבריו שאפשר לומר לאנשים ואפילו לבניו שמוטל עליו לפרנס יותר משאר אנשים צאו והתפרנסו במעשה ידיכם. וכן מבואר בהסמ״ק מצוה כ׳, לא תאמץ שלא תאמר מה לנו לסייע לפלוני אם היה רוצה היה מרויח יותר מצרכיו. וכן מבואר בשו״ת

always keep in mind that every situation is different and a *Rav* should be consulted to determine an individual's particular case.

It is for this reason that it is permitted to collect a substantial amount of money for a widowed woman with children, since she is not in a position to work full-time, as she has the responsibility of taking care of her children.

D. Steady Income

One who has a job where he receives a set income is not permitted to take *tzedakah* money, even though at this moment he does not have enough to live on for the entire year,[11] for by continuing to work he will be receiving a salary which will

---

חת״ס יו״ד סי׳ רכ״ט באמצע ד״ה ומה שהקשה, אחרי שכתב הדין שהבן מחויב לפרנס את אביו ואמו בהמעות שלו אם אין להם כדי להתפרנס משום מצות כיבוד אב ואם אבל הוסיף שם דזה דוקא כי לית ליה להאב ולא מצי להתפרנס כלל ממעשי ידיו אבל כל זמן שיכול להתפרנס ממעשי ידיו לאו כל כמיניה להטיל עצמו על בניו. ומבואר בדבריו שהוא ג״כ סובר החילוק הזה. אולם ע׳ בספר חסידים בסוף סי׳ תק״ל שכתב שאין לומר דבר זה לעני. וע׳ בכלי יקר שמות כ״ג: ה מה שכתב בזה.

וראיתי במדרש ויקרא רבה לד: ד על הפסוק במשלי כב: ב, עשיר ורש נפגשו עושה כולם ה׳, עשיר ורש, עשיר זה שעשיר בנכסים ורש זה שרש בנכסים עמד רש עם העשיר אמר לו תן לי מצוה ולא נתן לו, עושה כולם ה׳, מה שעשה זה עני יכול לעשותו עשיר ומי שעשה לזה עשיר יכול לעשותו עני. אמר העשיר לאותו העני לית את אזיל לעי ונגיס חמי שקיין חמי כרעין חמי כרסוון חמי קפרן (פירוש המתנות כהונה למה אין אתה הולך ויגע במלאכה ע״ש) א״ל הקב״ה לא דייך שלא נתת לו משלך מאומה אלא במי שנתתי לו אתה מכניס לו עין רעה לפיכך והוליד בן ואין בידו מאומה (קהלת ה: יג) מן כל מה דהות ליה, לא ישבוק לבריה ונסיב מומא לנפשיה. וע׳ באלשיך דברים טו: ט מה שכתב בענין זה.

אבל למעשה קשה לנהוג הכי כיון שיש הרבה דברים שמפריעים את האדם מלעבוד, ואפילו אם הוא בחוש נראה לבני אדם שהוא מתעצל, הרבה פעמים יש דברים המפריעים אותו מלעבוד, ולב יודע מרות נפשו, ובפרט אם לא יתן לו יש ספק איסור דאורייתא ממילא אם לא שברור לו שזה האיש מתעצל צריך ליתן לו צדקה ואסור להשיבו בלא כלום משום שאפשר שהוא יכול להתפרנס בעצמו.

אולם אע״פ שאם האדם בריא ויכול לעבוד צריך לעשות מלאכה ולא ליטול צדקה, אם הוא לומד תורה כל היום הוא יכול ליטול צדקה כדי להמשיך בלימודו, וכך מבואר בדברי הרמ״א בסי׳ רמ״ו סע׳ כ״א שכתב דאפילו בבריא ויכול לעסוק במלאכה יכול ללמוד תורה כל היום ולקבל פרס מהציבור. וע׳ בש״ך שם סוף סע׳ כ׳ וכן המנהג. וע׳ בבה״ל או״ח סי׳ רל״א בד״ה בכל. וכן ע׳ בשו״ת אג״מ יו״ד ח״ב סי׳ קט״ז.

11. ע׳ בשו״ת שבט הלוי יו״ד ח״א סי׳ ק״כ, דאם אם אין לו קרן, אם יש לו משכורת קבוע שממנה מתפרנס בריוח פשיטא דאסור ליטול.

enable him to support himself throughout the year. However, if his salary is not enough to live on then he would be permitted to take the amount he needs from *tzedakah*. For example, if his salary is $1,000 a month and he needs $1,200 a month he would be allowed to take $200 a month from *tzedakah*.[12]

E. Unexpected Expense

Sometimes one is faced with an unexpected expense (i.e. children getting married, medical bills), and the *tzedakah* he received for living expenses or to earn a livelihood is insufficient to generate the money necessary to cover those expenses. In such a situation one would be permitted to take more than what he requires for his basic needs from *tzedakah* in order to help pay for these additional expenses. The reason is that concerning these unexpected expenses he is considered poor and in need. This would even apply to one who has a steady income but cannot meet those costs with what he earns.[13] For example, one may take money from a *tzedakah* fund to help defray the cost of making a modest wedding. A Rabbi should be consulted to determine whether or not he should borrow the money from a *Gemach* instead of taking *tzedakah* (realistically, the issue is whether or not he will he be able to repay the loan).[14]

---

12. צדקה ומשפט פרק ב׳ הערה י׳. וכן הוא בשו״ת שבט הלוי יו״ד ח״א סי׳ קכ״ה בההגהות לשו״ע סי׳ רנ״ג סע׳ ב׳, וח״ה סי׳ קל״ח אות ה׳ דאם אין לו דירה, וע״י שיקנה דירה שהיא לפי ערכו שוב יצטרך לצדקה מותר לו לקנות הדירה כיון דגם הדירה צורך פרנסתו הוא אע״פ שעי״ז צריך לקחת מן הצדקה והדברים פשוטים. וכתב עוד בח״ד סוף סי׳ ק״ל דמ״מ בכל מקרה ניתן לשפוט דעת הנותן אם אצלו הוא בגדר עני באמת.

13. כך מבואר בספר החינוך מצוה תע״ט וז״ל, ואתה בני אל תחשוב שענין מצות הצדקה לא יהיה רק בעני אשר אין לו לחם ושמלה, כי אף בעשירים גדולים ג״כ תתקיים מצות הצדקה לפעמים כגון עשיר שהוא במקום שאין מכירין אותו וצריך ללות, ואפילו בעשיר שהוא בעירו ובמקום שמכירין פעמים שיצטרך מפני חולי או מפני שום מקרה אחר לדבר אחד שהוא בידך ולא ימצא ממנו במקום אחר גם זה בכלל מצות הצדקה הוא בלי ספק, כי התורה תבחר לעולם בגמילת חסד ותצוה אותנו להשלים רצון הנבראים בני ברית כאשר תשיג ידינו עכ״ל. וכן כתב בספר דרך אמונה הל׳ מתנות עניים פ״ט ס״ק פ״ד.

14. ע׳ בספר חסידים סי׳ שי״ח בסוף דבריו וז״ל, מעשה באחד שהיה דל וחסר ולא היה רוצה לקבל צדקה אמר האיך אקבל הריני גוזל את העניים אלא הלך ולוה מבני אדם ונתנו לו על מנת להרויח למחצה ויחזור להם לזמן פלונית והיה לו מהרבה בני אדם ואינו

F. Keeping Extra Money

One who left his city to raise a specific sum of money for his needs, and then discovered that he had collected *more* than he intended, is permitted to keep that money.[15] Therefore, one who sent out solicitation letters for a certain cause and then reached the goal is still allowed to keep any additional money that comes in afterwards.[16] Of course, one must stop sending out additional letters asking for help at that point.

G. Child

A child, even though he has no money, may not receive *tzedakah* funds since he is supported by his parents.[17] However, if the child has a basic or a particular need (i.e., learn in yeshiva vs. secular school; summer camp; braces) and the parents cannot or will not pay for it, then he is considered an indigent for that particular need and one may give *tzedakah* to pay for it.[18]

H. May Creditors Take *Tzedakah* Money?

There is a dispute among the *Poskim* regarding a situation where money was collected for an individual who is poor and has creditors who want the money. Are they allowed to take it? Some are of the opinion that they may **not** since we can assume

---

פורע להם ומלוה לו על אמונת שמים ולא היה פורע ואמר מה אפרע ואין לי במה לפרוע ועוד הלך ואמר תלוו לי, א״ל לוה רשע ולא ישלם (תהלים ל״ז: כ״א) והוא אומר מוטב שאהיה לוה ואם יהיה לי אפרע ולא אקבל מן הצדקה ולא אהיה גוזל עניים. נאמר עליו אל תהי צדיק הרבה (קהלת ז: ט״ז) ועוד שהוא רשע, למה לוה והוא יודע שאין לו הצלחה ולא יהיה במה לפרוע ומתחלל שם שמים על ידו ונועל דלת לפנו לווין, עכ״ל.

15. ע״פ דברי הרמ״א יו״ד סי׳ רנ״ג סע׳ א׳, דמי שהולך מביתו ונוסע מעיר לעיר לקבץ, דכל הדרך שהיה בדעתו ליסע כשהלך מביתו נקרא פעם א׳ ואפילו נתנו לו מאתים זוז בעיר א׳ יכול לקבל יותר דהכל חשיב קבלה אחת.

16. צדקה ומשפט פרק ב׳ סי׳ י״ד בהערה מ׳. וע׳ בפרק ט׳ בענין שינוי מעות.

17. רמ״א סי׳ רנ״ג סע׳ א׳ ע״פ שיטת המרדכי פרק קמא דב״מ סי׳ רמ״א, דהרי כנותן המעות לאביו כיון דקיי״ל שמציאתו לאביו.

18. דרך אמונה פ״ט ס״ק פ״ג בשם הספר חדרי דעה. וע׳ בספר מעשה איש, תולדות חייו והנהגותיו של החזו״א, ח״ג עמוד קמ״ז.

the money was given only for the individual's support.[19] Others, however, maintain that the creditors have a right to take the money.[20] Nevertheless, in a situation where the money was given with the knowledge that the poor person is in debt, (for example, it was made known to the benefactor that creditors were owed money), everybody is of the opinion that the creditors may take the money.[21]

In any event if the money was given to the indigent with the stipulation that it **not** be used to pay off his bad debts, he would **not** be permitted to give the money to his creditors.[22]

I. Avoiding Taking *Tzedakah*

Our Rabbis teach us עֲשֵׂה שַׁבַּתְּךָ חוֹל וְאַל תִּצְטָרֵךְ לַבְּרִיּוֹת — better not to have all that one needs for Shabbos than to have it through the generosity of others.[23] Therefore, even one who is permitted to accept *tzedakah* should do whatever is possible to avoid taking it.[24] One who is allowed to take *tzedakah* yet

---

19. ע׳ בבה״ג יו״ד סי׳ רנ״ג אות כ״ג דיסוד ההלכה ע״פ התוספתא בפאה, הובא במרדכי פ״ק דב״ב בשם אבי העזרי, דמעשר עני אין פורעין ממנו מלוה וחוב ואין משלמין ממנו גמולין. ועפ״ז פסק השו״ע סי׳ רנ״ג סע׳ י״ב דמי שצריך לבריות ונתנו לו צדקה אין הבעל חוב יכול לגבות הצדקה. וע׳ בב״י הטעם שלא נתנו לו אלא כדי לפרנס בני ביתו ולא לפרוע חובותיו. וכן פסק הערוה״ש סי׳ רנ״ג ס״ק י״ט. וע׳ בשו״ת שבט הלוי יו״ד ח״א סי׳ קכ״ה בהגהות לסי׳ רנ״ג.

20. כך כתב בביאור הגר״א שם ס״ק י״ח. וע׳ בספר דרך אמונה הל׳ מתנות עניים פרק ט׳ ס״ק פ״ו ובציון ההלכה ס״ק קמ״ז שהביא שכן סובר החזו״א ע״ש.

21. רמ״א שם, ועיין בספר צדקה ומשפט פ״ב הערה נ״ב שביאר שכוונת הרמ״א הוא דאם ניתן להעני כתב המלצה ובו מפורטים כל צרכיו, וגם מוזכר שיש לו חובות בוודאי יכול המלוה לגבות הצדקה בעד החוב דעל דעת כן נתנו הנדיבים המעות.

וע׳ בשו״ת שבט הלוי יו״ד ח״א סי׳ קכ״ה בהגהות לסי׳ רנ״ג שכתב דעני שדרכו להלות מעות על מזונותיו ואח״כ הולך לאנשים נדיבים כדי לפרוע החוב, אע״פ שהם נתנו לו מעות לפרנסת אשתו ובניו, מכ״מ זהו דרך פרנסתו ופשיטא דבכה״ג ישלם חובותיו כדי ששוב ילוו לו לצורך ביתו.

22. שו״ת אג״מ יו״ד ח״א סי׳ קנ״ב, צדקה ומשפט פ״ב הערה נ״א בד״ה ומשמע. וע׳ עוד בזה הענין בשו״ת חיי לוי ח״ג סי׳ ע׳, ובשו״ת פאת השדה סי׳ מ״ט, ובספר אבני ישפה סי׳ קצ״א.

23. פסחים קי״ב א׳, וע׳ בטור או״ח סי׳ רמ״ב ובשו״ע שם הרבה פרטים בדין זה.

24. רמב״ם הל׳ מתנות עניים פ״י הל׳ י״ח וז״ל, לעולם ידחוק אדם עצמו ויתגלגל בצער ואל יצטרך לבריות. . . ואפילו היה חכם ומכובד והעני יעסוק באומנות ואפילו באומנות

manages to get by without it will not depart from this world until he is given the means to support the impoverished.[25]

However, one who needs *tzedakah* and cannot live without it but does not want to accept *tzedakah* because he is arrogant and feels that it is beneath him is guilty of an *aveirah* (transgression).[26]

J. Giving to an Indigent Who Does Not Want to Accept

One who knows of a poor person who is in need but is too embarrassed to accept or ask for help should try to assist him in any possible way. One method would be to give him *tzedakah* in a manner that he will not realize he is receiving *tzedakah*.[27] For example, one may invest for him and give him a larger profit. One would even be permitted to tell him that the investment made money when in fact it did not, provided the person will not find out the truth. Otherwise, he will realize what you are doing and it will upset him.[28]

מנוולת ולא יצטרך לבריות. מוטב לפשוט עור בהמות נבלות ולא יאמר לעם חכם גדול אני, כהן אני, פרנסני. ובכך צוו חכמים גדולי החכמים היו מהם חוטבי עצים ונושאי הקורות ושואבי מים לגנות ועושי הברזל והפחמים ולא שאלו מן הציבור ולא קבלו מהם כשנתנו להם, עכ״ל. וכן פסק השו״ע סי׳ רנ״ה סע׳ א׳. וכתב בערוה״ש סי׳ רנ״ה סק״א, דאם יש בזה בזיון התורה לא יעשה כן. וע׳ בספר ראשון לציון יו״ד סי׳ רנ״ה שכתב וז״ל ונראה עוד כי האידנא דזילא מילתא טובא להתעסק באומנות מנוולת וחילול ה׳ אסור לת״ח לעסוק במלאכה מנוולת. ודוקא בימיהם דחכמים הם היו הגדולים ולהם השררה ולא היו מתבזים מחמת זה וכל אחד כבודו במקומו מונח כי ההמון לא היתה יכולת בידם לבזותם ולא היה שם שמים מתחלל אבל האידנא כולהו איתנהו דור שבן דוד בא בו, עכ״ל

25. שו״ע יו״ד סי׳ רנ״ה סע׳ ב׳, ועליו הכתוב אומר ברוך הגבר אשר יבטח בה׳, והיה ה׳ מבטחו (ירמיה י״ז: ז).

26. שו״ע יו״ד סי׳ רנ״ה סע׳ ב׳, שהוא חושב שהוא עושה מצוה וחסידות ואינו אלא חטא ואשם. (ר״י קורקוס) ולא דמי למה שכתב למעלה דשם הטעם שאינו נוטל צדקה הוא מחמת שאינו רוצה להיות עול על הציבור משא״כ הכא הוא רק מחמת גאוה.

27. רמב״ם הל׳ מתנות עניים פרק ז׳ הלכה ט׳, ע״פ הגמרא בכתובות ס״ז ב׳, תנו רבנן אין לו ואינו רוצה להתפרנס מן הצדקה. . . וחכמים אומרים נותנין לו לשום מתנה וחוזרין ונותנין לו לשום הלואה. לשום מתנה הא לא קא שקיל, אמר רבא לפתוח לו שום מתנה. ועפ״ז פסק השו״ע סי׳ רנ״ג סע׳ ט׳ עני שאינו רוצה ליקח צדקה מערימים ונותנין לו לשם מתנה או לשם הלואה.

28. דרך אמונה הל׳ מתנות עניים פ״ז ס״ק ה׳ בשם הירושלמי פאה. וע׳ שם בציון ההלכה ס״ק קמ״ט דאם יתגלה להעני מה שעשה לו יצא שכרו בהפסדו.

When a person refuses to seek help on his own, as a last resort another person may present himself as an indigent in order to raise the necessary funds. This money is then given to the poor person.[29]

K. Punishment for Misleading People

Whoever does not truly require *tzedakah*, but misleads everyone into believing that he is poor and in need of money, will not leave this world until he really is in need and has to turn to others for help.[30] Similarly, one who pretends that he has a physical blemish (i.e., limp, partially blind, etc.) in order to receive *tzedakah* will one day be punished in kind.[31]

Furthermore, one who has a physical blemish but pretends it is worse in order to collect greater amounts of *tzedakah* will one day be similarly punished.[32]

---

29. דרך אמונה הל׳ מתנות עניים פ״י ס״ק ע״ד דכך מבואר בירושלמי, אך צריך ליזהר שלא יהא חילול ה׳ אם יוודע שהוא משקר. וע׳ גם בספר חסידים סי׳ שי״ח באמצע דברו.

30. רמב״ם הל׳ מתנות עניים פ״י הל׳ י״ט וכן פסק בשו״ע סי׳ רנ״ה סע׳ ב׳.

31. מסכת פאה פ״ח משנה ט. וכל מי שאינו לא חגר ולא סומא ולא פסח ועושה עצמו כאחד מהם אינו מת מן הזקנה עד שיהיה כאחד מהם שנאמר צדק צדק תרדוף (דברים טז: כ). וע׳ בתפארת ישראל שם טעם העונש מדממעיט בכבוד שמים שהרואה חושב כאילו ברא עוד בעל מום בעולם. וע׳ בספר חסידים סי׳ שי״ח בתחילת דבריו שהביא מעשה על זה.

32. ע״פ גירסת הרי״ף הובא ברש״ש כתובות ס״ח א׳. וע׳ בספר שמירת הגוף והנפש סי׳ רנ״ו ס״ק ב׳ שהביא כעין זה מתוספות חדשים.

3 / Who Is Obligated in *Mitzvas Tzedakah*?

A. Men

Any man who has reached the age of majority (13 years and one day) is obligated in the mitzvah of *tzedakah.*

B. Women

Once a woman has reached the age of majority (12 years and one day) she is obligated in the mitzvah of *tzedakah,* the same as any other mitzvah which is not bound by time.[1]

a. Single Woman

A woman who is single, widowed, divorced, etc. has complete ownership of any money which she earns. Therefore, she follows the same guidelines in giving *tzedakah* as a man.

b. Married Woman

A husband has an obligation to completely support his wife (*mezonos,* מְזוֹנוֹת). A working wife has the right to keep her earnings (*maaseh yadayim,* מַעֲשֵׂה יָדַיִם) provided that she releases her husband from his obligation to provide *mezonos.*[2] In the event the wife chooses **not** to seek

---

1. חינוך מצוה תע״ט, שאין זה מצות עשה שהזמן גרמא ויש בה שם כמה לאווין כגון לא תאמץ ולא תקפץ. ויש בזה הרבה פרטים כמבואר להלן.

2. כתובות נ״ח ב׳, אמר רב הונא אמר רב יכולה אשה לומר לבעלה איני ניזונת ואיני עושה, קא סבר כי תקינו רבנן מזוני עיקר ומעשה ידיה משום איבה, וכי אמרה איני נזונות ואינו עושה הרשות בידה. וכתב רש״י שם בד״ה מזוני עיקר, תחילת תקנתא לטובתא תקנוה משום דזמנין דלא ספקא במעשה ידיה למזונות, ותקנו תחילה עיקר תקנתא שיזון את אשתו והדר תקון לו מעשה ידיה משום איבה. וכיון דעיקר תקנתא לטובתא ומשום דידיה הואי כי אמרה לא ניחא לי בהאי טיבותא שומעין לו. וכן פסק השו״ע אה״ע סי׳ ס״ט סע׳ ד׳ ורמ״א שם סי׳ פ׳ סע׳ ט״ו. מ״מ משום עצה טובה צריכה לעשות איזה מלאכות שנתקנו בשביל חיבה וכמו שכתב רש״י שם בדף ס״א א׳ ד״ה אבל מוזגת, וכן פסק השו״ע שם סי׳ פ׳ סע׳ ה׳.

independent employment or even if she does but no quid-pro-quo arrangement was made vis-a-vis *mezonos* and *maaseh yadehah,* all earnings then belong to the husband. That being the case, one would **not** be permitted to accept a sizeable donation from a woman, since technically it is not her money. However, one would be permitted to accept a small donation (*davar mu'at,* דָּבָר מוּעָט) from a woman since it is understood that her husband would not object.[3]

1. *Davar Mu'at* — Minimal Amount

There is no specific amount quantifying what a small donation is. It would depend on the wealth of each individual.[4]

2. Exceptions to the Minimal Amount Limitation

- **Consent**

  If a woman says that her husband allows her to give a large donation, one may accept any amount she gives.[5]

- **Working Woman**

  A woman who goes out of her way to work in order to help support her husband, besides being highly praised, would be allowed to give large donations to *tzedakah* and it would be permitted to accept them. The reason is that we can assume the husband would not mind her giving the amount she wants since she is the

---

3. שו״ע יו״ד סי׳ רמ״ח סע׳ ד׳.

4. מקורו הוא בב״ק קי״ט א׳, רבינא איקלע לבי מחוזא אתו נשי דבי מחוזא רמו קמיה כבלי ושירי קביל מיניהו, א״ל רבה תוספאה לרבינא והתניא גבאי צדקה מקבלין מהן דבר מועט אבל לא דבר מרובה, א״ל הני לבני מחוזא דבר מועט נינהו. ופירוש רש״י דכיון דהם עשירים הני שרשרי זהב הם כדבר מועט. ועל פי זה פסק השו״ע יו״ד סי׳ רמ״ח סע׳ ד׳ דאפשר לקבל מן הנשים דבר מועט. וע׳ בפ״ת שם ס״ק ד׳ שהביא משו״ת בית יעקב סי׳ י״ב סי׳ נ״ו דדוקא בצדקה לפי שאין הבעל מקפיד על דבר מועט לדבר מצוה, אבל כשאינה דבר מצוה אפילו דבר מועט אסור (אא״כ יודעת להדיא שאינו מקפיד).

5. פ״ת שם בשם שו״ת נו״ב מהדורא קמא יו״ד סי׳ ע״ב ובשו״ת בשמים ראש סי׳ קס״ו.וע׳ בפירוש של הסיפורנו ויקהל (לה: כב) על הפסוק ויבאו האנשים על הנשים, וכתב שם וז״ל עם הנשים המתנדבות באו האנשים שלהן להסכים בנדבה, כדי שיקבלו הגבאין מהן שאין מקבלים מן הנשים אלא דבר מועט, עכ״ל. וע׳ בשו״ת חלקת יעקב יו״ד סי׳ ק״מ.

one earning the money.[6] To avoid potential conflict, it is advisable that a husband and wife discuss how much and to whom *tzedakah* should be given.

- **Woman Who Runs Household**

In many homes the woman runs the household and does all the buying and spending. Despite the husband earning the money, the wife has free reign regarding the money's disbursement. According to many *Poskim* such a woman would be allowed to give a large donation and one would be permitted to accept it.[7]

Other *Poskim* maintain that even though a woman may have free reign concerning the household expenses, that does not necessarily mean that her husband would want her to give large donations to *tzedakah*.[8] To

---

6. ים של שלמה ב״ק פרק י׳ סי׳ נ״ט באמצע וז״ל, אבל ליתן צדקה צריכה רשות בעלה אם לאו שהיא אשת חיל ומחייה את בעלה דאז אפילו סך מרובה מסתמא מרשה לה בעלה. וניחא ליה שאם ימחה תפסק מלישא וליתן, סוף דבר הכל לפי הענין והסיבה, עכ״ל. וע׳ ערוה״ש יו״ד סי׳ רמ״ח ס״ק י״ב ובשו״ת שבט הלוי ח״ב סי׳ קי״ח.

7. מרדכי פרק החובל הובא בש״ך חו״מ סי׳ צ״ו ס״ק ט׳ וז״ל, פסק ראב״ן כיון שהנשים רגילות לישא וליתן בזמן הזה הרי היא כאילו מינו אותם שלוחים, עכ״ל. ומשמע שכן סובר הש״ך בעצמו היכא שהן רגילים לישא וליתן בסך גדול דיכול לקבלה מהן.וכתב היש״ש ב״ק פרק י׳ סי׳ נ״ט שהראב״ן בספר צפנת פענח כתב שהאידנא דנשים אפוטרופסים של בעליהן, לוקחין מהן כל דבר (היינו לצדקה). וע״פ זה כתב היד אברהם בהגהות לשו״ע יו״ד סי׳ רמ״ח דנשים הנושאת ונותנת תוך הבית יכולים לקבל מהן, וכן פסק הערוה״ש סי׳ רמ״ח ס״ק י״ב, וכן פסק בשו״ת שבט הלוי ח״ב סי׳ קי״ח דכשהם באמת אפוטרופסת לוקחין מהן דבר מרובה. ולכאורה זה ג״כ דוקא כשהן רגילות לישא וליתן בסך גדול. וכן כתב בדרך אמונה פ״ז ס״ק צ״א. ובספר דעת תורה הביא משו״ת טוב טעם ודעת מהדורא ג׳ סי׳ קפ״א בדין מה שבזה״ז כותבים בתנאים שישלטו בנכסיהם שוה בשוה דרצה השואל להוכיח מזה הלשון דמותר ליקח צדקה מהנשים מבלי רשות הבעלים מכח התנאים הנ״ל, והשיב דמה שכותבים כן בתנאים הוא שופרי דשטרא, ואין זה תנאי אלא דרך ברכה שמברכין אותם שיהי׳ ביניהם שלום ואחדות עד שיסכימו לשלוט בנכסיהם שוה בשוה ע״ש. וע׳ בשו״ת לבושי מרדכי חו״מ סי׳ צ״ו ובשו״ת נו״ב תנינא סי׳ ע״ב בעינן זה.

8. היש״ש בעצמו כתב שם דאסור לקבל מהם מן הסתם אפילו כשהן נושאת ונותנת תוך הבית אם לא שיודע בבירור שהבעל אינו מקפיד. וסיים שם היש״ש דהכל לפי הבעל והאשה דלפעמים עיקר השתדלותה בתוך הבית אינה להיות אפוטרופוס על דבר מרובה, ואף אם היא אפוטרופס מ״מ אין הבעל מרשה לה אלא כדי להוציא לצורך הבית או אפילו קצת לקנות או למכור כדי להרויח, אבל ליתן צדקה צריכה רשות בעלה. וע׳ עוד מזה בשו״ת נודע ביהודה מהדורא תנינא יו״ד סי׳ קנ״ח.

prevent any problems a husband and wife should agree among themselves how much and to whom *tzedakah* should be given.[9]

• If Husband Is *Mocheh* (objects)

Even though we have just established some instances where a married woman may give a large donation, if it is known that the husband objects it would be prohibited to accept *tzedakah* from her under any circumstance. This would even include accepting a small donation from her. In the case of a woman who works and earns the money it would also be prohibited to accept *tzedakah* from her, since as we have previously learned, what a woman possesses technically belongs to her husband.[10]

There are, however, a number of exceptions to the above halachah as will be explained below.

• Prior Obligation

A woman who accepted upon herself while she was still single to give a certain sum to *tzedakah* and did not redeem her obligation prior to getting married is still

---

9. משום שאפילו להמתירים היכא שהבעל מוחה אינה יכולה ליתן מאומה. ולכן טוב שהבעל והאשה יבואו להסכם ביניהם איך לנהוג. וע׳ שו״ת מנחת יצחק ח״ה סי׳ קל״ב אם האשה מנדב צדקה ממעות שאין הבעל יודע ממנה שיש לה מותר לה לנדבה. וע׳ בספר צדקה ומשפט פרק א׳ הערה נ״ח.

10. שו״ע יו״ד סי׳ רמ״ח סע׳ ד׳ ע״פ שו״ת הרא״ש. וכן פסק בשו״ת מהר״ם מינץ סי׳ ז׳. וע׳ עוד בענין זה בשו״ת מהרש״ם ח״א סי׳ מ״ה ובשו״ת מנחת יצחק ח״ב סי׳ ע״ח ובשו״ת לבוש מרדכי יו״ד סי׳ קע״ה.

אולם כדאי להזכיר מה שכתב הגמרא בכתובות ס״ז ב׳, הצדקה שהנשים עושית רציות יותר להקב״ה מהצדקה שהאנשים עושים, משום דאיתתא שכירא בביתא ויהבית ריפתא לעניים ומקרבא הנאה טפי. וכתב השל״ה דאחת מהעשרה תקנות שתיקן עזרא לישראל שתהא האשה משכמת ואופה כדי שתהא הפת מצויה לעניים בבואם לביתי בבוקר למען תהיה להם הפת חמה ולא תתן להם מן היבשה. ע״כ נכון לכל איש ישראל ליתן רשות לאשתו ליתן צדקה כפי רצונה הואיל שהצדקות שלה רציות, וירא שכרו יותר הואיל והדבר תלוי בו. וכן ע׳ בגמ׳ תענית כ״ג ב׳, מעשה באבא חלקיה שנענה אשתו משום שהיא רגילה בביתא ויהבא ריפתא לעניי ומרקבא הנייתה. וכן ע׳ בספר מטה משה במעלות הצדקה פרק ז׳ בענין צדקה של נשים.

obliged to pay it after she marries. Since halachically a married woman's money belongs to her husband, he is responsible to honor her commitment.[11]

- **Family Members**

A woman of means may continue to give money to members of her family who are poor, even against the wishes of her husband. Of course, this only applies provided they can afford to give that amount to *tzedakah*.[12] As we have previously established, a husband and wife should always discuss these issues.

- ***K'nas* — A Fine Imposed by the Community**

A husband is obligated to pay any *k'nas* (fine) that was placed on his wife.[13]

Similarly, a husband is obliged to pay the amount owed to *tzedakah* by his wife to atone for an *aveirah* which she committed.[14]

---

11. שו״ת מהר״ם מינץ סי׳ ז׳. וכתב שם הטעם דמוטל על הבעל לבטל מעליה עונש, דבעון נדרים בנים מתים. ואפילו מה שנדרה קודם שנשאת יש גם עונש על הבעל כדאיתא בכתובות פרק המדיר ע״ד ב׳. וכן פסק הערוה״ש סי׳ רמ״ח ס״ק י״א. וע׳ ב״ש אה״ע סי׳ צ״א ס״ק י״ג. וע׳ בספר ברכי יוסף סי׳ רמ״ח סע׳ ד׳ בענין אלמנה. וע׳ עוד מזה בשו״ת מהרש״ם הנ״ל.

12. מהר״ם מינץ הנ״ל וז״ל דאם היתה אחותה בעלת צדקה ורצתה ליתן לקרוביה דבר נכון לפי עושרה כדרך נשים עשירות שלא היה בעלה מצי למחות בידה. וכן פסק החכמ״א כלל קמ״ז סע׳ י״ז וע׳ בשו״ת מהרש״ם ח״א סי׳ מ״ה הטעם מפני שאם מעכב לאשתו משיאה שם רע. וע׳ עוד בשו״ת רב פעלים אה״ע ח״ב סי׳ ל״ב שיכולה האשה לתת מברכת הבית הן מאכל הן מעט מעות לעניים כדרך שנותנים בתי העשירים שהם במדרגה שלה ואפילו אם הם עשירים מעט יותר ממנה. וע׳ בערוה״ש סי׳ רמ״ח ס״ק י״ג שהסביר ענין זה.

13. תרומת הדשן סי׳ רפ״ב הובא בדרכי משה יו״ד סי׳ רמ״ח ס״ק ד׳ שהקהל עשו תקנות ותקנו שכל מי שיעבור יתן קנס לצדקה ועברה אשה אחת על התקנה ואין לה כלום חוץ משל בעלה חייב לשלם בעדה, דנראה דהקנס בא לכפרה שעברה התקנה ודמי להא דאמרינן פרק המקבל (ק״ד א׳) דבעל מביא קרבנות שאשתו חייבת בהן כגון חטאתה ואשמה אבל לא נדרים ונדבות. וכן פסק הרמ״א אה״ע סי׳ צ״א סע׳ ד׳ הובא בש״ך יו״ד סי׳ רמ״ח ס״ק י׳. וכן סובר הערוה״ש כאן. וע׳ בחלקת מחוקק ובית שמואל שם באה״ע שכתבו שאם עברה במזיד בעלה פטור.

14. שו״ת חת״ס יו״ד סי׳ קנ״ה בד״ה ואם, שהרי זה בכלל הוצאת הבית. וע׳ בשו״ת רב פעלים ח״ג סי׳ ד׳

• Merit for Health

Some people have the custom to give money to *tzedakah* for a pregnant woman so that someone will pray on her behalf that everything goes well. If this is the custom of his wife's family then the husband is obligated to do this for her.[15]

A woman who is seriously ill is permitted to give *tzedakah* as a merit for herself, even without her husband's knowledge.[16]

• Returning Borrowed Item

If a woman has knowledge of her husband having someone else's property and he does not want to return it, the wife is permitted to return the item since she is saving her husband from an *aveirah*.[17] However, if a woman knows that her husband is not giving the amount of *tzedakah* that he should, she is not allowed to give the *tzedakah* for him.[18]

C. Children

Once a boy or girl has reached the age of *chinuch*, (the age when a child can understand that what he or she is doing is a mitzvah, approximately 5 or 6 years old), he or she should be trained in the mitzvah of *tzedakah*.[19]

A child who earns money and has reached the age of *chinuch* should be taught to separate *tzedakah*.

If a child gives *tzedakah* one may accept it from him provided it is a small amount.[20] One who receives a large donation from

---

15. שו״ת נו״ב מהדורא תנינא יו״ד סי׳ קנ״ח. וע׳ בשו״ת מהרש״ם ח״ב סי׳ נ״ז דבשביל פדיון נפשה ג״כ חייב הבעל לשלם. וע׳ שו״ת אמרי יושר ח״א סי׳ פ״א.

16. שו״ת לבושי מרדכי ח״ג סי׳ קי״ב. וע׳ בשו״ת שואל ומשיב ח״ב סי׳ קצ״ו ובשו״ת דברי מלכיאל ח״ב סי׳ ע״ט.

17. חכמ״א כלל קמ״ז סע׳ י״ז בשם ספר חסידים.

18. שו״ת נו״ב תנינא יו״ד סוף סי׳ קנ״ח. וע׳ בערוה״ש סי׳ רמ״ח ס״ק י״ב.

19. ספר חנוך לנער פ״ב הערה י״ב.

20. שו״ע סי׳ רמ״ח סע׳ ד׳.

a child should make sure that the child is permitted to donate such a large sum to *tzedakah.*

Similarly, if a child offers food or drink to a poor person in his parents' home the poor person may accept it.[21]

D. An Indigent's *Tzedakah* Obligation

As was stated previously, even one who is permitted to **accept** *tzedakah* also has an obligation to **give** *tzedakah.*[22] Two indigents who are acquainted can fulfill their mitzvah of *tzedakah* by giving to each other.[23]

E. One Who Owes Money

One who owes money to people should not dispense a large amount of *tzedakah.* Nevertheless, he is not entirely exempt from the mitzvah since *everyone* must give at least a third of a shekel per year. However, he should make a greater attempt to pay back what he owes before contributing a lot of *tzedakah.*[24]

F. Person Who Cannot Afford to Give *Tzedakah*

One who collects *tzedakah* for the poor is prohibited from collecting from an individual who he knows gives *tzedakah* every time he is asked, despite not having the means. Such a

---

21. שם סעיף ו׳

22. גיטין ז׳ ב׳ עני המתפרנס מן הצדקה חייב ליתן צדקה, ועל פי זה פסק השו״ע סי׳ רמ״ח סע׳ א׳ כל אדם חייב ליתן צדקה אפילו עני המתפרנס מן הצדקה חייב ליתן ממה שיתנו לו. וע׳ בש״ך ס״ק ב׳ דהיינו כשיש לו פרנסתו בלאו הכי דאם לא כן אינו חייב ליתן צדקה. וע׳ בנחלת צבי שם מה שהקשה על הש״ך ותירוץ דכאן השו״ע מיירי בענין נתינת שלישית השקל שכל אחד אפילו עני צריך ליתן, וכן כתב הערוה״ש שם ס״ק ג׳ והביא ראי׳ מהרמב״ם פ״ז מהל׳ מתנות עניים הל׳ ה׳ שכתב וז״ל לעולם לא ימנע עצמו משלישית השקל בשנה, וכל הנותן פחות מזה לא קיים מצוה ואפילו עני המתפרנס מן הצדקה חייב ליתן צדקה לאחר עכ״ל, כלומר אותו שלישית השקל. וע׳ בשו״ת שבט הלוי ח״ה סי׳ קל״ב אות ב׳ מה שכתב לתרץ דברי הש״ך. וכן ע׳ בשו״ת אג״מ יו״ד ח״ב סי׳ קי״ג בד״ה אך מ״מ, שמתרץ דברי הש״ך באופן אחר.

23. ספר ארחות רבינו ח״א דף ש״ב, וכתב שם שאפילו האב ובנו ושני אחים יכולים להחליף זה אם זה מעות מעשר.

24. ספר חסידים סי׳ תנ״ד הובא בברכי יוסף יו״ד סי׳ רנ״א ס״ק ג׳. וע׳ בשו״ת אג״מ יו״ד ח״א סי׳ קנ״ב דאם נתנו לאחד ממון כדי פרנסת ביתו אינו רשאי לשלם חוב מאותו הממון.

person *always* gives because he is embarrassed not to, regardless of the fact that he cannot afford it. One is not allowed to put an individual in such a situation. Even if the person wants to give, one may not accept *tzedakah* from him.[25]

G. Accepting From a Non-Jew

One should avoid accepting *tzedakah* from non-Jews. However, one who is not able to raise enough funds for his needs from Jews may *privately* accept money from a non-Jew.[26]

---

25. רמב״ם הלכות מתנת עניים פ״ז הל׳ י״א וכן פסק בשו״ע סי׳ רמ״ח סע׳ ז׳.

26. איתא בגמרא סנהדרין כ״ו ב׳ אמר ר׳ נחמן אוכלי דבר אחר פסולין לעדות הני מילי בפרהסיא אבל בצינעה לא. ובפרהסיא נמי לא אמרן אלא דאפשר ליה לאיתזוני בצינעה וקא מבזי נפשיה בפרהסיא אבל לא אפשר לי חיותיה הוא עכ״ל הגמרא. וכתב רש״י שם, אוכלי דבר אחר זהו מקבלי צדקה מן הנכרים, והטעם הוא דכשמקבל ממון מן העכו״ם בפרהסיא יש חילול ה׳. וכן פירוש הרבה ראשונים דאוכלי דבר אחר הוא מקבלי צדקה מן העכו״ם. וע׳ בלבוש שביאור טעם החילול ה׳ כי יאמרו בגוים כמה מגונה אומה זו שאין מפרנסין ענייהם. וע״פ כל זה פסק השו״ע יו״ד סי׳ רנ״ד סע׳ א׳ דאסור לקבל צדקה מן העכו״ם בפרהסיא ומשמע אבל בצינעה מותר. אולם בבא בתרא י׳ ב׳ איתא דאיפרע הורמיז אימיה דשבור מלכא שדרה ארבע מאה דינרי לקמיה דרבי אמי ולא קבלינהו. שדרינהו קמיה דרבא וקבלינהו משום שלום מלכות, שמע רבי אמי איקפיד אמר לית ליה ביבש קצירה תשברנה? והעלה בגמרא דרבא יהבי לעניי עכו״ם אבל לעניי ישראל לא, משום דהוי זכות לעכו״ם כשיקח צדקה מהם. ועפ״ז פסק השו״ע סי׳ רנ״ד סע׳ ב׳ דלקבל צדקה מהעכו״ם בצינעה אסור. ולכאורה זהו שלא כדברי הגמרא בסנהדרין הנ״ל וכדפסק השו״ע בסע׳ א׳ דבצנעה מותר?

ויש בזה כמה תירוצים, הדרישה הובא בט״ז שם ס״ק ב׳ מתרץ שיחיד מותר לקבל מעכו״ם אבל גבאי בשביל רבים אינם יכולים לקבלם מהעכו״ם. אולם הט״ז הקשה עליו דלמה יהא מותר ליתן לעכו״ם זכותים אפילו בעד היחיד? והוא בעצמו הוסיף תירוץ אחר, דאין שייך ביבוש קצירה אלא כשהעכו״ם מכוין דוקא לעניי ישראל כדי להקל מעליהם הכובד, ובזה יש זכות להעכו״ם וכמעשה דהשבור מלכא. אולם כשהעכו״ם אין כוונתו על הישראל דוקא אלא הוא מצד טבעו רחמן על כל הפושט יד, אין זה זכות גדול ולית ביה משום ביבוש קצירה. הראשון לציון (להבעל אוה״ח) מתרץ דאף כשמותר לקבל מהעכו״ם בצינעה היינו דוקא כשא״א לחיות בלאו הכי. דכששיך לחיות בלא הצדקה אז נחשב כחילול ה׳ במקצת .וממילא לא קשיא דבאמת אסור הוא לקבל מהעכו״ם בכל אופן אפילו בצינעה חוץ מאם א״א לחיות בלאו הכי דאז יש היתר של וחי בהם, ואף בזה צריך לקבל מהם דוקא בצינעה חוץ מהיכא דא״א כדביארתי להלן. וע׳ שם בראשון לציון עוד תירוץ. אולם מדברי הראשון לציון עולה דאף כשמקבל מהעכו״ם בצינעה היינו דוקא כשא״א לחיות מהצדקה של ישראל, ואז מותר, אבל בלאו הכי יהיה אסור. ודייקו הכי מדברי הרמב״ם הל׳ מתנות עניים פ״ח הל׳ ט׳ וכמו שפסק השו״ע. וכן פסק הערוה״ש שם ס״ק א׳, ועפי״ז כתבתי דברי. וכ״כ בשו״ת כתב סופר יו״ד סי׳ קי״ד בד״ה אלא אי קשיא, ואע״פ שמשמע מהשו״ע דבצינעה מותר בכל אופן אפילו אי יכול לחיות בצדקה של

If, for whatever reason, one is not able to accept a donation from a non-Jew in *private* he is permitted to accept it in *public*, provided that it would be impossible for him to live only from the donations of Jewish people.[27]

One may accept help through government assistance programs because it is not considered as receiving money from a non-Jew. Since the funding for such programs comes from tax dollars paid by Jews and non-Jews alike, they *both* qualify as "donors."[28]

One should **not** place a *pushka* in places frequented by non-Jews. If, however, one did place a *pushka* in such a location and animosity would be created if it were removed, it should remain there.[29]

H. Accepting From a Non-Jew for a *Shul*

If a non-Jew gives money to a *shul* it may always be accepted.[30]

ישראל. וע׳ עוד בזה בכתב סופר הנ״ל. ובענין החילול ה׳ כתב הערוה״ש שם שבנתינת צדקה מעכו״ם איכא בזיון לישראל שצריכין להעכו״ם, והחכמ״א בכלל קמ״ו כתב שהחילול ה׳ הוא שאין הישראלים מפרנסין אותו. וע׳ בספר חסידים סי׳ שנ״ז בענין זכות לעכו״ם בעשיית טובה לישראל.

27. שו״ע סי׳ רנ״ד סע׳ א׳. וע׳ שו״ת לבושי מרדכי ח״ג סי׳ קי״ב וע׳ בערוה״ש סי׳ רנ״ד ס״ק ג׳ שכתב דאין לתמוה על מה שנהגו לקבל מהעכו״ם בלי שום פקפוק דוודאי כיון שהדוחק רב מותר ע״ש. וע׳ שו״ת הלכות קטנות ח״ב סי׳ צ״ב.

28. צדקה ומשפט פרק א׳ הערה ס״ח. וכנראה שכן פשט המנהג להקל. וע׳ בט״ז סי׳ רנ״ב ס״ק ב׳

29. שו״ת מנחת יצחק ח״ח סי׳ פ״ה, והטעם משום איבה.

30. מקורו הוא מתוס׳ ב״ב ח׳ א׳ סוף ד״ה יתיב, והא דקבל מההוא טייעא דנדב שרגא לבי כנישתא בפ״ק דערכין ו׳ ב׳ התם טעמא משום דהוו כמו קרבן ואמרינן (נזיר ס״ב א׳) איש איש לרבות נכרים שנודרים נדרים ונדבות כישראל עכ״ל. ועפי״ז פסק השו״ע יו״ד סי׳ רנ״ט סע׳ ד׳ והרמ״א שם בסי׳ רנ״ד סע׳ ב׳ דאם מנדבים דברים לבית הכנסת מקבלים מהם. והטעם כתבו הט״ז והש״ך שם משום דהוי כמו קרבן, שמקבלין קרבנות מן העכו״ם. וע׳ בספר ברכי יוסף יו״ד סי׳ רנ״ט סע׳ ג׳ שהאריך בענין זה. ובהגה״ה על הראש פ״ק דב״ב דף י׳ כתב טעם אחר בדבר, שדוקא צדקה מכפרת ואין מקבלים מהם, אבל נדרים ונדבות אין מכפרים ומקבלים מהם, וזה שנותן לבהכנ״ס הוי כמו נדבה. וע׳ עוד בזה בשו״ת תשורת שי ח״א סי׳ ט״ו וח״ב סי׳ נ״א. ועי עוד מזה בספר שדי חמד מערכת בהכנ״ס אות מ״ט ובשו״ת ציץ אליעזר ח׳ ט״ו סי׳ ל״ג.

One is even permitted to approach non-Jews to raise funds for such a purpose.[31]

If a non-Jew donates an object to a *shul* (for example, a *menorah* or the like), it may be accepted and used provided that the non-Jew donated it with the understanding that it will be utilized the way the *shul* deems appropriate.[32]

I. Accepting *Tzedakah* From a *Yisrael Mumar*

If a *Yisrael Mumar* (a Jew who deliberately trangresses major *mitzvos*, i.e., Shabbos) wants to give *tzedakah* to poor people, one may accept his donation.[33]

It is questionable if *tzedakah* may be accepted from a *Yisrael Mumar* for a *shul*.[34] However, it has become the custom to accept *tzedakah* for a *shul* or yeshiva from a *Yisrael Mumar*.[35]

---

31. שו״ת בצל החכמה ח״ג סי׳ מ״א. ואם העכו״ם רוצה ליתן כדי שיבנה בהכנ״ס ע׳ בשו״ת זכרון יהודה ח״א סי׳ נ״ז ד״ה והנה, דרק חלק קטן אפשר לקבל מהעכו״ם אבל לא חלק גדול.

32. שו״ע ורמ״א שם ובסעיף ד׳, וע׳ בשו״ת תשורת שי ח״ב סי׳ נ״א דמבואר דבזה״ז מן הסתם התנדבו על דעת ישראל. וכן כתב הערוה״ש סי׳ רנ״ט ס״ק י״ד.

33. חידושי חת״ס ב״ב ח׳ א׳ ד״ה שדריה ארנקי, דאע״פ שחטא ישראל הוא ולא שייך בו טעם דביבוש קצירה.

34. גמרא חולין ה׳ א׳, שמקבלין קרבנות מהעכו״ם אבל לא מן המומר לע״ז ומחלל שבת בפרהסיא ע״ש. וז״ל ב״י יו״ד סי׳ רנ״ט, ומצאתי כתוב על דברי התוספות נ״ל מדקא מדמי שרגא לקרבן ש״מ ישראל שהמיר ונתן שעוה להדליק נר בבהכנ״ס אין מקבלין ממנו דאמרינן מכם ולא כולכם להוציא את המומר ע״כ. ועפי״ז פסק הרמ״א יו״ד סי׳ רנ״ד סע׳ ד׳ דאין לקבל דברים לביהכנ״ס מן המומר וכן הוא ברמ״א או״ח סי׳ קנ״ד סע׳ י״א. וכתב המ״א ע״ז דאפילו מומר לחלל שבת בלבד ג״כ אסור לקבל וכן פסק המ״ב שם. והטעם הוא דליתן לביהכנ״ס דמי לקרבן ואין מקבלין קרבן מן המומר. אולם הש״ך ביו״ד שם ס״ק ה׳ הביא משו״ת המבי״ט ח״ב סי׳ רי״ד דף קע״ד שמקבלין מן המומר, ואע״ג דאמרינן אדם כי יקריב מכם להוציא את המומר היינו דוקא בקרבן ומה שדמי לה אבל להקדש לעניים או לביהכ״נ מקבלין. וע׳ בספר חדרי דעה שדעתו כהמבי״ט להתיר. וע׳ בשו״ת שבות יעקב ח״ג סי׳ פ״ה שכתב דאין בדברי המבי״ט כדי לסתור את דברי הרמ״א שכתב לאסור, וההלכה כדברי הרמ״א. וע׳ ברשב״ץ סי׳ קמ״ג דמותר לקבל עבור ביהכנ״ס ממשומדים היכא דנוגע משום איבה. וע׳ עוד מזה בשו״ת בצל החכמה ח״ג סי׳ מ״א מאות י״א־ט״ז. וע׳ בשו״ת דובב מישרים, ובשו״ת שבט הלוי ח״ב סי׳ קכ״ו, ובשו״ת מנחת יצחק ח״ו סי׳ ק׳, ובספר תשובות והנהגות ח״ב סי׳ תע״ט ות״פ.

35. ע׳ ספר יפה ללב יו״ד ח״ג סי׳ רנ״ד אות ד׳ שאין העולם נזהרים בזה. והוא ע״פ הש״ך בשם המבי״ט הנ״ל.

J. Supporting a *Mumar* or Non-Observant Jew

Halachically, a Jew who *purposely* does not keep Shabbos is called a *Yisrael Mumar*, and if he is in need one should not give him *tzedakah.*[36] However, there are different halachos regarding someone who does not know any better or does not have a Jewish upbringing.[37] Today, most non-observant Jews do not know any better and one would be obligated to support them if they are in need.[38] When one is in doubt one should consult a *Rav.*

K. Giving to Questionable Organizations

One should be careful to **only** give *tzedakah* money to organizations that follow the dictates of the Torah. Therefore, one should **not** give *tzedakah* to organizations which are known to disburse money to places that do not follow the dictates of the Torah.[39]

L. Supporting One Who Is Deficient in His Character

One is obligated to give *tzedakah* to one who is lacking in *middos* and has character flaws.[40]

---

36. שו״ע יו״ד סי׳ רנ״א סע׳ ב׳.

37. שו״ע שם סע׳ א׳.

38. ע׳ בספר יערות דבש לר׳ יונתן אייבשיץ ח״א סי׳ צ״ט, ובשו״ת חת״ס אה״ע סי׳ צ״ג, ובשו״ת בנין ציון ח״ב סי׳ כ״ג, ובשו״ת בית יצחק ח״ב יו״ד סי׳ כ״ג, ובשו״ת מהרש״ם ח״א סי׳ קכ״א, ובשו״ת מלמד להועיל ח״א סי׳ כ״ט, וחלק יו״ד סי׳ נ״ב, ובשו״ת בית אב תנינא סי׳ א׳ ובחמישאי חלק יו״ד סי׳ ר״פ, ובחזו״א יו״ד סי׳ א׳ ס״ק ו׳ וס׳ ב׳ ס״ק ט״ז וס״ק כ״ח, ובמועדים וזמנים בליקוטי הערות לח״א סי׳ מ״ו (נדפס בחלק ח׳) שמביא שם כמה מכתבים מבעל הקהילת יעקב זצ״ל. וע׳ בערוה״ש יו״ד סי׳ רנ״א ס״ק י״ג בהגה״ה. וע׳ בספר תשובות והנהגות ח״ב סי׳ תס״ז שכתב טעם אחר לפרנס מחללי שבת משום שיש להם בנים קטנים, ואם הם חטאו בניהם מה חטאו.

39. שו״ת אג״מ יו״ד ח״א סי׳ קמ״ט בד״ה והנה.

40. של״ה ענין צדקה ומעשר ד״ה מי שהוא עבריין, דאפילו מי שיש בו איזה מדה או הנהגה מגונה אבל מקיים שאר מילי מחויבין להחיותו. אבל יזהירו להוכיחו ולהדריכו בדרך הישר.

M. Supporting Non-Jewish Charities

One is permitted to give *tzedakah* to non-Jewish charities in order to facilitate peaceful coexistence between the Jews and non-Jews.[41]

---

41. גיטין ס"א א', ת"ר מפרנסים עניי נכרים עם עניי ישראל. וע' בדרכי משה יו"ד ס' רנ"א ס"ק א' שהביא מחלוקת ראשונים אם זה דוקא עם עניי ישראל או אפילו לחוד. שהמדרכי סובר דדוקא עם עניי ישראל יכול לפרנסם אבל לא בפני עצמם. אולם הר"ן סובר דלאו דוקא עם עניי ישראל אלא ה"ה שיכול לפרנסם בפני עצמם. וע"פ זה פסק הרמ"א סי' רנא סע' א. וכן סובר הש"ך שם סע' ב', והערוה"ש שם ס"ק י"ג דאפילו בפני עצמן יוכלין לפרנסן. וע' עוד מזה בספר דרך אמונה הל' מתנות עניים פרק ז' הלכה ז' ובפרק א' הלכה ט'. וע' בספר מעשר כספים (אנגלית) בסוף הספר בדף כ"ה שהביא מהגר"מ פיינשטיין זצ"ל שמותר לתרום לצדקות של אינם יהודים כמו קרני מחקר למצוא רפואות על נגד חוליים שונים שזה בגדר של מפרנסים עניי עכו"ם, וכן ראיתי בספר אמת ליעקב על שו"ע, חלק יו"ד הערה 137.

4 / How to Fulfill the Mitzvah of *Tzedakah*

◈ Introduction

In the fulfillment of the mitzvah of *tzedakah* there are different levels as well as varying methods. The Rambam categorizes the mitzvah into eight levels (*maalos*) arranged in descending order of priority. In this chapter we will first present the Rambam's eight levels and then elaborate on other aspects of giving *tzedakah.*

A. Rambam's Eight Levels

- **First Level — "You Shall Strengthen Him" (וְהֶחֱזַקְתָּ בּוֹ)**

The highest level of *tzedakah* is for one to make it possible for an indigent **not** to need the help of others.[1] For example, by giving a poor person a gift[2] or a loan,[3] or finding him a

---

1. רמב״ם הלכות מתנות עניים פרק י׳ הלכה׳ ז׳, מעלה גדולה שאין למעלה ממנה, זה המחזיק ביד ישראל שמך, ונותן לו מתנה או הלואה או עושה עמו שותפות או ממציא לו מלאכה כדי לחזק את ידו עד שלא יצטרך לבריות לשאול. ועל זה נאמר והחזקת בו גר ותושב וחי עמך כלומר החזק בו על שלא יפול ויצטרך.

ועי׳ בב״י בשם הסמ״ג מצוה קס״ב, וכתב שמצוה זו מעלה גדולה שבכולה, והטעם הוא מפני שאין העני מתבייש כלל שהרי אינו נוטל ממון משום אדם אלא דרך הלואה או שותפות או מלאכה ואפילו נותן לו מתנה נמי כיון שעדיין לא העני לגמרי אינו מתבייש שכן דרך האוהבים לתת מתנות זה לזה. וע׳ בדרישה ביו״ד סי׳ רמ״ט ס״ק ח׳ בא״ד לאחר שדן בזה הענין כתב שכשהוא נותן לו. . .מאיזה מאלו שעושה לו, יעשה קודם שיעני לגמרי כדי לחזק את ידו שלא יצטרך לבריות, וזה עיקר כוונתו בזו המצוה. וע׳ בפרישה שם ס״ק ז׳ שכתב דהמעלה הראשון שהביא הרמב״ם אינו בכלל צדקה, וכן משמע בספר החינוך מצוה תע״ט. וע׳ בספר קרית ספר על הרמב״ם בפרק י׳ שכתב דהשמונה מעלות כולם הם מדאורייתא, יש מהם מפורש בקרא כמו מעלה ראשון שנאמר והחזקת בו, ויש מהם שנלמדו מסברא.

2. אהבת חסד ח״ב פרק כ״א ס״ק ג׳ וז״ל, וצ״ע דביו״ד סי׳ רמ״ט איתא דאם נותן לו מתנה להתמוטט ובזה הוא מחזיק ידו הוא ג״כ בכלל מצוה הזו, וע״כ מה מאוד יש ליזהר שאם אירע איזה מקרה לאדם כגון שמת לו בהמתו המשתכר בה וכה״ג שאר עניני הפסד ולא יוכל להעזר בעצמו, או אשה שנתאלמנה מתחת בעלה ואין לה במה לפרנס את עצמה וכשיתן לה מקצת מעות תוכל לעשות בזה איזה עסק וכל כה״ג מצוה רבה לעזרם בזה, ומצוה זו גורם לאריכות ימים כדאיתא במדרש על הפסוק מלוה ה׳ חונן דל, עכ״ל.

3. רמב״ם הנ״ל.

job in your business or other employment,[4] this level is achieved. Ideally, these actions should be taken prior to one's reaching the point of poverty. However, one can certainly fulfill this level of tzedakah even *after* the stage of poverty was reached.[5] By giving *tzedakah* in this manner, one fulfills the mitzvah of וְהֶחֱזַקְתָּ בּוֹ, helping to strengthen one in need. In general, anything that would allow the individual to become self-sufficient would fall into this category.[6]

Similarly, purchasing an item from an indigent is considered to be in this category.[7]

This mitzvah of וְהֶחֱזַקְתָּ בּוֹ not only applies to one who helps someone who is lacking, it even applies to one who is not lacking and you support him by ensuring his *parnasah* (livelihood) through your patronage. By purchasing from a Jew instead of a non-Jew, one fulfills the mitzvah of וְהֶחֱזַקְתָּ בּוֹ.[8] (One should ask a *Rav* how much more he is required to pay for an item from a Jewish store.[9])

One also fulfills this level by allowing the indigent to pay back a loan a little at a time, thereby enabling him not to have to borrow again.[10]

---

4. והביא הש״ך יו״ד סי׳ רמ״ט ס״ק ז׳ מהב״י דזה עדיף מהלואה כיון דאינו בוש בזה, ומקורו הוא מהגמרא שבת ס״ג א׳, א״ר אבא אמר ר״ל גדול המלוה יותר מן העושה צדקה, ומטיל בכיס יותר מכולן. וע׳ בערוה״ש סי׳ רמ״ט ס״ק י״ד וכן בספר אהבת חסד ח״ב פ׳ כ״א, בהגה״ה הראשון.

5. חכמ״א כלל קמ״ד ס״ק ט״ו, ומדקאמר והחזקת משמע שעדיין הוא עומד אלא שאם לא יחזיק אותו אזי יפול לגמרי, וידוע כי עד שלא יפול האדם דבר נוח הוא להקימו אבל משנפל אזי קשה להקימו. וע׳ לעיל בציון ו׳ מה שהביאנו בשם הדרישה.

6. ע׳ גמרא ב״ב י׳ ב׳ אמרו עליו על בנימין הצדיק שהיה ממונה על קופה של צדקה, פעם אחת באתה אשה לפניו בשני בצורת אמרה לו רבי פרנסני. אמר לה העבודה שאין בקופה של צדקה כלום. אמרה לו רבי אם אין אתה מפרנסני הרי אשה ושבעה בניה מתים, עמד ופרנסה משלו. לימים חלה ונטה למות אמרו מלאכי השרת לפני הקב״ה רבש״ע אתה אמרת כל המקיים נפש אחת מישראל כאילו קיים עולם מלא, ובנימין הצדיק שהחיה אשה ושבעה בניה ימות בשנים מועטת הללו? מיד קרעו לו גזר דינו, תנא הוסיפו לו עשרים ושתים שנה על שנותיו.

7. ספר חסידים סי׳ תתרל״ה.

8. אהבת חסד ח״ב פרק כ״א ס״ק ד׳. וע׳ בספר חסידים סי׳ תתרל״ה.

9. ע׳ בספר תשובות והנהגות ח״ב סי׳ תע״ז.

10. אהבת חסד שם ס״ק ב׳. וע׳ עוד בכל הפרק שדן באריכות בענין זו ובמעלתו.

• Second Level

The second level of *tzedakah* is where the benefactor does not know the identity of the recipient and the beneficiary does not know who the benefactor is.[11] One can fulfill this level by giving money to a *gabbai tzedakah* (charity collector) so that *he* will give the *tzedakah* to the poor.[12] However, it is understood that one should only give his money to a *gabbai tzedakah* who is trustworthy and knows how to properly deal with the poor when they come for assistance.[13]

• Third Level

The third level of *tzedakah* is where the benefactor knows who is receiving the money, but the beneficiary of the money does not know the identity of the benefactor.[14] One can fulfill this level by giving money to a person and having that person give the money to a particular indigent, without telling him who the benefactor is.[15] Even if the indigent wants to know who the benefactor is, the person may say that it his own money, in order not to upset the poor man by revealing the true identity of the benefactor.[16]

---

11. ע׳ ב״ב י׳ ב׳ אי זה הוא צדקה שמצלת ממיתה משונה, נותנה ואינו יודע למי נותנה נוטלה ואינו יודע ממי נוטלה, ובטור יו״ד סי׳ רמ״ט כתב דזה הוי כמו לשכת חשאין שהיתה במקדש שהיו החסידים נותנים בה בחשאי והעניים בני טובים מתפרנסים ממנו בחשאי. וע׳ בתוספתא שקלים פ״ה שכשם שהיתה במקדש כך היתה בכל עיר ועיר. וע׳ פרישה שם, ובחכמ״א כלל קמ״ד ס״ק ט״ז.

12. ע׳ לשון הרמב״ם פרק י׳ הלכה ח׳ מהלכות מתנת עניים שהוא כותב וז״ל וקרוב לזה הנותן לתוך קופה של צדקה. ובב״י סי׳ רמ״ט הסביר הטעם שהוי רק קרוב לו ולא דומה לו ממש, משום דבארנקי של צדקה כיון שהגבאי מרגיש מי הנותן לא עדיף כולי האי.

13. רמב״ם הנ״ל ומקורו מגמ׳ ב״ב י׳ א׳, ראב״י אומר לא יתן אדם פרוטה לכיס של צדקה אלא א״כ ממונה עליה כר׳ חנניה בן תרדיון. וע׳ תוס׳ שם שכתב שצריך להיות נאמן כמותו, אבל צדיק כמותו לא דהא הגבאים דבימי האמוראים לא היו צדיקים כמותו.

14. רמב״ם שם הלכה ט׳ ומקורו מב״ב י׳ א׳, ומכתובות ס״ז ב׳, ממר עוקבא דהוה רגיל לשדי לענייא דשבבותיה כל יומא ארבעה זוזי בצינורא דדשא, הרי שהעני אינו יודע ממי נוטלה והוא יודע למי נותנה. והטעם שזה מעולה הוא דכיון שהעני אינו יודע מי נותנה אינו מתבייש.

15. ערוך השולחן יו״ד סי׳ רמ״ט ס״ק ט״ז, חכמ״א כלל קמ״ד ס״ק י״ז.

16. כן כתב בספר דרך אמונה הל׳ מתנת עניים פ״י ס״ק מ״א בציון ההלכה ס״ק ע״ט.

In a situation where the *gabbai tzedakah* is not reliable, one should try to fulfill the mitzvah of *tzedakah* in this manner.[17]

• Fourth Level

The fourth level in giving *tzedakah* is when the benefactor does not know who the recipient is, yet the indigent knows the benefactor's identity.[18] In this way it is less embarrassing for the indigent to take the money since the benefactor does not know who is receiving it. One way of fulfilling this would be to give money to someone to give to a poor person. Even if the poor person realizes who the benefactor is, the benefactor does not know the identity of the poor person.[19]

• Fifth Level

The fifth level is where one gives to an indigent *prior* to his asking for help.[20] Since the poor person did not have to request help it is less embarrassing for him. The Rabbis tell us that in the merit of one who gives to an indigent **before** he has to request help, Hashem will take care of his needs before he has to ask.[21]

• Sixth Level

The sixth level is where one gives the indigent what he needs only *after* he has requested help.[22]

---

17. רמב״ם הנ״ל.

18. רמב״ם שם הלכה י׳, ומקורו הוא מב״ב י׳ ב׳, ומכתובות ס״ז ב׳, מר׳ אבא דהוה צייר בסודריה ושדי לאחוריה וממציא נפשיה לביני עניי והעני נוטלה ויודע ממי נוטלה ואינו יודע למי נותנה. וע׳ במהרש״א ומהר״ם שם. וטעם שזה פחות מעלה מהקודם, כתב הב״י מפני שכיון שהעני יודע ממי נוטל הוא מתבייש קצת, אבל אינו מתבייש כ״כ כיון שהנותנן אינו יודע למי נותנו. וע׳ גמ׳ ברכות נ״ח ב׳, במעשה של עולא ורב חסדא.

19. חכמ״א כלל קמ״ד ס״ק י״ח.

20. רמב״ם שם הלכה י״א. וכתב בביאור הגר״א יו״ד סי׳ רמ״ט שמקורו הוא משבת קנ״א ב׳ אמר ר״ח לדיביתהו כי אתא עניא אקדימו ליה ריפתא. וכתב בספר דרך אמונה הל׳ מתנות עניים פ״י ס״ק מ״ו הטעם, דנהי דהנותן והנוטל יודעים מי נותן לו מ״מ כיון שנותן לו קודם שיבקש אין מתבייש כ״כ.

21. ערוך השולחן יו״ד סי׳ רמ״ט ס״ק י״ז.

22. רמב״ם שם הלכה י״ב.

• Seventh Level

The seventh level is where one gives an indigent **some** of what he needs, yet he gives it בְּסֵבֶר פָּנִים יָפוֹת (with a happy countenance), making the poor person feel good.[23]

• Eighth Level

The eighth level is where one gives money to the poor, yet does so with a heavy heart. Nevertheless, it is still considered a level in *tzedakah* since the poor are unaware of the donor's negative attitude.[24]

B. Additional Aspects of Performing *Mitzvas Tzedakah*

a. Give With a Smile — Do Not Show Disappointment

When one gives *tzedakah* one should do so with a cheerful smile and a happy heart.[25] One should also speak kindly with the indigent and sympathize with his situation.[26]

Alternatively, one who dispenses *tzedakah* to an indigent but demonstrates his displeasure in giving, loses the merit of the mitzvah.[27] Even if he gave a very large donation, it is

---

23. רמב״ם שם הלכה י״ג.

24. רמב״ם שם הלכה י״ד. שו״ע יו״ד סי׳ רמ״ט ס״ק י״ג ובש״ך ס״ק ט׳.וע׳ במהר״י קורקוס על הרמב״ם הנ״ל שכתב שזה מיירי כשיתן כראוי וגם קודם שישאל העני. וע׳ שם בפרישה ס״ק י״ד, ובשיטת המאירי ב״ב ט׳ א׳. ויש להבין דהלא כתב הרמב״ם בהלכות תשובה פ״ג הל׳ ג׳ שכל מי שניחם על מצות שעשה ואמר בלבו מה הועלתי בעשייתן, הלואי לא עשיתי אותן, הרי זה איבד את כולן? ויש לעיין.

25. רמב״ם שם הלכה ד׳, וכתב הב״י בסי׳ רמ״ט דמקורו הוא מב״ב י׳ ב׳, אמר ר׳ יצחק הנותן פרוטה לעני מתברך בשש ברכות והמפייסו בדברים מתברך בי״א ברכות ע״ש. וכתב החכמ״א כלל קמ״ד ס״ק י״ג שזהו עיקר קבלת השכר ע״ש. וע׳ בספר יוסף אומץ דף 313 שכתב וז״ל ויהיה זריז ונשכר ושמח במצוה ששלח לו הקדוש ברוך הוא לזכות בו, ועל ידי שימהר לעשותה והשמחה בהמצוה הוא עיקר השכר כמו שהאריך בזה בספר חרדים. וכתב שהאריז״ל אמר, שכל מה שהשיג ברוח הקודש היה בשכר עשיית המצוה בשמחה רבה ע״ש. וע׳ באבות דרבי נתן פרק י״ג על המשנה באבות א׳ ט״ו.

26. שעל ידי זה מיקל מעליו צערו.

27. כן כתב הסמ״ג, והרמב״ם הל׳ מתנות עניים פרק י׳ הלכה ה׳. וכן פסק השו״ע יו״ד סי׳ רמ״ט סע׳ ג׳. וגם הוא עובר על הלאו של לא ירע לבבך. וע׳ בספר דרך אמונה פרק י׳ ס״ק ט״ז שהביא מהזוהר החדש רות דף ל״ג, שהמדור הרביעי של גהינם נקרא טיט היון ושם נידונין כל אותן העונין עזות לעניים ומדוכאין ע״ש.

irrelevant. However, one who is unhappy about donating *tzedakah* but does not make it apparent to the poor person still fulfills the mitzvah of *tzedakah* (as we have established previously in this chapter).

b. Giving From the Best

It is meritorious to condition oneself to dispense *tzedakah* from his best possessions (מֵהַטּוֹב וְהַיָּפֶה) when fulfilling the mitzvah. In fact this applies to the performance of all mitzvos.[28]

A mitzvah should also be performed בְּלֵב שָׁלֵם — wholeheartedly.[29] It should preferably be attended to with even greater care and alacrity (זְהִירוּת וּזְרִיזוּת) than when doing it for oneself.[30]

---

28. שו״ע יו״ד סי׳ רמ״ח סע׳ ח׳ ע״פ דברי הרמב״ם הלכות איסורי מזבח פרק ז׳ הל׳ י״א, וז״ל שהרוצה לזכות עצמו יכוף יצרו הרע וירחיב ידו ויביא קרבנו מן היפה המשובח ביותר שבאותו המין שיביא ממנו. . . והוא הדין בכל דבר שהוא לשם האל הטוב שיהיה מן הנאה והטוב, אם בנה בית תפילה יהיה נאה מבית ישיבתו, האכיל רעב יאכיל מן הטוב והמתוק שבשולחנו, כסה ערום יכסה מן היפה שבכסותו, הקדיש דבר יקדיש מן היפה שבנכסיו, וכן הוא אומר כל חלב לה׳, עכ״ל. וע׳ בביאור הגר״א יו״ד סי׳ רמ״ח ס״ק ז׳. וראיתי באבות דרבי נתן פרק ז׳ סוף משנה א׳ וז״ל א״ל הקב״ה לאיוב, עדיין לא הגעת לחצי שיעור של אברהם אתה יושב ושוהה בתוך ביתך ואורחים נכנסים אצלך, את שדרכו לאכול פת חטים האכלתי פת חטים. . .אבל אברהם לא עשה כן אלא יושב ומהדר בעולם וכשימצא אורחין מכניסין בתוך ביתו, את שאין דרכו לאכול פת חיטין האכילהו פת חיטין את שאין דרכו לאכול בשר האכילהו בשר ואת שאין דרכו לשתות יין השקו יין.

29. ערוך השולחן יו״ד סי׳ רמ״ח סוס״ק ט״ו. וע׳ בברכי יוסף סי׳ רמ״ח אות ו׳, והביא המדרש ויקרא רבה פרשה לד׳ אות ח׳, אמר ר׳ יצחק למדתך תורה דרך ארץ שכשיהא אדם עושה מצוה יהא עושה אותה בלב שמח, שאלו היה ראובן ידע שהקב״ה מכתיב עליו וישמע ראובן ויצלוהו מידם היה טוענו ומוליכו אצל אביו, ואלו היה יודע בועז שהקב״ה מכתיב עליו ויצבט לה קלי עגלים פטומים היה מאכילה ר׳ כהן. ורבי יהושע ברבי סימון בשם ר׳ לוי אמרו לשיעבר היה אדם עושה מצוה והנביא כותבה, ועכשיו אדם עושה מצוה מי כותבה אליהו ומלך המשיח והקב״ה חותם על ידיהם, כההוא דכתיב אז נדברו יראי ה׳ איש אל רעהו ויקשב ה׳ וישמע ויכתב.

30. ברכי יוסף שם אות ז׳ ע״פ הגמרא בפרק חלק ע״ש. וכדאי להזכיר פה את דברי השל״ה בענין צדקה ומעשר שכתב שהרבה אנשים מקיימים מצות הצדקה אבל אינן מקיימין מכשירי המצוה והם ד׳ דברים, א׳ ליתן הצדקה בסתר. ב׳ ליתנו בסבר פנים יפות. ג׳ ליתן מן הטוב והיפה. ד׳ שיש אנשים שמתביישים לקבל צדקה ולכן צריך האדם להשכיל מעצמו לידע מי הוא העניים שצריכים צדקה.

c. *Davening* to Avoid Poverty

Some have the custom, at the time of dispensing *tzedakah,* to *daven* that he or his children never come to the point of needing *tzedakah.*[31]

d. Making a *Berachah*

When giving *tzedakah* one does **not** make a *berachah.*[32]

e. Right Hand

One should give *tzedakah* with his right hand.[33]

f. Standing

One should stand when giving *tzedakah* just like when performing any other mitzvah.[34]

g. Giving an Indigent Publicly

One should **not** give *tzedakah* to an indigent in a public place because the presence of others may embarrass him. Indeed, it would be better **not** to give than to give and embarrass the indigent.[35]

---

31. של״ה ענין צדקה ומעשר וכדאיתא מס׳ שבת דף קנ״א א׳, תניא ר״א הקפר אומר לעולם יבקש אדם רחמים על מידה זו שאם הוא לא בא בנו בא ואם בנו לא בא בן בנו בא שנאמר כי בגלל הדבר הזה. תניא דבי רבי ישמעאל גלגל הוא שחוזר בעולם ע״כ. וע׳ לקמן בפרק ו׳ הערה 11.

32. שו״ת הרשב״א ח״א סי׳ י״ח שאין מברכין על מצוה שאינה תלויה כולה ביד העושה מפני שאפשר שלא יתרצה בה חבירו ונמצא מעשה מתבטל כגון... נתינת צדקה. וכתב באבודרהם דף י״ט על ענין של ברכת המצות ומשפטיהם עוד טעם, דכל מצוה שיש בה קלקול אחרים אין מברכין עליה מפני שנראה כמודה על אותו קלקול, ולכן כשיש עני ומברך על נתינת הצדקה נראה כמודה על הקלקול. וע׳ בשו״ת הר צבי או״ח ח״ב בקונטרס מילי דברכות, סי׳ ט״ו וי״ח, ובספר דרך אמונה הל׳ מתנת עניים פ״ז בציון ההלכה אות א׳. וע׳ בספר אבי עזרי על הרמב״ם הל׳ אישות פרק ג׳ הלכה כ״ג שהאריך בעינן זה.

33. ספר דרך אמונה הל׳ מתנות עניים פ״ז הלכה א׳ ס״ק א׳.

34. מג״א שו״ע או״ח סי׳ נ״א סוס״ק ז׳ בשם האריז״ל, וכן מבואר בכף החיים שם סי׳ נ״א ס״ק מ״ד, כמבואר בשער הכוונות. וכן הוא בשו״ת בצל החכמה ח״ג סי׳ ל״ב אות ט׳ וכן בספר דרך אמונה פ״ז ס״ק א׳. וע׳ בספר חסידים סי׳ מ״ד.

35. ספר דרך אמונה פרק י׳ ס״ק י״א ע״פ הגמרא חגיגה ה׳ א׳, מאי אם טוב ואם רע, אמרי דבי ר׳ ינאי זה הנותן צדקה לעני בפרהסיא, כי הא דרבי ינאי חזייה להההוא גברא דקא יהיב זוזא לעני בפרהסיא, אמר ליה מוטב דלא יהבת ליה מהשתא דיהבת ליה וכספתיה.

However, this does not apply in a situation where the poor themselves are collecting publicly. The reason is that when the poor approach people in public they are demonstrating that they are not embarrassed.

h. Giving a Woman in Private

A man should **not** give a woman *tzedakah* in a private place, in order that people should not suspect that they are involved in an *aveirah*.[36]

i. Giving on Condition It Will Be Returned (מַתָּנָה ע"מ לְהַחֲזִיר)

If one gives money to an indigent on the condition that he will repay it, that individual has **not** fulfilled the mitzvah of *tzedakah*.[37]

j. Indigent Does Not Want to Accept

One who gives money to an indigent, but he does **not** want to accept it, has not fulfilled the mitzvah of *tzedakah*.[38]

k. If Indigent Will Not Recite a *Berachah* on Food

We have previously learned that one can fulfill the mitzvah of *tzedakah* by giving the indigent what he is lacking — included in this are food and drink. One is even permitted to give him food or drink despite not being sure (סָפֵק) if the poor person will make a *berachah* on the food.[39] However,

---

36. ספר דרך אמונה פרק י׳ ס״ק י״א ע״פ הגמרא בחגיגה ה׳ א׳, מאי אם טוב ואם רע, דבי ר׳ שילא אמרי זה הנותן צדקה לאשה בסתר דקא מייתי לה לידי חשדא. וע׳ בספר חסידים סי׳ מ״ד.

37. ש״ך יו״ד סי׳ רנ״ח סע׳ כ״ה.

38. כן משמע בשו״ת הרשב״א הנ״ל על הטעם שאין מברכין על מצות צדקה משום דשמא לא יקבלו העני. ומה הסברא בזה הלא אפילו אם לא יקבלו הוא נותן לו צדקה ולמה לא יברך, אלא ע״כ צ״ל דאם לא קיבל לא יצא. אולם ע׳ בהגהות יד אברהם על שו״ע יו״ד סי׳ רמ״ח שהביא מספר בית הלל דאף אם אין רוצה העני לקבלו יצא, והביא ראי׳ ממשלוח מנות ע״ש. וע׳ בספר דרך אמונה פ״ז הלכה א׳ בבאור ההלכה ד״ה מ״ע ליתן צדקה, מה שהקשה על הראי׳ של הבית הלל.

39. רמ״א שו״ע או״ח סי׳ קס״ט סע׳ ב׳. וע״ש בט״ז דהטעם הוא דאין ספק ברכה מוציא מידי ודאי מצות צדקה. וע׳ בגליון מהרש״א ביו״ד ריש סי׳ רמ״ז.

if one knows for certain (וַדַּאי) that the indigent will **not** make a *berachah* on the food, one is forbidden to give him food.[40] Nevertheless, there may be circumstances where one would even be permitted to give him food knowing that a *berachah* will not be recited, i.e., the indigent is mentally not well or you are trying to bring him closer to *Yiddishkeit*.[41] In such a case one should consult a *Rav*.

l. Do Not Glorify Yourself

One who gives *tzedakah* is not permitted to glorify himself with the *tzedakah* he has contributed.[42] One who does glorify himself forfeits the merit of the mitzvah.[43]

m. Publicizing Those Who Give *Tzedakah*

1. Even though one may not glorify himself through giving *tzedakah*, one may write his name on a gift that was donated to a yeshiva or a *shul*. For example, if one contributed a large sum of money to build a yeshiva or *shul*, he may have his name written on it so that people should know that he performed mitzvos with his

---

40. מ״א שם ס״ק ו׳. וכן משמע בט״ז הנ״ל. וע״ש במ״ב ס״ק י״א. וע׳ במדרש רבה בראשית מט: ד על הפסוק כי ידעתיו למען אשר יצוה.

41. וע׳ בספר דרך אמונה פ״ח ס״ק צ״ב דאם הוא אינו יכול לברך מחמת אנוס לא נפקע ממנו חיוב צדקה. וע׳ עוד מזה בשו״ת מהרש״ם ח״ב סי׳ צ״ג, ובשו״ת דובב מישרים ח״ב סי׳ כ׳, ובספר מנחת שלמה ח״א סי׳ ל״ה אות א׳. וע׳ בספר פאר הדור ח״ג פרק כ״א הערה 121, שכתב בשם החזו״א שיש להתיר כי בכך שאינו מברך עובר על איסור דרבנן אבל אם לא יתנו לו כלל יכשילוהו בהלאו של לא תשנא את אחיך בלבבך שהוא איסור תורה.

42. רמ״א יו״ד סי׳ רמ״ט סע׳ י״ג על פי דברי הסמ״ג הובא בב״י סי׳ רמ״ז, שצריך שלא יתפאר הנותן בצדקה שנותן, ואם מתפאר לא דיו שאינו מקבל שכר על מה שנותן אלא שמענישין אותו דתניא בפ״ק דב״ב י׳ ב׳, נענה ר״ג ואמר צדקה תרומם גוי וחסד לאומים חטאת, צדקה וחסד שעכו״ם עושים חטאת הוא להם שאין עושים אלא להתיהר, וכל המתיהר נופל בגיהנם. וע׳ בגמ׳ כתובות ס״ו ב׳-ס״ז א׳ מעשה בבתו של נקדימון בן גוריון, ובמהרש״א שם בד״ה איבעית אימא לכבודו הוא דעבד.

43. שם. ובספר דרך אמונה פרק י׳ בציון ההלכה ס״ק צ׳ הביא מספר חדרי דעה שזה דוקא עם עושה לקנטר מענישין אותו עליה, או במקום שמבייש את העני עי״ז ע״ש. וע׳ בחתם סופר על התורה (הוצאת הרב יוסף נפתלי שטרן) פרשת פקודי דף קס״ב, ויש לעיין.

money.[44] Not only is this permissible but it is the proper thing to do,[45] as long as one's intention is not to glorify himself.[46] This type of gesture will encourage others to emulate him.

This *din* (that one can place his name on something he donated) is only applicable when the person donated the money for the object or he physically built it. For example, if one *personally* built a *mikveh* he can have his name placed on it. However, one who only collected the money to have it built has no right to place his name on the building.[47]

2. There is a dispute among the *Poskim* whether one who did not have his name placed on the gift at the time of the donation can insist at a later date to have it placed there.[48] In the event this were to happen one should consult a halachic authority.
3. If one wants to donate something to a *shul* or yeshiva **only** on the condition that his name is placed on it, and the institution does not agree, the donor cannot force them to accept his gift.[49]

---

44. רמ״א יו״ד סי׳ רמ״ט ע״פ שו״ת הרשב״א סי׳ תקפ״א שכתב הטעם כדי לפרסם עושה מצוה. וכן כתב הנקה״כ שם. אולם בט״ז שם ס״ק ד׳ כתב שהטעם הוא כדי שלא יוכלו הצבור לשנות אותו דבר למידי אחריני, וכבר הקשו עליו הנקה״כ הנ״ל. וע׳ בספר תשובות והנהגות ח״ב סי׳ תפ״א.

45. רמ״א הנ״ל.

46. חכמ״א כלל קמ״ד ס״ק כ״ג, ובלבד שלא יהיה כוונתו להתפאר בזה.

47. כן כתב בפ״ת שם ס״ק ג׳ בשם תשובות אמונת שמואל סי׳ ל״ה, דדוקא היכא שעשה בעצמו בגופו או בהממון שלו יש לו זכות לכתוב שמו עליו ולא בכגון ששכר הפועלים. וכן פסק במ״ב סי׳ קנ״ד סוס״ק נ״ט. וע׳ בספר דעת תורה יו״ד סי׳ רמ״ט ס״ק י״ג.

48. ע׳ שו״ת צמח צדק סי׳ נ׳ הובא בגליון מהרש״א כאן דאינו יכול, דמאחר שנתנו להציבור נעשית כשל ציבור, אולם בנקה״כ כתב שמשמע משו״ת הרשב״א דיכול. ולמעשה כתב הערוה״ש שם ס״ק כ״א דתלוי הענין בראיית עיני המורה. וכן הורה לי כמה פוסקי זמנינו. וע׳ עוד בזה בשו״ת רדב״ז ח״ד סי׳ אלף פה (יא). וע׳ בהקדמה לשו״ת דברי מלכיאל שמסביר הענין.

49. מ״ב או״ח סי׳ קנ״ד ס״ק נ״ט בשם הפמ״ג, וע׳ שם מה שכתב בענין זה. וע׳ בספר צדקה ומשפט פרק י״א סע׳ י״ט וכ׳, הרבה פרטים בענין זה.

5 / *Kedimos* — Order of Precedence

Inherent in the mitzvah of *tzedakah* is the right of the donor to choose the recipient. This is referred to as *tovas ha'naah*, the benefit of giving *tzedakah*. One is, therefore, permitted to give his *tzedakah* money to any institution or organization of his choice.

Chazal instituted a *Kedimah* system, an order of precedence, as a means of guiding us as to where and to whom it is preferable to distribute our *maaser* funds. One cannot be forced to follow this system since each individual has the right to distribute his *tzedakah* to whomever he wants. Nevertheless, one should try to follow this system since it is halachically preferable.

There are two considerations one must take into account when determining where one should contribute his *tzedakah* funds. The first consideration should be the individual to whom one is giving. One's relationship with the indigent will determine the order of precedence and how much should be given. The first priority is to give to one's relatives who are poor, followed by a different priority list for non-relatives who are in need. There are sub-categories within this priority list. The second consideration is the purpose for which the *tzedakah* money is needed, since there are certain *tzedakos* which take precedence over others.

The order of precedence also depends on the source of the money being distributed. An individual disbursing his own *tzedakah* funds would naturally have his own order of precedence, while a *gabbai* dispensing communal funds has a different set of priorities. Each will be discussed separately.

I.
Halachic Source for Order of Precedence

The *pasuk* in *Devarim* states: כִּי יִהְיֶה בְךָ אֶבְיוֹן מֵאַחַד אַחֶיךָ בְּאַחַד שְׁעָרֶיךָ בְּאַרְצְךָ אֲשֶׁר ה׳ אֱלֹקֶיךָ נֹתֵן לָךְ לֹא תְאַמֵּץ אֶת לְבָבְךָ וְלֹא תִקְפֹּץ אֶת יָדְךָ מֵאָחִיךָ הָאֶבְיוֹן, "If there shall be a destitute person among you, any of your brethren in any of your cities, in your land that Hashem, your God, gives you, you shall not harden your heart nor close your hand against your destitute brother" (*Devarim* 15:7). From here the Sages have derived a priority list for the distribution of *tzedakah*. One should *first* give to his relatives who are in need, prior to indigent non-relatives.[1]

---

1. מקור לזה הוא ע״פ הספרי פרשת ראה וכגרסת הגר״א בשו״ע יו״ד סי׳ רנ״א ס״ק ד׳, כתיב, כי יהיה בך אביון מאחד אחיך באחד שעריך בארצך אשר ה׳ אלקיך נותן לך לא תאמץ את לבבך ולא תקפץ את ידך מאחיך האביון (ט״ו:ז), אחיך זה אחיך מאביך מאחד אחיך זה אחיך מאמך מלמד שאחיך מאביך קודם לאחיך מאמך. באחד שעריך מלמד שאנשי עירך קודמין לאנשי עיר אחרת, בארץ יושבי א״י קודמין ליושבי ח״ל. ויושבי ח״ל מנלן ת״ל אשר ה׳ אלוקיך נותן לך לרבות כל מקום. ונראה שדין קדימה בקרובים הוא מדאורייתא וכן כתב המרדכי ב״ב סי׳ תצ״ד והר״ן נדרים ס״ה ב׳, ובספר אור זרוע הלכות צדקה סי׳ ט׳ הביא בשם ר׳ אליעזר ממיץ שעל הקרוב מוטל לפרנס הקרובים וחל עליו העשה של וחי אחיך עמך. וע׳ בשו״ת חת״ס חו״מ סי׳ קכ״ז שדן בהרחבה בעינן זה.

ובתנא דבי אליהו פרק כ״ז בתחילה כתב, כתיב, הלא פרוס לרעב לחמך ועניים מרובים תביא בית כי תראה ערום וכסיתו ומבשרך לא תתעלם (ישעיה נ״ח: ז). הא כיצד אלא אם יש לו לאדם מזונות בתוך ביתו ומבקש לעשות מהן צדקה כדי שיתפרנסו אחרים משלו, כיצד יעשה בתחילה יפרנס את אביו ואמו ואם הותיר יפרנס את אחיו ואחיותיו ואם הותיר יפרנס בנו משפחתו ואם הותיר יפרנס בני שכונתו ואם הותיר יפרנס בני מבוי שלו מכאן ואילך ירבה צדקה אם שאר בני ישראל עכ״ל.

וכשדן בקרובים, הם קודמים אפילו לת״ח, כן מבואר בחידושי רע״ק על שו״ע יו״ד סי׳ רנ״א ס״ק ג׳. וכן הביא משו״ת חכם צבי סי׳ ע׳ ע״ש. וכן משמע באהבת חסד ח״ב פרק י״ט בתחילה ובהגה״ה שם. וע׳ בפ״ת שם ס״ק ג׳ שהביא משו״ת שמש וצדקה דעניי עירו אפילו הם עמי הארץ קודמים לעניי עיר אחרת שהם ת״ח. ונ״ל דכ״ש הוא דקרובים קודמים לת״ח דהם קרובים יותר. אבל בחכמ״א כלל קמ״ה סע׳ ד׳ מסתפק בקרוב ות״ח מי קודם ונשאר בצ״ע.

ואי הדין קדימה בקרובים תלוי בירושה ע׳ בשו״ת חוט השני הובא בשדי חמד כללים בפאת השדה מערכת הבית סי׳ י״ח דתלוי בירושה. וכן מבואר בגליון מהרש״א יו״ד סי׳ רנ״א סע׳ ג׳ ע״ש. וע׳ גם בשו״ת חת״ס יו״ד סי׳ רכ״ט דאע״פ שמן הסתם סדר הקדימות תלוי בירושה והאב אינו ירוש במקום הבן, והלא יש חיוב לכבד האב וממילא הוא קודם אף לבנו. אולם ע׳ בשו״ת גבעת פנחס מבעל ההפלאה סי׳ ס״ד דלא דמי כלל לירושה כיון דלענין ירושה אין לאחותה כלום במקום הבן. וע׳ בתשובות והנהגות ח״א סי׳ תק״ס

(This is not to say that one should assign *all* his *tzedakah* to his relatives who are in need, and leave nothing for non-relatives. Those guidelines will be explained later in this chapter.)

Among one's relatives, there are certain priorities. Similarly, there is a priority list when distributing *tzedakah* funds among non-relatives.

Below we will present the general Priority List. However, there are many factors that may change the order, as will be explained throughout this chapter.

II.

Priority List

Below is a list of the order of priority and each item will be explained as necessary.

1. The donor himself
2. Wife and small children
3. Rebbe who taught without taking payment
4. Parents
5. Grandparents
6. Young adult children
7. Rebbe who taught and was paid
8. Grandchildren
9. Brothers and sisters
10. Uncles and aunts — father's side
11. Uncles and aunts — mother's side
12. Cousins — father's side
13. Cousins — mother's side
14. Remaining relatives

אות י״ג שדין זה תלוי בקרובים שהם פסולים לעדות מפני הקורבה. וראיתי דבר נפלא בספר חסידים סי׳ קנ״ה וז״ל, וכל המרחם על האכזר אינו מרחם על רחמנים ועל מי שהדין לרחם עליו כגון על בניו ועל בנותיו ואחיו וקרוביו ואין להם ויכול לכלכלם ואינו נותן להם הרי כל מה שיש לו יבא לידי אלו שאין לו זכות וצדקה. ואפילו הוא מפרנס אחרים כיון שהוא יודע שאביו ואמו ואחיו עניים ואינו מפרנסם ומפרנס אחרים אותן עצמם שהוא מפרנס לבסוף יהיו אכזרים עליו ולא ירחמוהו ולא יחזיקו לו טובה על החסד שעשה עמהם ויהפכו לו לשונאיו, עכ״ל. וכן הוא כתב בסי׳ תק״ל בסוף דבריו שאם נותן לאחרים ולא לקרוביו הקב״ה יהפך לבם לרעה עליו ע״ש.

15. Divorced spouse
16. Close friends
17. Neighbors
18. People from the same city
19. People living in Yerushalayim
20. People living in the rest of Eretz Yisrael
21. People living in other cities outside of Eretz Yisrael

Following is an explanation of some of the above priorities.

III.

Self-Support

One is **not** obligated to separate and give *maaser* if he is not able to afford his own basic needs. (Such a person is still obligated in giving the minimum amount of a third of a shekel, as discussed in Chapter One.)

He takes precedence over anybody else, and until his needs are taken care of he is not obligated in separating *maaser*.[2] Included in one's own needs is his obligation to support his wife and children. (The age until which one is obligated to support one's children is discussed in Chapter Fourteen.)

Only when he is able to provide adequately for his wife and children may he consider how best to dispense his *maaser* funds.[3]

IV.

Definition of Self-Support

According to most *Poskim* one would **not** be obligated to separate *maaser* until he has his basic necessities. One may determine these necessities by what is considered "basic" within

---

2. שו״ע יו״ד סי׳ רנ״א סע׳ ג׳ ברמ״א, דפרנסת עצמו קודמת לכל אדם ואינו חייב לתת צדקה עד שיהיה לו פרנסתו.

3. ערוך השולחן יו״ד סי׳ רנ״א ס״ק ה׳. וכן בראשון לציון סי׳ רנ״א סע׳ ג׳, כיון שהוא חייב לפרנסתם א״א ליתן להם מעשרותיו בעצם, אבל אם אין לו כ״כ אז כשם שפרנסתו קודמת ואינו מחויב במעשר כן פרנסתם קודמת ואינו מחויב ליתן מעשר עד שיש להם מה שהם צריכים. וכן כתב בספר יוסף אומץ דף 309, ובספר חסד לאברהם סי׳ ד אות ד׳.

the society in which he lives. In addition, one who lives very modestly, regardless of the standard of society, and nevertheless is unable to purchase items that he may need, may first acquire his own needs *prior* to separating *maaser*.[4] Others maintain that such an individual **is** required to separate *maaser;* however, he then may assign it to his own needs.[5] A *Rav* should be consulted to determine what constitutes basic necessities.

A. Rebbe

One who has a rebbe who taught him most of his Torah learning free of charge, would be obligated to help support the rebbe if he is in financial need. Such a rebbe would even take precedence over one's parents,[6] for one's parents brought him

---

4. ע׳ ערוה״ש סי׳ רנ״א ס״ק ה׳ שכתב וז״ל ולכן נלע״ד ברור דזה שכתב הגאון דפרנסתו קודמת היינו באיש שאינו מרויח רק לחם צר ומים לחץ. . . אבל האיש שמרויח פרנסתו כבעל הבית חשוב שאוכל כראוי לחם ובשר ותבשילין ולובש ומכסה את עצמו כראוי וודאי דחייב בצדקה מעשר או חומש מפרנסתו וחלק גדול מהצדקה יתן לקרוביו ועניי עירו ומעט מחיוב ליתן גם לרחוקים ועניי עיר אחרת דאל״כ עיר של עניים יגועו ברעב ח״ו אלא וודאי כמש״כ, ותדע לך שכן הוא דאם לא כן איזה גבול תתן לפרנסתו שהיא קודמת וכל אחד יאמר אני נצרך לפרנסתי כל מה שאני מרויח שהרי אין גבול להוצאה כידוע, אלא וודאי כמ״ש דלא קאי רק על מי שיש לו רק לחם מצומצם להחיות נפשו ונפש אשתו ובניו ובנותיו הקטנים, עכ״ל. וע׳ בספר צדקה ומשפט פ״א הערה ט״ו מה שכתב להגדיר דברי הערוה״ש, והוסיף שם שאדם שפרנסתו אינו מספקת להוצאות רגילות ולפעמים מוותר על דבר הצריך לו, שהוא פטור מלהפריש מעשר. וכן כתב בקונטרס קול התורה חוברת ל״ט תשובה כ״ב מהגרש״ז אויערבאך זצ״ל, וז״ל, כל מי שאינו יכול להתפרנס הוא ובני ביתו מן המשכורת שלו נקרא עני, וכן אם אין לו משכורת תדירה אבל יש לו קרן, והרווחים אינם מספיקים לפרנסתו ודרגת הפרנסה תלויה בסביבה בה הוא גר ובמה היה רגיל. עני בעצמו לא יתן פחות משליש השקל לשנה עכ״ל. וע׳ בספר דרך אמונה פ״ט בציון ההלכה ס״ק קכ״ט, וכן ע׳ בשו״ת אג״מ יו״ד ח״ב סי׳ קי״ב.. נמצא מכל הני פוסקים שהכל תלוי במצב של כל אחד ואחד וכמו שכתב בשו״ת תשורת שי ח״א סי׳ ע״ר שהכל לפי ראות עיני הדיין. ומי שהוא מסופק אם הוא בגדר עני ישאל לרב מומחה.

5. שו״ת מנחת יצחק ח״ו סי׳ ק״א. וע׳ בספר תשובות והנהגות ח״א סי׳ תק״ס ס״ק ב׳ שהביא מהבריסקר רב עוד גדר בזה דכל מי שמצבו היום דחוק, עד שזקוק לעזרה מאחרים ואינו חי בדרך לוקסוס כלל רק חי בדוחק אם בני ביתו, לא יתן מעשר רק יקח לעצמו מכסף מעשר.

6. מקורו הוא ברמ״א יו״ד סי׳ רמ״ב סע׳ ל״ד לענין השבת אבידה. וכתב בספר אהבת חסד הלכות הלואה פ״ו ס״ק ח׳ שהוא הדין לענין הלואה. וכתב בספר צדקה ומשפט פ״ג הערה מ״ג דמסתבר שהוא הדין לגבי צדקה. וכן מבואר בספר יוסף אומץ דף 309.

into this world (*Olam Hazeh*) but by teaching him Torah a rebbe helps him to merit the future world (*Olam Haba*).[7]

One would also be obligated to help a rebbe who taught him most of his learning, even if the rebbe receives money for teaching, but still finds himself in financial need. However, one's parents would take precedence over him.[8] It is unclear whether such a rebbe takes precedence over grandparents and older children.

The *Poskim*, however, maintain that nowadays — when we have many *sefarim* from which to learn — these *dinim* of a rebbe do not apply.[9]

B. Parents

If one's parents are poor, not only is one permitted to give them *tzedakah* money,[10] but they take precedence over others.[11] However, if one is able to support his parents *without* the use of *maaser* money it is preferable to do so.[12]

Even though we will learn that one should not give *all* of his *maaser* money to one person but rather divide it among many poor people, this does not apply to one's parents. He may give them *all* of his *tzedakah* money if they need it.[13]

---

7. שם ברמ״א ובאהבת חסד.

8. שם ברמ״א.

9. חכמ״א כלל ק״ד סע׳ א׳ וכן כתב בשו״ת בנין ציון סי׳ פ״ג.

10. שאין חיוב לזונם משל בן, ע׳ שו״ע יו״ד סי׳ ר״מ סע׳ ה׳.

11. יו״ד סי׳ רנ״א סע׳ ג׳ בשו״ע וברמ״א דצריך להקדימם לאחרים. וכדכתב החת״ס בשו״ת יו״ד סי׳ רכ״ט וז״ל לא מבעי׳ דאיסורא ליכא אלא חיובא נמי איכא ואינו רשאי לתת מעשרו לשום עני טרם שיהיה לאבותיו מסת די פרנסתם, עכ״ל.

12. ע׳ רמ״א יו״ד סי׳ ר״מ סע׳ ה׳ ובש״ך סי׳ רנ״א ס״ק ה׳ ע״פ דברי הרמ״א בסי׳ ר״מ, דתבא מארה במי שמפרנס אביו ואמו ממעות מעשר וזה דוקא אם ידו משגת לזונם בלי מעות מעשר.

13. שו״ת חת״ס יו״ד סי׳ רכ״ט וכדמסיים שם דחייב ליתן לו כל מעשר וצדקה שיש לו ליתן עד שיהיה לאב די מחסורו אשר יחסר לו. וכן פסק המהרש״ם ביו״ד סי׳ רנ״א סע׳ ג׳. וע׳ בשו״ת שבט הלוי יו״ד ח״א סי׳ קי״א אות ג׳ בד״ה ברמ״א, דאם גם אחרים רוצים ליתן לאב בתורת צדקה י״ל דאין הבן חייב כ״כ. ע״ש. וע׳ רבינו בחיי ריש פרשת ויחי, שמי שמפרנס אביו ואמו צדקה גדולה הוא שאין למעלה ממנה ע״ש.

C. Grandparents

If one's parents' needs are provided for one should give his *tzedakah* money to his grandparents if they are in need.[14] One's father's parents take precedence over his mother's parents and one's grandfather precedes one's grandmother.[15]

D. Young Adult Children

If one's older children are in financial difficulty and he wants to help them he may use *maaser* funds.[16] Helping them takes priority over helping other relatives (after parents and grandparents).

E. Remaining Relatives

The next category of relatives are one's grandchildren.[17]

After one's grandchildren come one's siblings,[18] followed by the rest of one's relatives.[19]

One's spouse's relatives come immediately after one's own relatives in the list of priorities.[20]

---

14. ע' שו"ע יו"ד סי' ר"מ סע' כ"ד ברמ"א דיש חיוב לכבד אבי אביו אלא שמחויב בכבוד אביו יותר וכן הוא ברעק"א שם. וממילא משמע שהם באים לאחר הוריו לענין הקדימה של צדקה, וע' בשדי חמד כללים פאת השדה מערכת הב' סי' י"ח שמשמע שיש להם דין קדימה. וע' בספר חסד לאברהם סי' ד אות ז' שאבות אבותם קודם לבניו הגדולים.

15. ספר עולם חסד יבנה דף ש.

16. שו"ע יו"ד סי' רנ"א וברמ"א שם, והטעם בזה הוא כדמבואר שם כדי להדריכם בדרך ישרה. וכן כתב החכמ"א כלל קמ"ה סע' א'.

17. ע' שדי חמד הנ"ל. והטעם מפני שבני בנים הוי כבנים, וע' בספר חסד לאברהם סי' ד' אות ט' שבני בניו קודם לאחיו.

18. שו"ע יו"ד סי' רנ"א סע' ג'. ואחיו מן האב קודם לאחיו מן האם כדאיתא בספרי הנ"ל. וע' בשו"ת גבעת פנחס סי' ס"ד דאח מן האם קודם לבן אח מהאב. וע' עוד מזה בשו"ת עמק שאלה יו"ד סי' ס"ט.

19. שו"ע שם.

20. ע' פ"ת יו"ד סי' רנ"א ס"ק ב' דבתשובת מהר"ם זיסקינד סי' י"ט כתב בשם מהר"ם מינץ סי' ז' דבקרובי אשתו יש ליתן להם כעניי עירו. וכתבו דאין צריך ליתן לקרובי אשתו רק שליש של מה שיתן לקרוביו. וע' בערוך השולחן יו"ד סי' רנ"א ס"ק ח' שמפקפק על זה. וכן פסק בספר דרך אמונה פ"ז ס"ק צ"ז. וע' בערוך השולחן יו"ד סי' ר"מ ס"ק ל"ח שחייב ליתן מעות צדקה לחמיו אם הוא עני שהוא לא גרע מקרוביו ועוד שהרי חייב בכבוד חמיו.

F. Divorced Spouse

If one is divorced and his former spouse is in financial need, it is a mitzvah to give to her prior to non-relatives.[21]

G. Non-Relatives

Now we will list, and explain where necessary, the order of distributing *tzedakah* to poor people who are non-relatives.

1. The first priority in helping a poor person who is a non-relative is someone with whom one has a relationship.[22]
2. One's neighbors.[23]
3. A person from one's own town.[24] The definition of such an individual is anybody who has lived there for one month.[25] However, if one bought a house[26] or intends to take up permanent residence there, he would also be considered as a resident of that town.[27]
4. One who lives in Eretz Yisrael.[28] Those who dwell in

---

21. ע׳ ש״ך סי׳ רמ״ז ס״ק א׳ שר׳ יוסי נתן צדקה ופרנסה לאשתו המגורשת ע״ש ומבשרך לא תתעלם. וכן פסק הרמ״א אה״ע סי׳ קי״ט סע׳ ח׳ דמצוה בו יותר מבשאר עני. וע׳ שם בח״מ ובביאור הגר״א. ולכאורה אין נפ״מ בין איש ואשה ע״ש, ומבשרך לא תתעלם.

22. חכמ״א כלל קמ״ה סע׳ א׳ בהגה״ה. וכן מבואר בשו״ת מנחת אליעזר ח״ד סי׳ ח׳ דכל מי שהוא עניי עירך ובפרט מכיריו ושכיניו יש להם קדימה. וע׳ בשו״ת אמרי אש סי׳ ק״א דמשמע דיש מקום להקדים מי שרגיל אצלו, וע׳ רמ״א חו״מ סי׳ קע״ה סע׳ ג׳.

23. שו״ע יו״ד סי׳ רנ״א סע׳ ג׳ ברמ״א, וכפשטות דבריו. והטעם דמן הסתם הם קרובים יותר להאדם מסתם בני עירו.

24. שו״ע יו״ד סי׳ רנ״א.

25. שו״ע יו״ד סי׳ רנ״ו סע׳ ה׳ ומסיים הרמ״א שם דבזמן הזה משערים לכל בשלשים יום. וכן פסק המ״ב או״ח סי׳ תכ״ט סק״ה. ובספר אהבת חסד ח״א פ״ו הלכה ב׳ ובנתיב חסד שם דבדין זה יש חילוק בין הלואה לצדקה. ע״ש.

26. שם באהבת חסד ע״פ גמרא ב״ב דף ח׳ א׳.

27. שו״ע יו״ד סי׳ רנ״ו סע׳ ה׳, אהבת חסד שם.

28. שו״ע יו״ד סי׳ רנ״א סע׳ ג׳ ע״פ הספרי הנ״ל. וע׳ בב״ח וש״ך ס״ק ו׳ דעניי עירו קודם לעניי ארץ ישראל. והטעם שמקדימים ארץ ישראל לשאר עיירות שחיוב עלינו לקיים יושבי ארץ ישראל. וע׳ שו״ת חת״ס בליקוטים סי׳ כ״ז בד״ה והנה מבואר. וע׳ בשו״ת יוסף אומץ להחיד״א הובא בעיקרי הד״ט סי׳ ז׳ דזה דעניי עירו קודם לארץ ישראל דוקא כשצריך שישלח שם אבל אם באו מארץ ישראל הם קודמים לעירו. וע׳ בספר תשובות והנהגות ח״ב סי׳ ת״ע שהביא מספר פאת השולחן שעניי ארץ ישראל קודם שע״י התמיכה לעניי ארץ ישראל מקיים מצות צדקה ויישוב הארץ ע״ש.

Yerushalayim take precedence over those who live in other cities in Eretz Yisrael.[29] There is no difference between the old city and the new city of Yerushalayim.[30]

5. Indigents from all other cities in the Diaspora.[31]

V.
Setting Aside Now for Later Use

One would be permitted to set aside *maaser* funds to assist a relative who plans to marry and study Torah full time, even if at the present time there are indigents who are in need of *tzedakah*.[32] However, one must be certain the following three qualifications are fulfilled:

1. His relative must be eligible to accept *maaser* funds at the time they are given to him.[33]
2. The relative must presently be of marriageable age.[34]
3. One must separate and remove the *maaser* money from

---

29. שו״ת חת״ס יו״ד סי׳ רל״ג ורל״ד, דמצוה להקדים במנה יפה יושבי ירושלים על שארי עיירות א״י. וע׳ במהרש״ם בדעת תורה מה שהקשה על החת״ס בזה. וע׳ עוד שם בחת״ס הובא בפ״ת יו״ד סי׳ רנ״א ס״ק ד׳ דכל הקדימות אינם אלא את מי להקדים ולא לדחות נפשות ח״ו וכו׳, אבל כשיש לאנשי ירושלים אפילו רק לחם צר שוב אין להם שום תביעה עד שיגיע לכל אחד מהעיירות האחרות ג״כ כשיעור הזה וכו׳. וע׳ בספר דרך אמונה פ״ז ס״ק ק״ב. וע׳ בשו״ת חת״ס חו״מ סי׳ י״ב ובשו״ת מהר״ם שיק או״ח סי׳ שי״א בענין חלוקת מעות של א״י.

30. הגרש״ז אויערבאך זצ״ל בקונטרס קול התורה חוברת ל״ט דף צ׳, שאלה כ״ג.

31. שו״ע שם. ואפילו אם בעיר אחרת העני הוא ת״ח ובעירו העני אינו ת״ח ג״כ עניי עירו קודמת, כך הביא הפ״ת שם ס״ק ג׳ משו״ת שמש וצדקה וכותיה פסק הערוה״ש סי׳ רנ״א ס״ק ח׳. וכן משמע בשו״ת חתם סופר בליקוטים סי׳ כ״ז בד״ה והנה מבואר, וכן פסק בשו״ת מנחת אלעזר ח״ד סי׳ ח׳ ע״ש. ודלא כהדברי חיים בשו״ת שלו חו״מ ח״ב סי׳ ס״ח, ע״ש.

32. שו״ת אג״מ יו״ד ח״א סי׳ קמ״ד, באחד שרצה לישא אשה כשיגע זמנו והתנדב לבבו לשקוד על התורה שאי אפשר להתפרנס אם לא שיטול אז צדקה, שמותר לקבל צדקה בשביל הצורך שיהיה לו אחר הנישואין, וממילא כיון שהוא רשאי לקבל צדקה רשאי לאדם ליתן לו הצדקה שלו. וכעין זה כתב בספר אהבת חסד ח״ב פרק ו׳ ס״ק י״א ע״ש.

33. פשוט.

34. כן משמע באג״מ, וכן הביא בקונטרס קול התורה חוברת ל״ט בדף צ״ד סע׳ ז׳ אות ג׳, מהגאון רב שלמה זלמן אויערבאך זצ״ל. וע׳ בספר צדקה ומשפט פ״ו הערה י״ד.

one's possession,[35] i.e., open a separate account for the money. One should also **not** use more than half his *maaser* funds for relatives, as will be explained.[36]

Since setting aside money for later *tzedakah* use results in withholding *maaser* funds, a *Rav* should be consulted.

VI.
Priority List — Subcategories

Within each Priority List there are subcategories. These help one to determine who should receive *tzedakah* if there are poor people with varying needs. For example, if two indigents from the same city are in need, how do we prioritize them?

The following guidelines should be used.

1. If there is a question of *pikuach nefesh*, saving an endangered life, one must give to that indigent, no matter how far down on the *kedimah* list he may be.[37]
2. When determining to whom to give first between two similar indigents one should follow the *kedimah* list, as long as both are in equal need. This means, for example, that both need money for food or both need money for clothing. However, if one has a more pressing need he should be given first, even though he is further down on the Priority List.[38] Therefore, if an indigent from your city is in need of money for clothing and an indigent from a different city is in need of food one should give the indigent

---

35. אג״מ הנ״ל.

36. שם וע׳ לקמן הערה 47-49.

37. פשוט.

38. ע׳ בביאור הגר״א יו״ד סי׳ רנ״א ס״ק י״ג דמקור דין זה הוא בירושלמי סוף הוריות י״ח א׳, האיש קודם לאשה עד כדון בשהיה זה להחיות וזה להחיות זה לכסות וזה לכסות, נישמעינה מן הדא דמר ר׳ יהושע בן לוי בשם ר׳ אנטיגנס כסות אשת חבר וחיי עם הארץ כסות אשת חבר קודמת לחיי עם הארץ מפני כבודו של חבר ולא מר אלא כסות אשת חבר בחיי חבר אבל אם היה זה להחיות וזה לכסות אותו שלהחיות קודם. ועפ״ז פסק השו״ע ביו״ד סי׳ רנ״א סע׳ ז׳ חייב להקדים להאכיל הרעב מלכסות הערום. אולם בבה״ג שם נלמד דין זה מגמ׳ ב״ב ט׳ א׳, מימרא דר׳ יהודה בודקין לכסות ואין בודקין למזונות ע״ש. וע׳ בספר דרך אמונה פ״ז ס״ק ל״ח.

who needs food first since his needs are more pressing.

It is important to note that the above only applies when both indigents are non-relatives. However, if a relative is in need he takes precedence even for non-compelling items.[39] Therefore, if one's relative is in need of clothing and someone else is in need of food, one should give first to his relative, even though it is a less urgent need. (Except, of course, in a case of *pikuach nefesh.*)

3. If a man and a woman from the same category are in need one should help the woman first.[40] (However, if the man has a more pressing need he would take precedence.[41] See part 2 above.)
4. When one indigent is a *talmid chacham* and the other indigent is not, one should first provide for the needs of the one who is a *talmid chacham.*[42]
5. If everything is equal then one should give to a *Kohen* before a *Levi* and a *Levi* before a *Yisrael.*[43]

---

39. ח״ח בספר אהבת חסד ח״א פרק ו׳ הלכה ב׳ בנתיב החסד אות ד׳, ובשו״ת חת״ס יו״ד סי׳ רל״א. וע׳ עוד בשו״ת אג״מ יו״ד ח״א סי׳ קמ״ד. ולא כתבתי דין של הרמ״א סי׳ רנ״א סע׳ ט׳ דת״ח לכסות קודם לע״ה למזון כיון שהש״ך שם בס״ק ט״ז כתב דבזה״ז שאין דין ת״ח, לא נהגינן כן. וע׳ שם בשו״ת אג״מ ד״ה אבל פשוט. וע׳ בספר דרך אמונה פ״ח ס״ק ק״ב.

40. ע׳ ירושלמי י״ז ב׳, הלכה ד׳. וע׳ גמ׳ כתובות ס״ז א׳ ת״ר יתום ויתומה שבאו להתפרנס מפרנסין את היתומה ואח״כ מפרנסין את היתום מפני שהאיש דרכו לחזור על הפתחים ואין אשה דרכה לחזור, ועפ״ז פסק השו״ע יו״ד סי׳ רנ״א סע׳ ח׳ אשה קודם לאיש. וכתב ע״ז הש״ך ס״ק י״ב ואפילו היא מחזרת עתה על הפתחים מ״מ כיון שאין דרכה בכך יש להקדימה שלא תחזור על הפתחים אי נמי שמא תתבייש לחזר גם אצל אחרים. אמנם יש לעיין אם דין זה שייך גם בזה״ז כיון שדרך הנשים להתעסק חוץ לביתם, ואולי איש ואשה שוין כיון דאם אין לה תלך לעשות מלאכה, וצ״ע.

41. ערוך השולחן סי׳ רנ״א ס״ק ו׳, וכן פסק בדרך אמונה פ״ח ס״ק צ״ה. וע׳ בספר ראשון לציון יו״ד סי׳ רנ״א סע׳ ח׳ וז״ל נלע״ד דמצמצמין חיותא דאיש לכסות האשה דזילא מילתא שתהיה האשה כך ערומה ואיכא למיחש לאפקרותא וגנאי גדול הוא.

42. רמ״א יו״ד סי׳ רנ״א סע׳ ט׳.

43. רמב״ם פ״ח מהל׳ מתנת עניים הל׳ י״ז ע״פ דברי הגמרא הוריות י״ג א׳, דהכהן יש בו מעלה יתרה דכתיב (דברי הימים א, כג: יג) בני עמרם אהרן ומשה, ויבדל אהרן להקדישו קדש קדשים הוא ובניו עד עולם להקטיר לפני ה׳ לשרתו ולברך בשמו עד עולם. והלוים קודם לישראל דכתיב (דברים י: ח) בעת ההיא הבדיל ה׳ את שבט הלוי

VII.

Tzedakah Priority List

It is important to note that there are additional factors which may overrule or interface with the entire Priority List. They are listed here as written in the *Shulchan Aruch*.[44]

The order is as follows:

1. Any situation of *pikuach nefesh*.
2. To support the study of Torah.
3. To pay for the medical needs of the poor.
4. The building or maintenance of a community *shul*. (However, where monies are only designated to enhance an already existing *shul* or to build a *shul* where one already exists this priority would follow 5.[45])

לשאת את ארון ברית ה׳. ואח״כ ישראל הם קודמים לשאר בני ישראל, שהם מיוחסים שיכולים הם לינשא לכהנים כך כתב בביאור הגר״א יו״ד סי׳ רנ״א ס״ק ט״ז, וכן פסק השו״ע שם ס״ק ט׳. ויש עוד סברא שהלוים קודמים לישראלים והוא מפני שהלוים עומדים לעבודת ביהמ״ק. ואע״פ שאין כאן בהמ״ק וא״כ מה המעליותא של הלוים על ישראל, כבר כתב ע״ז הדרישה יו״ד סי׳ רנ״א ס״ק ג׳ דכיון שכאן איירי בלהחיותו וודאי יש ללוי דין קדימה לכ״ע דהיום ומחר יבנה בית המקדש ויחזור הלוי לעבודתו ולדוכנו ע״ש. וכן פסק במ״ב או״ח סי׳ ר״א ס״ק י״ג. וע׳ בתשובות והנהגות ח״ב סי׳ תע״ג. וע׳ בספר הברית מאמר אהבת ריעים פרק כ״ג וז״ל, מי שעשה לך טובה קודם למי שלא עשה לך טובה, מי שעשה לך רעה קודם למי שעשה לך טובה למען יסור השנאה ויגדיל האהבה בין איש לרעהו וירבה שלום בארץ, עכ״ל וע׳ שם עוד מעלות בקדימה. וע׳ גמ׳ ב״מ ל״ב ב׳. וע׳ בשו״ת אג״מ יו״ד ח״א סי׳ קמ״ד בד״ה הנכון, מה שכתב בעינן קדימות.

וע׳ גמ׳ הוריות י״ג א׳ כל סדר הקדימות, ולא כתבתי למעלה רק מה שנוגע בזמה״ז. וזהו הסדר כפי הגמ׳ הנ״ל, 1. מלך 2. כהן גדול משוח בשמן המשחה 3. כהן גדול מרובה בבגדים העומד לשרת 4. כהן גדול משוח שעבר מחמת קריו 5. כהן גדול שעבר מחמת מום 6. נביא 7. כהן משוח מלחמה 8. סגן 9. סגן של הסגן 10. אמרכל (ממונה על הגזברים) 11. גזבר (ממונה על אוצרות בית המקדש) 12. ראש המשמר 13. ראש בית אב 14. כהן הדיוט 15. לוי 16. ישראל 17. חלל 18. שתוקי (אין מכיר אביו) 19. אסופי (אין מכיר גם את אמו) 20. ממזר 21. נתין 22. גר 23. גר מצרי ואדומי 24. גר עמוני ומואבי 25. עבד משוחרר 26. עבד שאינו משוחרר. וע׳ בספר דרך אמונה פ״ח ס״ק קכ״ב.

44. שו״ע יו״ד סי׳ רמ״ט סע׳ ט״ו וט״ז. וע׳ עוד מזה הענין בשו״ת אג״מ יו״ד ח״ב סי׳ קט״ו, שו״ת שבט הלוי ח״ד סי׳ ק״ל וח״ט סי׳ קצ״ט, ספר תשובות והנהגות ח״ג סי׳ רפ״ג, ובספר קריינא דאגרתא ח״א סי׳ קע״ב.

45. וע׳ בספר תשובות והנהגות ח״א סי׳ תקע״ח.

5. All other needs of the poor. Facilitating the marriage of orphan girls takes precedence here.

In situations where these factors may apply a *Rav* should be consulted.

VIII.
Kedimos — Priorities Regarding Mitzvah Performance

It is interesting to note that the halachah of *kedimos*, priorities, is not limited to the giving of *tzedakah*. For example, one who has an opportunity to honor someone with the performance of a mitzvah should give that honor to his relative prior to someone else, i.e., the honor of being a *sandek* at a *Bris*.[46]

⇐§ Other *Halachos* of *Kedimos*

We will now discuss other issues involving prioritizing to whom one must first give his *tzedakah*.

IX.
Amount in Each Category

How much is to be given within each category? In other words, if one has a limited amount of *tzedakah* funds and he has poor relatives who require the *entire* amount, is he mandated to give it *all* to them, thereby neglecting other poor people, or should he withhold some funds to distribute to other indigents as well?

Generally, the *Poskim* agree that even though one should give priority to one's relatives he should **not** give them more than one half of his *tzedakah* funds.[47] Since people may have family

---

46. שו״ת חכם צבי סי׳ ע׳, דבכל מצוה שיכול לזכות את קרובו או אחרים קרוביו קודמין.

47. ע׳ ספר אור זרוע הל׳ צדקה סע׳ כ״ב שיתן רק עד חצי צדקותיו לקרוביו, וע׳ בשו״ת חת״ס יו״ד סי׳ רל״א הובא בפ״ת יו״ד סי׳ רמ״ט ס״ק ב׳ דמעיקר הדין יכול ליתן כל מעשרותיו לקרוב אחד כי אם כשיש חשש פיקוח נפש, אבל מהיות טוב יחלק המעשר ויתן חציו לעניים דעלמא וחציו לבנו, דוגמא להא דתנן בפאה ע״ש. וכן פסק בחכמ״א כלל קמ״ה סע׳ ה׳. וע׳ בספר דרך אמונה פ״ז ס״ק ק״ד שהביא ששמע שכן הורה החזו״א. וע׳ בערוך השולחן סי׳ רנ״א ס״ק ד׳ וה׳, ובשו״ת אג״מ יו״ד ח״א סי׳ קמ״ד. אולם ע׳ בביאור הגר״א סי׳ רנ״ז ס״ק י״ח דמשמע שיכול ליתן הכל לקרוביו.

members who are in need of *tzedakah* and would naturally give them priority, as a result indigents who do not have family members will have no one to help them.[48] Another reason is that it will appear as though he has no interest in helping society if he gives all his *tzedakah* to relatives.[49]

X.
Exceptions

There are, however, a number of exceptions to the above.

A. One's Parents

If one's parents are in need and one is not able to assist them unless he uses *maaser* money, not only is he permitted, but he is obligated to give his parents *all* his *tzedakah*[50] (within the guidelines explained previously in this chapter).

B. Relative in Great Distress

If one has a relative in terrible need one would be permitted to use *all* his *maaser* funds to help him.[51]

C. Not on Consistent Basis

The only time one may not give *all* his *maaser* money to one relative is if he does it on a regular basis. However, if one feels the need to give his relative all his *maaser* funds for a specific and limited time that would be permitted.[52]

---

48. ערוך השולחן יו״ד סי׳ רנ״א ס״ק ד׳ וז״ל דאם נאמר דברים כפשוטן דאלו קודמין לאלו ואלו לאלו דהכוונה שא״צ ליתן כלל למדרגה שאחר זה, ולפי״ז הדבר ידוע שלכל עשיר יש הרבה קרובים עניים, וכ״ש לבעה״ב שהצדקה שלו מועטת, וא״כ לפי״ז אותם העניים שאין להם קרובים עשירים ימותו ברעב ואיך אפשר לומר כן, ולכן נלע״ד דבירור הדברים כך הם דבוודאי כל בע״ב או עשיר הנותן צדקה מחויב ליתן חלק לעניים הרחוקים, אלא דלקרוביו יתן יותר מלשאינו קרוביו וכן כולם כמדרגה זו.

49. שו״ת אג״מ יו״ד ח״א סי׳ קמ״ד וסיים שם דבנתינת צדקה לקרובים אין לפטור עצמו מכל הצדקות שיהיה בזה חילול ה׳ שבני אדם לא יאמרו שנותן לקרובו אלא יאמרו שאין חוששין למצות צדקה והחזקת התורה וגם יגרמו שאחרים לא יתנו, לכן יעשו שחלק גדול ילך לקרוביו והשאר יתנו לשאר צדקות והחזקות ישיבות.

50. שו״ת חת״ס יו״ד סי׳ רכ״ט, וע׳ לעיל הערה 11.

51. דרך אמונה פ״ז ס״ק ק״ד ובציון הלכה שם ס״ק רמ״ז מאת החזו״א.

52. חכמ״א כלל קמ״ה ס״ק א׳, ובארחות רבינו ח״א דף רצ״ט.

XI.

Not Giving Everything to One Indigent — Diversified Giving

When one distributes his *tzedakah* funds he should make sure to diversify his money and give to as many indigents as possible, rather than just one.[53]

There are two reasons for this. First is for the benefit of the poor. If a person would only give to one indigent then other impoverished people would still be in need. In order to prevent this unfortunate situation *Chazal* instituted that one should give to as many indigents as possible.[54] The other reason is for the benefit of the giver. One who wants to accustom himself to giving and develop the characteristic of being a charitable and caring person (so that it actually becomes part of his persona) will accomplish this not by increasing the *amount* of the donation, but rather by increasing the *number* of donations. This is based on the mishnah, הַכֹּל לְפִי רוֹב הַמַּעֲשֶׂה,[55]

---

53. שו״ע יו״ד סי׳ רנ״ז סע׳ ט׳.

54. מקור דין זה הוא מעירובין ס״ג א׳, א״ר אבא בר זבדא, כל הנותן מתנותיו לכהן אחד מביא רעב לעולם שנאמר עירא היאירי היה כהן לדוד שהיה משגר לו מתנותיו וכתיב בתריה ויהי רעב. וכתב ע״ז המרדכי ריש ב״ב סי׳ תק״ב מכאן שלא יתן אדם כל צדקותיו לקרובו אחד ולהניח שאר קרובים, גם לא לאדם אחד ולא לשאר בני אדם. ועפי״ז פסק השו״ע סי׳ רנ״ז סע׳ ט׳ דלא יתן אדם כל צדקותיו לעני אחד. וע׳ בספר ראשון לציון שם סע׳ ט׳.וע׳ בלבוש טעם אחר בדין זה שלא יתן הכל לעני אחד והוא מפני דשמא השני הגון יותר ויהיה זכותו יותר, ע״ש. וע׳ בספר חסידים סי׳ תט״ו מה שכתב בענין זה.

55. משנה באבות פ״ג משנה ט״ו והכל לפי רוב המעשה. וע׳ בפירושו של הרמב״ם שם וז״ל כשיתן האדם למי שראוי אלף זהובים בבת אחת לאיש אחד ולאיש אחר לא נתן כלום לא יעלה בידו מידת הנדיבות בזה המעשה האחד הגדול כמו שמגיע למי שהתנדב אלף זהובים באלף פעמים ונתן לו כל זהוב מהם על צד הנדיבות מפני שזה כפל מעשה הנדיבות אלף פעמים והגיע לו קנין חזק וזה פעם אחת לבד התעוררה נפשו התעוררות גדולה לפעל הטוב ואח״כ פסקה ממנו, עכ״ל. וכן פירוש שם הרע״ב. וכן פסק הב״ח או״ח סי׳ תרצ״ה ד״ה וצריך לשלוח, וז״ל והשכל ג״כ יחייב אותו כי מי שיש לו ק׳ זהובים ליתן לעניים שגדול שכרו כשיחלקם לק׳ עניים מאשר יתן כל ק׳ זהובים לעני אחד או לשנים וג׳ כי זה שנתן לק׳ החיה ק׳ נפשות, עכ״ל. וע׳ במחצית השקל שם ס״ק י״ב דזה הטעם בהמג״א שסובר שדוקא במתנות לאביונים הקפידו החכמים ליתן לב׳ עניים כדי שירבה המעשה. וע׳ בשו״ת מנחת יצחק ח״ו סי׳ ק״ב. וע׳ בספר יוסף אומץ דף

"everything depends on the abundance of good deeds" (*Avos* 3:15). For example, if one has $100, he can give the full amount to one indigent and make one donation, or he can give $1 to 100 indigents and make 100 donations. However, we do not instruct people to limit their gifts to *only* small donations because then the benefit to the poor person would be negligible.[56] Therefore, one should balance his giving to satisfy both requirements: Identify several poor people to receive a large donation which will make a significant difference to them *and* disburse smaller donations to many other indigents as well.[57]

XII.

Not Giving Everything to One Relative

When one has more than one relative in need of *tzedakah* one should **not** give *all* his *tzedakah* to only one of them, thereby leaving nothing for the others[58] (except as explained previously in this chapter).

While it is appropriate to aid relatives before other poor

---

310 עוד טעם למה לא יתן כל צדקותיו לעני אחד. וע׳ בספר אהבת חסד ח״ב פרק י״ז בההג״ה אות א׳.

אולם בספר חסידים סי׳ ס״א כתב להסביר הפסוק בקהלת (ד: ו) טוב מלא כף נחת ממלא חפנים עמל ורעות רוח, וז״ל דבר אחר טוב לאדם לפרנס אחד אם אין לו אלא לפרנס נפש אחת טוב, משיתן לחמשה ולא יספיקו נמצא חפנים עמל לפי שכל אחד חסר אבל אם גם אחרים נותנים לכל אחד ואחד טוב לו לתת גם הוא לכל אחד ואחד, ועל זה נאמר פזר נתן לאביונים (תהלים קיב: ט) עכ״ל, נראה מדבריו דטוב יותר ליתן לעני אחד מה שחסר מליתן לכמה עניים ואינו ממלא חסרונם. וכן נראה מדברי המהר״ל בנתיבות עולם נתיב הצדקה סוף פרק ד׳ וז״ל ויש שהיו רוצים לומר כי יותר טוב שיתן מעט בהרבה פעמים משיתן הרבה בבת אחת, מפני שאומרים כי בכל אחת ואחת מצוה בפני עצמה, ודברי חכמים אינם מוכיחים כך אדרבא שבא ללמוד דאפילו אם נותן מעט מעט מצטרף ביחד ומכ״ש אם יתן הרבה בפעם אחד.

56. וכמו שהב״ח בעצמו כתב שם כי זה שנתן לק׳ החיה ק׳ נפשות. ומשמע שאם הנתינה אינה מועלת להחיה ק׳ נפשות שאין לעשות באופן הזה. וע׳ בציון למעלה.

57. כך אמרו לי כמה פוסקי זמנינו.

58. ע׳ למעלה. וכ״כ בש״ך בסי׳ רנ״ז ס״ק י״ט. ומבואר הכי בבאר הגולה שם סעיף ט׳. וכן פסק בדרך אמונה פ״ז ס״ק צ״ח, וע׳ בביאור הגר״א שם שמשמע שמותר ליתן אפילו כל צדקותיו לקרוב אחד.

people, in a situation where one's relatives are able to receive their needs from others who wish to help, one should rather give to those in need who are non-relatives and have no other source of assistance.[59]

XIII.

Changing Beneficiaries

There is a dispute among the *Poskim* whether there is an obligation to continue to give *tzedakah* to a poor person if one has consistently given to that person.[60] According to one opinion, one may not reassign monies he would normally use for a specific indigent to another.[61]

This only applies where one is not upgrading his performance of the mitzvah of *tzedakah*. If, however, one would use the money for a *tzedakah* that takes precedence over that particular poor person then one may change beneficiaries.[62] For example, if one were to discontinue giving an indigent in one's town in order to give those funds to one's relative who has precedence. Other *Poskim* allow switching beneficiaries. A *Rav* should be consulted.

---

59. אהבת חסד ח״ב פרק ו׳ סע׳ ג׳, בענין הלואה וה״ה לענין צדקה. דרך אמונה פ״ז ס״ק צ״ט. וע׳ בשו״ת שבט הלוי יו״ד ח״א סי׳ קי״א אות ג׳ בד״ה ברמ״א.

60. כבר דנו האחרונים אם הדין של מכירי כהונה שייך ג״כ גבי צדקה. וכמו גבי תרומות ומעשרות יש זכות להכהן או ללוי שהוא רגיל ליתן כמו כן יהיה שייך זכות להעני שהוא רגיל ליתן (וענין הזכות אם זה קנין או רק מתנה מועטת ע׳ ראשונים ואחרונים בגיטין ל׳ א׳) ובירושלמי שהובא במשנה למלך הל׳ מעשרות פרק ז׳ הלכה ו׳ סבר שאין דין מכירי כהונה שייך בעני וע״ש הטעם. אבל הספר התרומות סובר שהבבלי חולק על הירושלמי. אבל נראה מהפוסקים שכל זה שייך רק במי שרגיל ליתן מעשר כספים או שאר דבר קצוב, אבל מי שנותן בלי שיעור קצוב משמע מהפוסקים דלא שייך דין של מכירי כהונה בצדקה (ע׳ שו״ת אמרי יושר סי׳ ד׳, מועדים וזמנים ח״ח סי׳ י״ג בתחלת דבריו). וע׳ בילקוט שמעוני משלי תתר״ס על הפסוק אל תגזל דל כי דל הוא.

61. וצ״ע אם דין מכירי כהונה שייך רק בעני פרטי, ומה הדין אצל ישיבות ושאר מוסדות וצדקות של רבים.

62. שו״ת חכם צבי סי׳ ע׳.

XIV.

Nidrei Tzedakah S'tam – Unspecified *Tzedakah* Vow (as to Recipient)

If one obligated himself to give *tzedakah* and the monies have been transferred to an agent for disbursement, or he passed away and the estate is now charged with disbursement and he did not instruct the agent or the estate concerning to which *tzedakos* to direct his funds, we can assume that he intended the *tzedakah* for his relatives,[63] since this is the Torah preference.[64] This, however, only applies if his relatives were indigent at the time of his commitment.[65] However, if his relatives became poor *after* he obligated himself we would not give the money to them since it is obvious that he did not have them in mind at the time of his commitment.[66] (They would be prioritized as indigents of the city.[67])

---

63. רמ״א יו״ד סי׳ רנ״ח סע׳ ה׳ בשם המרדכי הובא בב״י. וע׳ בשו״ע יו״ד סי׳ רנ״א בשם המרדכי פ״ק דב״ב סי׳ תפ״ו הובא בב״י. והוסיף שם הב״י דכן נראה מדברי הרא״ש בתשובות כלל י״ג סי׳ י״ד ומדברי תשובות הרשב״א המיוחסת להרמב״ן סי׳ רס״ח. וע׳ בערוך השולחן שם ס״ק ט״ז.

64. ע׳ ביאור הגר״א שם ס״ק י׳ דהאומדנא הוא דמסתמא דעתו ג״כ כמו שצותה התורה. וע׳ בשו״ת הרדב״ז ח״ד ס׳ קמ״ז שהמפריש צדקה סתם זכו קרוביו אם הם עניים, שכל הנותן צדקה לדעת התורה נותנה והתורה אמרה ענייך ועניי עירך ענייך קודמין.

65. רמ״א שם בשם המרדכי סי׳ תצ״ג מעשה באחד שנתן מקצת נכסיו לצדקה בעת מותו לימים ירדו קרוביו מנכסיהם וגדולים היו אומרים שיש ליתן אותה צדקה לקרוביו משום דאמדינן דעתיה שאילו ידע שירדו קרוביו מנכסיהם לא היה מניח קרוביו ונותן לאחרים. וגדולים אחרים חולקים עליהן דאדרבה אמדינן דעתיה איפכא, דמידי הוא טעמא דיהיב אלא כי היכי דתהוי ליה כפרה ותלך לפניו צדקתו, והשתא דקרוביו עשירים מונע מלעשות מצוה לעצמו וימתין עד שירדו מנכסיהם ועד אותו זמן יהא נדון, אלא וודאי הואיל ובההוא שעתא עשירים היו אין להם באותו צדקה אלא כשאר עניים, עכ״ל. ופסק הרמ״א כדעה שניה. וע׳ בביאור הגר״א שם ס״ק י״א דהפוסק צדקה אין דעתו אלא לחלק תיכף.

66. שם ברמ״א. וע׳ בפ״ת יו״ד סי׳ רנ״א ס״ק ה׳ שהביא משו״ת פנים מאירות ח״א סי׳ ק״ג דאם יעשה אדם קרן לפני מותו כדי שיהא קרן קיימת ולחלק כל שנה הרווחים, ובעת זו אחד מהיורשים יש לו דוחק ויש לחוש שילך בדרך שאינו הגון יכול ליתן מהרווחים להקרוב משום אומדנא דודאי דעתו דאם יהיו בניו עניים שיתנו להם, אבל לא מן הקרן דלגבי הקרן אומדין דעתו להיפך שכוונתו היה שיהיה צדקתו עומדת לעד ואם יכלה קרנו יבטל כוונתו. וכל זה דוקא קודם שבא לידי גבאי, ע״ש. וכן הוא בהגהות רע״א כאן על

השו״ע, ובערוה״ש ס״ק י״ז. אולם ע׳ בשו״ת בית שלמה יו״ד ח״ב סי׳ נ״ה שכתב בא׳ שציוה לפני מותו שיתנו סך מסיום ליד חותנו ע״ד שיהיה הקרן קיים לעולם והריוח יתחלק בכל שנה לעניי העיר וכן עשו, וחותנו היה מחלק הריוח לעניי העיר בכל שנה ועתה מטה יד א׳ מבני המנוח. ואחר שדן על השאלה הנ״ל הסכים להרב שיכולים הגבאים ליתן סך מסיום לבן המנוח. ואע״פ שהשו״ע ביו״ד סי׳ רנ״א סע׳ ה׳ כתב שאין להם שום כח, זהו מצד אי זכו היורשים מצד הדין דהיינו לאמר שהגבאים יהיו מחויבים ליתן להם חלק בראש מפני שהמעות ממון מורישם והם עניים ע״כ הם קודמים, ועי״ז כתב השו״ע דאין להם כח יותר מעניים אחרים, אבל אם הממונים רוצים לשנות וליתן מותר לא׳ מבני הנודר ורואה כי ראוי לכך הנה הגבאי יכולין לשנות ליתנו להם, ע״ש. וע׳ בשו״ת מהרש״ם ח״א סי׳ מ״ט ובשו״ת בית יצחק יו״ד ח״ב סי׳ פ״ו.

67. כמש״כ שם המרדכי סי׳ תצ״ג בסוף דבריו דאין להם באותו צדקה אלא כשאר עניים. וכן פסק בשו״ת בית יצחק יו״ד ח״ב סי׳ ע״ח אות ז׳ ובשו״ת פנים מאירות ח״א סי׳ ק״ג.

6 / Opportune Times and Occasions for Giving *Tzedakah*

As we have established, giving *tzedakah* is a great mitzvah and one should try to fulfill it at all times. The Chofetz Chaim teaches us that one should make sure that not a day passes without performing an act of *chesed* or *tzedakah*.[1] However, there are specific times when one should make an extra effort to try to fulfill this mitzvah. In this chapter we will discuss these particular instances.

A. *Davening*

a. Before *Davening Shacharis*

One should give *tzedakah* before *davening* in the morning.[2] Some have the custom to give *tzedakah* when reaching the *pasuk* of וְאַתָּה מוֹשֵׁל בַּכֹּל, "and You rule everything" in וַיְבָרֶךְ דָּוִיד, "And David blessed."[3]

b. Before *Davening Minchah*

One should try to give *tzedakah* prior to *davening Minchah*.[4]

c. Giving *Tzedakah* at Night

Although giving *tzedakah* is a mitzvah one can fulfill at *all* times, the most preferred time to collect *tzedakah* is during the day. It is also preferable that if one has a choice he should give *tzedakah* during the day rather than at night.

---

1. אהבת חסד ח״ב פרק י״ב. וע״ש אריכות בעינן זה.

2. כדאיתא בב״ב י׳ א׳, דרבי אלעזר יהיב פרוטה לעני והדר מצלי דכתיב ואני בצדק אחזה פניך. ועפ״ז פסק המחבר שו״ע יו״ד סי׳ רמ״ט סע׳ י״ד ובאו״ח סי׳ צ״ב סע׳ י׳.

3. מ״א או״ח סי׳ נ״א סוף ס״ק ז׳ בשם האריז״ל, וכן הוא במ״ב סי׳ צ״ב ס״ק ל״ו, ובסי׳ נ״א ס״ק י״ט.

4. ברכי יוסף יו״ד סי׳ רמ״ט דהאריז״ל נתן צדקה להגבאי אף קודם מנחה. וכן הוא בבן איש חי שנה ראשונה פרשת ויקהל סע׳ ו׳. וע׳ בספר כף החיים סי׳ רל״ב סע׳ ג׳.

Of course, one still fulfills the mitzvah of *tzedakah* if he gives it at night.[5]

Needless to say this halachah only applies to the one *giving* the *tzedakah.* If an indigent should happen to come collecting at night one would be obligated to give him then and if he did not he would be transgressing the prohibitions of *tzedakah.* Similarly, if it is more convenient for the one collecting *tzedakah* to go around at night, since at that time most people are home, he would be permitted to do so.[6]

d. Collecting During *Davening*

When one collects *tzedakah* in a *shul* one should be careful not to do so at times when it might disturb people from *davening,* or the like. For example, during *Krias Shema* (the recitation of *Shema*) or *Chazaras HaShatz* (the *chazzan's* repetition of *Shemoneh Esrei*), or during *leining* (Torah reading) one should not collect as he might disturb some-one's concentration.[7]

---

5. ע׳ ברכי יוסף או״ח סי׳ רל״ה אות א׳ בשם האריז״ל דלילה זמן דין גמור ולכן אינו זמן לתת צדקה. וכך הוא כתב ביו״ד סי׳ רמ״ז סע׳ ב׳ דהאריז״ל נתן צדקה לגבאי בתפילת שחרית ומנחה ולא בערבית, אולם הביא שהרב רב יעקב צמח כתב דגם בלילה הצדקה מועלת, והביא ראי׳ מהירושלמי שקלים פרק ה הלכה ד. וע׳ בסידור יעב״ץ (מדור בית ה׳ בלילות לפני תפילת והוא רחום אות ח׳) שכתב וז״ל כי ערבית זמן הדין גמור ולכן אינו זמן ליתן צדקה (ורצונו לומר שאין השעה גורמת לדקדק על הקדמת נתינת צדקה לתפילה, כמו בשתי התפילות הקודמות. אבל חלילה למנוע הצדקה ממי שצריך לה שמצותה בכל עת ועונה לכל מדוכא ומעונה, אלא שטוב יותר לחלקה ביום) עכ״ל. וע׳ שו״ת שערי רחמים ח״ב סי׳ ר״ז הובא בספר מעשר כספים דף קס״ו שהסביר הטעם דבערבית אין בנו כח להמתיק הדינים על ידי הצדקה, אבל מ״מ יכול ליתן וגם אם תבע העני צריך ליתן. וע׳ בשו״ת מהר״ש ענגיל ח״ג סי׳ נ״ט ד״ה ומה שהביא, שאסור ליתן צדקה בלילה. וע׳ שו״ת מהרש״ם ח״ב סי׳ מ״ג ד״ה ועוד, שאין ליתן צדקה בלילה כי אם מתנת סתר. וע׳ בתשובות והנהגות ח״א סי׳ תקס״ו שכתב דאסור לדחות עני בלילה מטעם לילה והדוחהו עובר בהלאוים. וכל המניעה מלתת צדקה בלילה הוא דוקא כשהוא רוצה לחלוק ולא תבע העני ממנו, אבל בתבעו נותן מיד גם בלילה, ומסיים שם דבהחזקת תורה לא שמענו מדקדקין לכתחילה ליתן ביום. וע׳ עוד מזה הענין בשו״ת בצל החכמה ח״ג סי׳ ל״ב. וע׳ בספר מנהגי חת״ס פרק א אות ז׳ שנתן צדקה לפני כל תפילה ותפילה לקיים מ״ש אני בצדק אחזה פניך, ואף קודם תפילת מעריב התנהג כן. וע׳ בספר אורחות חיים להרא״ש סי׳ ס״ח.

6. וע׳ עוד מזה בספר שמירת הגוף והנפש סי׳ רנ״ז.

7. מ״ב או״ח סי׳ צ״ב ס״ק ל״ו. וע׳ בתשובות והנהגות ח״א סי׳ ס״א וח״ג סי׳ רפ״ז.

If one is approached during such times he may possibly not be obligated in giving *tzedakah* based on the concept of הָעוֹסֵק בְּמִצְוָה פָּטוּר מִן הַמִּצְוָה, "One involved in the performance of a mitzvah is exempt from all other *mitzvos*."[8]

B. Traveling

a. Before Traveling

One should give *tzedakah* prior to going on a trip, in order that the *tzedakah* should serve as a merit so no harm should befall him while he travels. Even if one will be traveling for a number of days he should give *tzedakah* each morning prior to continuing on his way.[9]

b. Serving as a *Shaliach Mitzvah* — A Messenger to Perform a Mitzvah

It is customary when embarking on a trip that one should become a *shaliach mitzvah*, a messenger to perform a mitzvah, since our Rabbis teach us that a person who is traveling to do a mitzvah will not be harmed. Therefore, one should either set aside some money with the intention that when he reaches his destination he will give that money to *tzedakah* or have someone else give him *tzedakah* money to be distributed at his destination, thereby making him a *shaliach mitzvah*.[10]

C. Before Lighting Shabbos Candles

Some women have a custom that prior to lighting the

---

8. דרך אמונה פרק י׳ בציון ההלכה ס״ק צ״ו.

9. כן כתב בסמ״ג עשין י״ט, דאנשי מעשה רגילין ליתן צדקה קודם שילכו לדרך. וכן כתב בספר חסידים סי׳ שכ״ו וסי׳ תתרנ״ו, ובשל״ה למס׳ חולין קט״ו א׳, וכן פסק בספר א״ר סי׳ ק״י ס״ק ח׳ וכן הוא בכף החיים סי׳ ק״י ס״ק כ״ד. ומשמע שם שאם הולך על הדרך כמה ימים שטוב ליתן בכל יום דכתיב צדק לפניו יהלך. וע׳ בספר צדה לדרך מאמר א׳ כלל א׳ פא.

10. כף החיים או״ח סי׳ ק״י ס״ק כ״ז, שיש נוהגין בצאתם מביתם שיעשהו שליח מצוה או יקח בעצמו איזה מטבע ויעשה בו סימן ויאמר לכשאבא למקום פלוני בלא נדר אתן זה לצדקה לעלוי נשמת רמב״ה, עכ״ל. והכל מטעם שלוחי מצוה אינן נזקין.

Shabbos candles, they give some *tzedakah.* This is to atone for the *aveirah* of Chavah.[11]

D. Special Times During the Year

a. *Chodesh Elul* — The Month of Elul

The month of Elul ushers in the *Yamim Noraim,* the Days of Awe. It is an opportune time for people to reflect on their lives and determine how to improve. Elul is an auspicious opportunity for one to rectify past mistakes and start anew. In addition to *davening* and doing *teshuvah* one should increase his giving of *tzedakah* to augment his merit. It is desirable to do so daily, beginning from *Erev Rosh Chodesh Elul*[12] and continuing throughout the entire month.[13]

b. *Erev Rosh Hashanah*

One should increase his distributions of *tzedakah* on *Erev Rosh Hashanah.*[14]

---

11. בן איש חי שנה שניה ריש פרשת נח, וז״ל, כי בהדלקת נרות שבת יהיה תקון לחטא חוה ונסלח החטא, ולכן בליל שבת מניחים המלאכים ידיהם על ראש האדם ואומרים לו וסר עונך וחטאתך תכפר (ישעיה ו: ז), ולכן טוב שהאשה תפריש קדם הדלקה שתים או שלש פרוטות לצדקה להיות הצדקה עזר לסליחה ולכפרה, וכן נהגו פה עירינו קצת נשים להפריש לצדקה קודם הדלקה, עכ״ל. וכן כתב בספר קיצור שלחן ערוך סי׳ ע״ה ס״ק ב׳, ובספר קצות השולחן סי׳ ע״ד בבדי השולחן ס״ק י״ט כתב ליתן המעות לצדקת רמב״ה. וע׳ באגרת התשובה לרבינו יונה סע׳ קס״ב וז״ל, דכשהיא נותנת צדקה תתפלל באותה שעה בידים נקיות שיהיו בניה יראי שמים ומצליחים בתורה ובמצות, מפני שתפלתו של אדם נשמעת בשעה שהוא עושה מצוה, עכ״ל.

12. ספר מועד לכל חי סי׳ י״א אות א׳.

13. ספר מטה אפרים באלף למטה סי׳ תקפ״א ס״ק א׳ ובספר חיי אדם כלל קל״ח אות א׳.

14. ויש כמה טעמים לזה, א׳ שזה מעביר גזירה רעה כמו שאנו אומרים בהפיוטים שתשובה ותפלה וצדקה מעבירין את רוע הגזרה. ב׳ כמו שהביא הדרכי משה באו״ח סי׳ תקפ״א סע׳ ג׳ בשם הכלבו דהמנהג לילך על הקברות ונותנין צדקה שם וכן פסק הרמ״א שם, וע׳ במ״א שם ס״ק י״ז שצריך ליתן המעות קודם אמירת התחינות, וע׳ שם במחיצת השקל הטעם כדאמרינן ב״ב י׳ א׳, מעשה בר״א. וכן פסק המטה אפרים סי׳ תקפ״א סע׳ נ׳. וע׳ כף החיים שם ס״ק צ״ז. ג׳ כמו שכתב הכף החיים שם ס״ק ק״א בשם הפר״ח סי׳ תקפ״א סוף ס״ק ד׳ שנוהג לשלוח מנות לעניים בערב ר״ה כדכתיב לכו אכלו משמנים ושתו ממתקים ושלחו מנות לאין נכון לו, וכתיב בתריה וילכו כל העם לאכול ולשתות ולשלח מנות. (נחמיה ח: י־יב)

c. Giving Before Yom Kippur

One should make sure to increase his *tzedakah* giving throughout the Ten Days of Repentance, and certainly on *Erev Yom Kippur*. It is befitting to give more than one is accustomed to, in order to earn greater merit and be sealed for a good year.[15]

d. Giving on Behalf of the Deceased

There is a custom to give *tzedakah* on *Erev Yom Kippur* on behalf of those who have passed away in order that they should also have a *kapparah* (atonement).[16] This *tzedakah* only serves as a merit if, when they were alive, they too would have given, or would have wanted to give *tzedakah*. Contributing on behalf of one who was a *rasha* and never gave *tzedakah* while he was alive would not serve as a *kapparah*.[17] In any event, a child

---

15. ע׳ הציון דלעיל, וז״ל הרמב״ם הלכות תשובה פרק ג הלכה ד, . . . עשה מצוה הרי הכריע את עצמו ואת כל העולם כולו לכף זכות יגרם לו ולהם תשועה והצלה, שנאמר וצדיק יסוד עולם, זה שצדק הכריע את כל העולם לזכות והצילו. ומפני ענין זה נהגו כל בית ישראל להרבות בצדקה ובמעשים טובים ולעסוק במצות מראש השנה ועד יום הכפורים יתר מכל השנה, עכ״ל. וע׳ עוד שם פרק ב׳ הל׳ ד׳, וז״ל מדרכי התשובה להיות השב צועק תמיד לפני השם בבכי ובתחנונים ועושה צדקה כפי כחו ע״ש ובהגהות מיימוניות שם. וע׳ בשו״ע או״ח סי׳ תר״ה ברמ״א ובמ״ב שם. וע׳ בספר מטה אפרים שם ס״ק י׳ באלף המגן ס״ק ל״ה וז״ל, כ׳ בספה״ק שראוי לאדם להרבות בצדקה ביום זה אף יותר מכדי יכלתו וביחוד לאביונים הגונים בעלי תורה, כי נתינת הצדקה הוא סגולה נפלאה לכפרת העוונות, עכ״ל. וע׳ בספר לקט יושר עמוד קכ״ב בד״ה מצאתי שכתב דבר נפלא במעלת הצדקה כדי לזכות בדין ע״ש.

16. יו״ד סי׳ רמ״ט סע׳ ט״ז ברמ״א בשם הרוקח סי׳ רי״ז הובא בב״י או״ח סי׳ תרכ״א בסוף דבריו. וע׳ שם שהביא מהמרדכי טעם ע״פ הספרא בפ׳ שופטים בפרשה של עגלה ערופה, דכתיב שם כפר לעמך ישראל, אלו החיים. אשר פדית, אלו המתים מלמד שהמתים צריכים כפרה. וע׳ בדרכי משה שם שהביא מרבינו ירוחם שמטעם זה נקרא יום כיפורים בלשון רבים שיש כפרה לחיים ולמתים. וע׳ בביאור הגר״א יו״ד סי׳ רמ״ט ס״ק כ״א.

17. רוקח הנ״ל הובא בט״ז יו״ד סי׳ רמ״ט ס״ק ה׳ ובמ״ב סי׳ תרכ״א ס״ק י״ט, שהקב״ה בוחן לבות החיים והמתים אם אותו המת בחיים היה נותן צדקה, ואם היה עני אותו המת אך לבו בטוב והיה נותן אם היה לו אז תועיל לו כאילו היה נתן, כי החי יכול לבקש להקל דין המת, ע״ש. וא״כ הנותן בעד הרשע אינו מועיל. וכן כתב בספר חסידים סי׳ תרי״א. אולם ע׳ שם בסי׳ ק״ע שמשמע שיש אופנים שצדקה מועיל אף למי שאין נותן בחייו.

who gives *tzedakah* on behalf of a parent **always** attains *kapparah* for the parent because of the concept of בְּרָא מְזַכֶּה אַבָּא — a child always brings merit to a parent, regardless of what he was.[18]

e. Before Succos

One should attempt to increase his *tzedakah* giving prior to Succos. He also should invite guests who are impoverished and in need so as to enable them to enjoy the *Yom Tov.*[19]

f. Hoshana Rabbah

On Hoshana Rabbah one should make sure to increase his giving of *tzedakah.*[20]

Some have the custom on Hoshana Rabbah, after completing the mitzvah of *lulav* and *esrog,* that a pregnant woman removes the *pitam* (small protuberance) from the *esrog* and gives some *tzedakah* as a *segulah* (remedy) for an easy childbirth.[21] She recites a special *tefillah* at that time (see footnote for the *tefillah*).

g. Chanukah

One should make an extra effort to increase his contributions of *tzedakah* money during the holiday of Chanukah.[22]

---

18. שם במ״ב שברא מזכה לאבא. וע׳ בשו״ת הרשב״א ח״ה סי׳ מ״ט.

19. מטה אפרים סי׳ תרכ״ה סע׳ כ״א וכן הוא בשערי תשובה סי׳ תרכ״ה סע׳ א׳, ובספר מחזיק ברכה סי׳ תרכ״ה אות א׳. וכן איתא בספר של״ה מסכת סוכה עמוד השלום.

20. ספר מועד לכל חי סי׳ כ״ד אות כ״ג וע׳ שם דברים של סוד.

21. מטה אפרים סי׳ תר״ס סע׳ ו׳. וזה נוסח התפלה: ״רבונו של עולם בשביל חוה שהיא אכלה מעץ הדעת גרם אותו חטא מיתה בעולם ואם הייתי באותו זמן לא הייתי אוכלת ולא הייתי נהנית ממנו שלא רציתי לפסול אתרוג זה בז׳ ימי החג שעברו. והיום שפסלתי אין בו מצוה וכשם שיש לי הנאה בפיטום זה כך הייתי נהנה לראות עץ הדעת שאמר הקב״ה לאדם וחוה לא תאכל ולא הייתי עוברת את ציויו ותקבלני ברצון את תפלתי ואת תחינתי שלא אמות מלידה זו. ותושיעני לילד בנחת ובלי צער, ולא יהיה לי ולא לולדי שום נזק כי אתה האל המושיע״.

22. קצשו״ע סי׳ קל״ט סע׳ א׳. וע׳ במ״א סי׳ תר״ע בריש דבריו וכן במ״ב שם ס״ק א׳. וע״ש בפמ״ג בא״א ס״ק א׳ הטעם.

h. Purim

There is a special mitzvah to give *matanos la'evyonim*, gifts to the poor, on Purim. One fulfills this by giving to two indigents — each receives an amount no less than a *shaveh perutah*.[23] This mitzvah is in addition to the requirement of *tzedakah*, as discussed later.

On Purim, the mitzvah of *tzedakah* itself takes on a new dimension: Even though throughout the year one should verify that the poor person asking for help is genuine, on Purim one should **not** do this but rather give to anybody who requests help.[24]

i. Before Pesach

There is a custom to give flour or money to purchase flour — *ma'os chittim* — before Pesach, in order that the poor people should have food for the *Yom Tov*.[25] One of the reasons why the Rabbis instituted this custom, especially prior to Pesach, is that Pesach is a holiday of freedom and most people are at home with their families celebrating *Yom Tov* and it is not proper and honorable to Hashem that there should be hungry people at that time. Therefore, we give the poor enough food for Pesach so that they may celebrate with *simchah*.[26]

---

23. שו״ע או״ח סי׳ תרצ״ד סע׳ א׳.

24. שו״ע או״ח סי׳ תרצ״ד סע׳ ג׳. וע׳ בדברי הרמב״ם הל׳ מגילה פ״ב הלכה י״ז וז״ל, מוטב לאדם להרבות במתנות אביונים מלהרבות בסעודתו ובשלוח מנות לרעיו. שאין שם שמחה גדולה ומפוארה אלא לשמח לב עניים ויתומים ואלמנות וגרים, שהמשמח לב האמללים האלו דומה לשכינה, שנאמר להחיות רוח שפלים ולהחיות לב נדכאים, עכ״ל.

25. רמ״א או״ח סי׳ תכ״ט מנהג לקנות חטים לחלקן לעניים לצורך הפסח, וע׳ במ״ב שם ס״ק ד׳.

26. שם בשעה״צ ס״ק י׳ וע׳ שם עוד טעם. וזה כמו שכתב הרמב״ם הלכות יו״ט פרק ו׳ הלכה י״ח וז״ל, . . .וכשהוא אוכל ושותה חייב להאכיל לגר ליתום ולאלמנה עם שאר העניים האמללים, אבל מי שנועל דלתות חצרו ואוכל ושותה הוא ובניו ואשתו ואינו מאכיל ומשקה לעניים ולמרי נפש אין זו שמחת מצוה אלא שמחת כריסו וכו׳, עכ״ל. וע׳ פ׳ רש״י דברים ט״ז: י״א. וע׳ בחכמת שלמה על שו״ע סי׳ תכ״ט שכתב טעם אחר במנהג זה, וז״ל, נראה לי טעם נכון בעזה״י למנהג זה, כיון דנתקן לומר בכהא לחמא כל דכפין ייתי ויכול והרי באמת אם יבוא עני ולא יתנו לו הוי כדובר שקרים לפניו יתברך, לכן נתקן

j. *Taanis* — Fast Days

One should make sure to give some *tzedakah* on the day of a *taanis*. Others have the custom to give an amount equal to the value of the food they would have eaten had it not been a *taanis*.[27]

k. Tishah B'Av — The Ninth of Av

Even though one is not permitted to give money or gifts to one's friends on Tishah B'Av, it is understood that this does not apply to *tzedakah*.[28] Furthermore, the custom **is** to distribute *tzedakah* to the poor on Tishah B'Av and one should make an attempt to do so.[29]

ליתן לעניים מעות חטים א״כ אח״כ כשיבוא העני יאמרו לו אני לא אמרתי רק כל דכפין ייתי ויכול אבל אתה אינך דיכפין כי כבר נתתי לך מעות חטים ואם אתה הוצאת המעות על דבר אחר אתה גרמת בעצמך ולא יהיה דובר שקרים לפני הקב״ה וא״ש וזה נראה לי טעם נכון ודוק היטב, עכ״ל.

27. מ״ב או״ח סי׳ תקס״ו ס״ק י״ב ע״פ הגמרא ברכות ו׳ ב׳, אגרא דתעניתא צדקתא. ופירש״י שנותנים צדקה לערב לפרנסת העניים שהתענו היום. וע׳ תוס׳ מסכת מגילה כ״א א׳, בד״ה הקורא. וע׳ בגמ׳ סנהדרין ל״ה א׳. וכ״כ המט״א סי׳ תר״ב סע׳ כ״א וכה״ח סי׳ תקנ״ד ס״ק צ״א. וע׳ במט״א שם סע׳ כ״ג, וכן כתב בס׳ ליקוטי מהרי״ח עניני תמוז דף מט:.

28. כף החיים או״ח סי׳ תקנ״ד ס״ק צ״א.

29. שם, וע׳ בספר מועד לכל חי סי׳ י׳ סע׳ ס״ח וכתב הטעם וז״ל, . . .וגם כי הגלות היה בעבור שגזלו מתנות עניים, כמו שכתב במדרש על הפסוק גלתה יהודה מעוני, לכן כדי לתקן עון זה יש לנו להרבות בצדקה וכו׳ ומה גם כי אמרו רבותינו זכרונם לברכה, דאין ירושלים נפדית אלא בצדקה, וגדולה צדקה שמקרבת הגאולה, ולכן יש לנו להרבות בצדקה כהיום הזה, וכן נהגו עם בני ישראל בכל המקומות להרבות צדקה לעניים ולתלמידי חכמים ביום תשעה באב, והוא סגולה נפלאה לכפר עונות, וגם לקרב הגאולה וכו׳ ומה גם כי יש עילוי גדול לשכינה בנתינת צדקה בימים אלו וכו׳. עוד נראה להביא סמך לתת ולהרבות בצדקה לעניים בתשעה באב, יען אמרו רבותינו זכרונם לברכה במדרש רבה סדר אמור פרק כ״ו סע׳ ח׳, ותנחומא שם, ובמדרש איכה על הפסוק ממרום שלח אש בעצמותי, שאמרו שש שנים היו הגחלים ביד גבריאל סבור אולי שישראל עושין תשובה, וכיון שלא עשו תשובה ביקש לזרקן ולקעקע ביצתן, אמר לו הקדוש ברוך הוא: גבריאל גבריאל יש בהם בני אדם שעושין צדקה אלו עם אלו, שנאמר וירא לכרובים תבנית יד אדם, אמר רבי אבא בשם ר״ב מי מעמיד העליונים והתחתונים? הצדקה שעושין ביד, יעוין שם. הרי שאפילו בעת חורבן בית המקדש, הקדוש ברוך הוא ברוגז רחם תזכור בזכות הצדקה להותיר לנו שריד, לכן מן הראוי לעשות צדקה וחסד כהיום הזה והוא ברור וכו׳, עכ״ל.

E. Giving the Poor in Sufficient Time Before Shabbos and *Yom Tov*

When one gives *tzedakah* to the poor prior to Shabbos or *Yom Tov*, one should not give it to them the day before since they will not have sufficient time to properly prepare. Rather, the money should be given early enough in the week so that they will be able to purchase and prepare the food prior to Shabbos and *Yom Tov*.[30] The only exception to this is the mitzvah of *matanos la'evyonim*, gifts to the poor on Purim, when the mitzvah is to distribute the money on Purim.[31]

F. Other General Times

a. Delaying a Meal

One should be careful when inviting indigents as guests on Shabbos and *Yom Tov* to make sure not to delay the meal as this may be a problem of *bal t'acher* (בַּל תְּאַחֵר) — delaying in keeping one's vows — since they are prepared to have the meal right away.[32]

When a person invites indigents to be guests at his meals he should give them from the choicest foods.[33]

b. Setting Food Aside for an Indigent

There is a custom to set aside some food from one's meal.[34]

---

30. ספר יוסף אומץ דף 312-311 דכשנותן לעני קודם השבת וקודם הרגל פשוט דצריך ליתנו להם בזמן שיכולים לקנות הדברים שצריכים ולא סמוך ליו"ט עצמו.

31. שו"ע או"ח סי' תרצ"ד.

32. כן נראה מדברי המ"ב בסי' תרל"ט בשעה"צ ס"ק ס"ז. וע' בשו"ת דבר אברהם ח"ב סע' ב' בהערה שהביא שכך שמע בשם מרן החפץ חיים.

33. מ"ב או"ח סי' ק"פ ס"ק ג' בשם השל"ה, וז"ל, דראוי ונכון שיתן להעני הטוב שבשולחן ובפרט אם הוא עני חשוב שמזה יראה לו שמקבלו בסבר פנים יפות. ומשבח אני את הקהילות שמחזיקין לומדים בחורים על שלחנם כל השנה כאחד מבניהם ובזה יוצא הבעה"ב בשני דברים מצות חלק עניים וגם מצות דברי תורה על השלחן, דסתם בחור כזה עני הוא וגם ידבר בדברי תורה על השלחן ובודאי מה שנאכל על השלחן שחרית וערבית נחשב כשני תמידין, עכ"ל.

34. גמ' סנהדרין צ"ב ב', כל מי שאינו משייר פת על שלחנו אינו רואה סימן ברכה לעולם. ועפ"ז פסק השו"ע או"ח סי' ק"פ סע' ב'.

One of the reasons is to have food available in case a poor person should come.[35]

c. Time of Distress

One is encouraged to make a vow to give *tzedakah* at a time when he is in great danger or distress. This is discussed more fully in Chapter Eight, section C.

d. One Who Experienced a Miracle

One who experienced a *neis* (miracle) should separate some money and give it to *tzedakah* to help those who are learning Torah. He should recite the following: "יְהִי רָצוֹן שֶׁיְּהֵא נֶחְשָׁב בִּמְקוֹם תּוֹדָה שֶׁהָיִיתִי חַיָּב בִּזְמַן הַמִּקְדָּשׁ" — "It should be the will (of Hashem) that this money should be in place of a *korban Todah,* thanksgiving offering, that I would have been obligated to bring during the time of the Temple."[36]

e. Day of One's Wedding

One should make an extra effort to give *tzedakah* to the poor on the day of his marriage.[37]

f. Beginning of Pregnancy

Some have the custom that for the first forty days of a pregnancy they give some *tzedakah* to the *tzedakah* of Rabbi Meir Baal HaNeis. At the time of giving the *tzedakah* one should say, "אֱלָקָא דְמֵאִיר עֲנֵנִי" — "The God of Meir, answer me."[38]

g. End of Pregnancy

Some have the custom that when a woman enters the ninth month of her pregnancy she should give some *tzedakah.*[39]

---

35. ע׳ במ״ב שם ס״ק ב׳.

36. מ״ב או״ח סי׳ ר״ח ס״ק ל״ב. וע׳ בספר מעשה איש, תולדות חייו והנהגותיו של החזו״א, ח״ד עמוד ק״נ.

37. ספר נשואין כהלכתה פרק ו׳ סע׳ נ״ד בשם הספר שלחן העזר ח״ב דף י״ח טור א׳ בשם מדרש תלפיות.

38. ספר עבודת הקודש להחיד״א בכף אחת ס״ק ג׳ ובזכות זה נולד לה זכר.

39. של״ה מסכת תמיד פרק נר מצוה סע׳ קל״ו.

h. Praying for Upstanding Children

There is a time-honored custom that on *Erev Rosh Chodesh Sivan* one *davens* that he should have upstanding children. Besides *davening* one should also give *tzedakah* to the poor as a merit for this request.[40]

i. To Help Oneself Understand Torah

If one is having difficulty comprehending something in learning, besides *davening* for understanding, an additional merit to achieve this is by giving *tzedakah.*[41]

j. Prior to Passing On

One should be sure to designate and give money to *tzedakah* prior to passing away. Even though one may ask his children to take care of this for him, it is preferable to do it himself so that he knows for certain it is done.[42]

k. At a Funeral

Some have the custom to give out *tzedakah* at the time of a funeral.[43] (One should recite the text which is mentioned in the footnote.)

l. Day of *Yartzeit*

Some have the custom to increase their *tzedakah* giving on the day of the *yartzeit* of a parent.[44]

m. Dropped *Tefillin*

One who dropped his *tefillin* while the *tefillin* were in their bag should give some *tzedakah* to atone for it.[45] If the *tefillin* were **not** in their bag when they fell it is a more serious situation and one should consult a *Rav.*

---

40. של״ה מסכת תמיד פרק נר מצוה סע׳ קל״ב. וע׳ שם נוסח התפילה.

41. כך כתב החיד״א בספר חדרי בטן על התורה בעינן שבת זכור ועניני פורים בדף קס״א.

42. ע׳ בספר של״ה למסכת מגילה בפרק דרך חיים תורת מוסר סע׳ ס״א שיתן צדקה בעודו בריא קודם שימות. וע׳ בספר אהבת חסד ח״ג פרק ג׳ בסוף ובפרק ד׳ הרבה בעינן זה. וגם ע׳ בספר גשר החיים פרק י״ב סי׳ ד׳ סע׳ ו׳.

43. ע׳ ספר זכרון מאיר על הלכות אבילות חלק א׳ פרק י״ז סי׳ ב׳ אות י״ב מראה מקומות לזה. וזה נוסח התפילה: ״הנני נותן צדקה זה לעילוי נשמת פב״פ שיצילה הקב״ה מכל פורעניות, ותזכה לעלות למעלות הצדיקים״.

44. ע׳ ספר פני ברוך סימן ל״ט סע׳ ל״ד.

45. מ״ב או״ח סי׳ מ׳ ס״ק ג׳ בשם הא״ר.

7 / Exceptions to Takanas Usha

We have previously established in Chapter One that one is not permitted to give more than one-fifth of his money to *tzedakah* (*Takanas Usha*).

◆§ Takanas Usha — Definition

From the time of the destruction of the second *Beis HaMikdash* the *Sanhedrin* (Jewish Supreme Court) went through ten exiles.[1] Two of the exiles were in a city called Usha. During the period that the *Sanhedrin* were in Usha, they re-enacted certain laws that had been forgotten over the years, yet were integral to Jewish life.[2] One of these laws was the placement of a cap on the amount one may contribute to *tzedakah*. The reason for this law was to insure that a Jew would not become impoverished by overextending himself when giving *tzedakah*. There are, however, notable exceptions to this rule. What follows is an explanation of twelve such exceptions.[3]

---

1. ע׳ גמרא ראש השנה ל״א א׳, אמר רב יהודה בר אידי א״ר יוחנן עשר מסעות נסעה שכינה מקראי וכנגדן גלתה סנהדרין מגמרא עשר מסעות. . ..וכנגדן גלתה סנהדרין מגמרא מלשכת הגזית לחנות ומחנות לירושלים ומירושלים ליבנה ומיבנה לאושא ומאושא ליבנה ומיבנה לאושא ומאושא לשפרעם ומשפרעם לבית שערים ומבית שערים לצפורי ומצפורי לטבריא וכו׳. . .

2. ע׳ ירושלמי פאה ג׳ א׳.

3. ע׳ ספר דרך אמונה הלכות מתנות עניים פרק ז׳ בציון ההלכה ס״ק נ׳ שכתב ששמע שמרן החזו״א זצ״ל נתן הרבה יותר מחומש והוא מסתמא מהטעמים הללו.

ולענין אי האיסור של אל יבזבז אדם יותר מחומש הוא איסור דאורייתא או דרבנן, ע׳ ספר יפה ללב ח״ג סי׳ רמ״ט אות ב׳ בד״ה ומה שהכריח. וע׳ בירושלמי פאה פרק א הלכה א דתקנת אושא הלכה למשה מסיני אלא ששכחו וחזרו ויסדוה. וכן כתב בשו״ת מהר״ם שי״ק יו״ד סי׳ ר״ל בד״ה מ״מ, ודלא כשו״ת חת״ס יו״ד סי׳ רכ״ט. וע׳ שם בד״ה ומה שהקשה. וע׳ שנות אליהו פאה פרק א משנה א דאיסור זה הוי מדאורייתא. וע׳ בשו״ת אג״מ יו״ד ח״א סי׳ קמ״ג ד״ה ובדבר אם תקנת אושא. ובשו״ת מנחת יצחק ח״ה סי׳ ל״ד

A. *Kodem Moso* — Prior to a Person Passing Away

One is permitted to give away more than one-fifth of one's wealth prior to passing away.[4] The reason is that at that stage of life one does not have to worry about needing money. However, one should ensure that his immediate family's needs are provided for.

There is a dispute among the *Poskim* as to how much more than a fifth one may give away. Some *Poskim* hold that one may only give away up to a third of his wealth.[5] Others maintain that one can give away up to one-half of his wealth.[6] Still others are of the opinion that one may even give away all of one's money as a merit for his soul.[7] However, the general consensus of *Poskim* is that one should not give away *all* of his money but rather leave some for his wife and children.[8]

אות ב׳. וע׳ בקונטרס קול התורה חוברת לט דף פ״ו מהגרש״ז אויערבאך זצ״ל שאלה א׳, דמעשר הוא חיוב מדינה. ובנידון אם הדין של תקנת אושא הוא גם אם עובד בעד העני ע׳ שו״ת מהרי״ל דיסקין סי׳ כ״ד.

4. ע״פ הגמרא כתובות ס״ז ב׳, כי קא נח נפשיה (דמר עוקבא) אמר אייתי לי חושבנאי דצדקה, אשכח דהוה כתבי ביה שבעת אלפי דינרי סיאנקי. אמר זוודאי קלילי ואורחא רחיקתא קם בזבזיה לפלגיה ממוניה, היכי עביד הכי והאמר ר׳ אילעאי באושא התקינו המבזבז אל יבזבז יותר מחומש, הני מילי מחיים שמא ירד מנכסיו אבל לאחר מיתה לית לן בה.

5. הגהות רע״א על שו״ע יו״ד סי׳ רמ״ט שהביא מהשאלתות פרשה תרומה דהוי שליש.

6. ארחות חיים לר׳ אהרן הכהן מלוניל סי׳ ל״ד דף ת״מ. וכן פסק הערוך השולחן יו״ד סי׳ רמ״ט ס״ק א׳. וע׳ בספר ברכ״י יו״ד סי׳ רמ״ט ס״ק ט״ו שהביא ב׳ דיעות וכן הוא באהבת חסד ח״ב פרק כ׳ סע׳ א׳. וכן כתב החכמ״א כלל קמ״ד סע׳ י״ב וסיים שם וז״ל וכתב שם הגאון ר״י ברלין אילו ראה רמ״א דברי השאלתות ודאי היה כותב כן, עכ״ל. וע׳ עוד בזה בספר מנחת פתים.

7. רמ״א יו״ד סי׳ רמ״ט סע׳ א׳. וע׳ שו״ת דברי מלכיאל חו״מ ח״א סי׳ ק״ב אות א׳.

8. כדכתבו הפוסקים. וע׳ בספר אהבת חסד חלק שני פרק י״ד בהגה״ה וז״ל, יש רעה חולה ראיתי תחת השמש ורבה היא על האדם כי איש אשר לא נתן לו האלהים עושר ונכסים ונפשו לא תשבע מן הטובה בעוה״ב, דהיינו דבשעת מיתתו שאף שעוזב חילו לאחרים ולא ישא בידו מאומה, עם כל זה גם בעת ההיא ממונו חביב עליו יותר מנשמתו הענייה והאומללה, ואינו נותן לה די מחסורה אשר יחסר לה שאינה מפזר ממונו לצדקות ולהקדשות מתנה מרובה והגונה רפים גמלא שיחנא כדי שתלך צדקתו לפניו לשמרו בדרך מכל אותן כיתות מלאכי חבלה ומכל אותן חיילות של מלאכי אף וחימה ומשחית אשר

B. *Ashir Muflag* — One Who Is Very Wealthy

There is a dispute among the *Poskim* as to whether one who is very wealthy is allowed to give more than a fifth. Most *Poskim* maintain that one may do so.[9] Rabbi Moshe Feinstein was of the opinion that even a very wealthy individual should not give away more than one-fifth, since the possibility of becoming poor still applies to him.[10]

כל האויר שמן הארץ עד לרקיע מלא מהן, ובהכרח צריכה נשמתו לעבור בין כל אותן החיילות וכוחות הטומאה ופוגעין בה ומעכבין עליה את הדרך ומצערין אותה בכל מיני עינויים וצער ר״ל, ואז יצטרך שצדק לפניו יהלך לשמרו בדרך ולהביאנו אל המקום אשר הכין לו, והרבה מבני אדם אינם משימין לב ע״ז בחייהם ובמותם כשנפרדו. הוי סכל הוי אויל זכור נא למי היית עמל וטורח כל ימיך הלא על עולם שאינו שלך, ועתה גם עתה בצאת נפשך כי תמות ותוכל לקנות עולמך בשעה אחת ושכר הרבה מאוד ינתן לו ע״י ממונך עם כל זה אינך רוצה לחסר אותו אף כי איש נכרי יאכלנו ולאשר לא עמל בו תתננו בע״כ ומאומה לא תשא בידך. היש דבר זר ורחוק בעולם כזה? וכי תאמר בלבבך שעשית צדקות בחייך חדל לך מזה כי במה נחשב הוא ואין הקומץ משביע כי בודאי אין זה מספיק למרחק רב הדרך שתלך... כי מה יתן ומה יוסיף זה שלמות לנשמתו העלובה כשיניח לבניו כל טרחו וכל מאודו, והוא יהא מושלך בבור תחתית ובעפר יסודו ולמשחית נהפך הודו. והם ישבו בבתיו הגדולים והטובים ובעליות מרווחים בקול זמרה ושבחים והוא ישב בדד וידום ביליל וגנוחים. ויוריד לארץ ראשו ביגון ובקול בוכים וישכון בין קמוש וחוחים, הם ממנונו אוכלים למעדנים והוא עפר לחמו... ע״כ כל שנתן לו האלהים חכמה ודעת זאת ישיב אל לבו ואם אין הוא לו מי לו ואם לא עכשיו אימתי כי אין מעשה בשאול אשר הוא הולך שמה. ע״כ אין דוחין נפש מפני נפש דהיינו נפשו מפני נפשות ביתו ושיניח הכל ליורשיו וטוב אשר תאחוז בזה וגם מזה אל תנח ידיך כי ירא האלהים יצא את כולם ולבזבז הרבה והרבה מממונו והשאר יניח לבניו כדי שיהיה לו ג״כ נחת רוח וטובה מממונו, ויקח עמו לבית מלונו לצורך פרנסתו ומזונו כי רב ממנו הדרך...״ עכ״ל. וע׳ בשו״ת אג״מ חו״מ ח״ב סי׳ נ׳ שעינן חשוב ליתן מממונו קודם מיתתו לכפרת עונותיו.

9. כ״כ החכמ״א כלל קמ״ד ס״ק י׳ דמותר לבזבז יותר מחומש, והטעם מפני שהחכמים לא אסרו על איש כזה. וכן כתב החפץ חיים באהבת חסד ח״ב פרק כ׳ אות א׳. וכן כתב בשו״ת שאילת יעבץ סוף סי׳ ג׳ בסוף ד״ה ואמנם, דגם משמע בטור ושו״ע שהדין שלא לבזבז יותר מחומש הוא רק באיש בינוני ולא במופלג בעשירות. וכן משמע בספר שבילי דוד ליו״ד סי׳ רמ״ט סע׳ א׳, ובספר יפה ללב יו״ד ח״ג סי׳ רמ״ט אות ז׳ ד״ה ועל מש״כ. וכן העלה למעשה בשו״ת מנחת יצחק ח״ה סי׳ ל״ד אות ב׳, ובשו״ת שבט הלוי יו״ד ח״א סי׳ קכ״א אלא שהוא סובר דזה מותר דוקא היכא שיש עניי קמאי. וע׳ בשו״ת תשובה מאהבה סי׳ רפ״ד.

10. כך מבואר בשו״ת אג״מ יו״ד ח״א סי׳ קל״ג בד״ה ובדבר אם, דרק לפיקוח נפש מותר. וכבר הקשה עליו בשו״ת מנחת יצחק הנ״ל. וכן סובר הגאון רב מאיר אריק בספר מנחת פתים בסי׳ רמ״ט סע׳ א׳ שאסור. וע׳ גם ספר משרת משה על הרמב״ם הל׳ מתנות עניים פ״ז דף עב עמוד א׳ סוד״ה ומה שהביא, שג״כ כתב לאסור.

C. *Aniyei Kamai* — If Poor People Are Presently in Front of You

As we have previously established in Chapter One, there are some *Poskim* who maintain that when poor people are commonplace, one who can afford to would be obligated to give one-fifth of his money to *tzedakah.* Others hold that this is praiseworthy, not obligatory. The majority of *Poskim* are of the opinion that in a case where poor people are in front of you (*aniyei kamai*), one would be allowed to give away even more than one-fifth of his money.[11]

D. *Pikuach Nefesh* — Saving an Endangered Life

If an indigent is in a situation where he is in danger of dying because of a lack of food, not only is one allowed to give him more than one-fifth, he is obligated to do so. Of course, in such a situation one would be obligated to help the individual even if he is not an indigent.[12]

E. *Talmud Torah* — Supporting Torah Institutions and Torah Scholars

The crucial importance of the Torah is a well-known fact, and even more important are the individuals who devote their lives to learning and disseminating the Torah. Therefore, since Torah is such an integral aspect of the Jewish people's lives, according to many *Poskim* one would be allowed to give even *more* than

---

11. אהבת חסד ח״ב פרק כ׳ אות ב׳. ולמד הלכה זה מהרמב״ם בפירוש המשניות ריש מסכת פאה דבעניים קמאי מותר וגם ראוי׳ ליתן יותר מחומש. וכן מבואר בספר ברכי יוסף סי׳ רמ״ט סע׳ א׳, דאם קיימי עניים יש חסידות לפזר יותר מחומש. וכן פסק בשו״ת בי״ד של שלמה יו״ד סי׳ א׳ דף 112 בד״ה המורם מזה. וע׳ לעיל בפרק א׳ ציון 20.

12. פשוט, וגם יש חיוב כמו שכתב הח״ח באהבת חסד ח״ב פרק כ׳. וכן הוא בשאילת יעבץ סוף סי׳ ג׳ ד״ה ועוד נ״ל שכתב וז״ל דכשיש עניים עטופים ברעב שיש לחוש שימותו ברעבון אפילו מי שאין לו אלא כדי פרנסתו צריך לחלק להם מה שבידו ולא ישאר לעצמו רק כדי חייו עד שיגיע למקום שישראל מצויים שיפרנסוהו אף שיצטרך לחזור על הפתחים אפילו לכו״ע, שלימד חייך קודמין דוק ותשכח עכ״ל. וכן הוא בספר ערוך השולחן סי׳ רמ״ט סוף ס״ק ה׳. וע׳ בספר צדקה ומשפט פרק א׳ הערה כ״ג בד״ה מיהו, שהביא שכן העיר לו הגרש״ז איוערבאך זצ״ל. וכן כתב בשו״ת אג״מ יו״ד ח״א סי׳ קמ״ג בסוף התשובה.

one-fifth of his possessions to support Torah institutions and Torah scholars.[13]

F. Steady Income

There is an opinion that an individual who has a job or a steady income that he is not in danger of losing, and after paying all his expenses has extra money, may give those funds to *tzedakah* even though they exceed one-fifth of his earnings. The reason is that we are not afraid he will become poor since he has a steady job or income.[14]

G. Redeeming Captives — *Pidyon Shevuyim*

One is permitted and even praised if he spends more than one-fifth of his wealth to redeem captives.[15]

H. Money Not Earned

There are some *Poskim* who are of the opinion that one may give more than one-fifth of unearned money to *tzedakah*. For example, one who found a large sum of money and was unsuccessful in returning it to the rightful owner, thereby enabling him to keep the money, or if one were to win a raffle or lottery, a portion or the entire amount may be given to *tzedakah*. This applies even if it would amount to more than one-fifth.[16]

---

13. כן כתב החפץ חיים באהבת חסד שלו ח״ב פרק כ׳ ס״ק ד׳ על פי השיטה מקובצת כתובות נ׳ א׳, שכתב להסביר הדין של אל יבזבז יותר מחומש, דמכל מקום אם עבר ופזר צדקתו עומדת לעד פירוש דלעולם יהיה לו ממון כדי לעשות צדקה ולא יחסר לו, ויש לנו לחלק דלא אמרינן הכי אלא לתלמוד תורה. וע׳ שם עוד באהבת חסד הנ״ל שהביא אריכות במעלת התורה והחזקתה. וכן סובר השו״ת אג״מ יו״ד ח״א סי׳ קמ״ג אות ב׳ סוד״ה עד חומש. וכן הוא בשו״ת די השב יו״ד סי׳ י״א, ובספר יפה ללב ח״ג יו״ד סי׳ רמ״ט אות ב׳ סוד״ה עד חומש.

14. אהבת חסד ח״ב פרק כ׳ ס״ק ג׳.

15. ערוך השולחן סי׳ רמ״ט סוף ס״ק ה׳, אהבת חסד ח״ב פרק כ׳ ס״ק ב׳ וכן הוא בשו״ת בי״ד של שלמה יו״ד ח״א סי׳ א׳ דף 112 בד״ה המורם בזה.

16. כ״כ בשו״ת מנחת אלעזר ח״ג סי׳ ס״א. ולכאורה דבריו ע״פ דברי רבינו חננאל בב״ק ט׳ ב׳, שכתב שם וז״ל אבל אם זימן לו הקב״ה ממון שלא מיגיעו ובקש להדר המצוה ביותר משליש הרשות בידו. וע׳ בספר רביד הזהב פרשת ויצא על הפסוק עשר אעשרנו שהוא דיבר על הענין של אל יבזבז יותר מחומש, והוא כתב וז״ל נראה דכוונתו ע״י יגיעה ופעולה ריוח גדול, אבל אין סברא באומר אם ימצא מציאה למה לא ינדור אף יותר ויותר ואין

I. Atonement for One's Sins

As we will learn later, it is a *segulah* for one who wants to atone for *aveiros* to give money to *tzedakah* as a merit for himself. As we say in the *Yomim Noraim Tefillos*: "וּתְשׁוּבָה וּתְפִלָּה וּצְדָקָה מַעֲבִירִין אֶת רֹעַ הַגְּזֵרָה" — "Through repentance, praying and giving charity one can remove an evil decree." Therefore, even one who has already given one-fifth from his earnings to *tzedakah* may give more as a means of achieving forgiveness. It is no different than one who is sick and will spend as much of his money as necessary in order to fully recover. Similarly, one who is spiritually "sick" and wants to improve may spend as much as he wants as a merit for attaining forgiveness.[17]

J. Giving the Poor Their Bare Necessities

One would be allowed to provide the poor with their bare necessities even if it is more than a fifth of one's money.[18]

K. One Who Wastes Money

One who is not careful with how he spends his money and wastes it on things which are not important has no license **not** to give more than one-fifth to *tzedakah* when there are poor people in need. The reason is that since he demonstrates by the

---

זה מבזבז משלו כי אם משלך יתנו לך, עכ״ל. ומבואר מדבריו דאם זכה לממון שלא ע״י יגיעה דיכול ליתן כמה שירצה לצדקה ולא לחשוש לאל יבזבז יותר מחומש. וע׳ בשו״ת פני מבין יו״ד סי׳ שי״ד שאוסר.

17. שו״ת מנחת אלעזר ח״ד סי׳ מ״ו, וז״ל אמנם נודעו דברי הגה״ק בעל התניא בליקוטי אמרים באגה״ק ס׳ י׳ דמ״ש המבזבז יותר מחומש דוקא במי שלא חטא או שתיקן חטאיו בסיגופים ותענית כראוי ותיקן כל הפגמים למעלה, אבל מי שצריך לתקן נפשו פשיטא דלא גרעה רפואת הנפש מרפואת הגוף שאין כסף נחשב וכל אשר לאיש יתן בעד נפשו כתיב עכל״ה, וכ״כ זקיני הגה״ק בספר אגרא דפרקא אות קי״ז ע״ש ובשארי ספה״ק, עכ״ל. וכן הוא בשו״ת שבט הלוי יו״ד ח״א סי׳ קכ״ה בהשמטות ליו״ד סי׳ רמ״ט סע׳ א׳. וכן כתב בספר מטה אפרים סי׳ תר״ז באלף המגן ס״ק א׳. וע׳ בפירוש משנה ראשונה פאה א: א, הובא בספר דרך אמונה פ״ז ס״ק כ״ו דמי שנותן לכפרה על חטאיו מותר ליתן יותר דכל אשר לאיש יתן בעד נפשו. ואח״כ ראיתי בשו״ת דברי מלכיאל ח״א חו״מ סי׳ ק״ב אות א׳ דצדקה דומה לרפואה ויכול ליתן כל מה שרוצה בעד נפשו. ע״ש. וע׳ בשו״ת אג״מ או״ח ח״א סי׳ קע״ה בד״ה ואם. וע׳ בפירוש הגר״א משלי ו: ל״ה.

18. כן משמע בשאילת יעבץ סי׳ ג׳ בד״ה ואמנם.

way he spends his money that he is not afraid of losing it, he cannot rely on that excuse not to give *tzedakah.*[19]

L. Yissachar and Zevulun Partnership

Two of the twelve children of Yaakov were Yissachar and Zevulun. Yissachar was the Torah scholar and Zevulun was the businessman. They had an agreement that Yissachar would dedicate himself to the full-time study of Torah while Zevulun would fully support him.

This type of business arrangement exists today whereby two people agree that one will dedicate himself to the study of Torah while the other will completely support him. There are *Poskim* who hold that if one entered into a partnership of "Yissachar and Zevulun" with an indigent who is sitting and learning, one would be permitted to give him even more than one-fifth of his earnings.[20]

Summary

In summation, we find that the *takanah* (regulation) that one should not give more than one-fifth of his money to *tzedakah* is not a rigid one. Under many circumstances one is permitted, and at times even encouraged and obligated, to give more than one-fifth to *tzedakah.* It is always advisable to discuss with one's *Rav* how one should conduct himself.[21]

---

19. בספר דרך אמונה פ״ז מהל׳ מתנות עניים ס״ק כ״ו כתב זה בשם החי״ח באהבת חסד ח״ב פרק כ׳ ס״ק ב׳.

20. בעינן יששכר וזבולון ע׳ דברי רמ״א שו״ע יו״ד ס׳ רמ״ו, שו״ת אג״מ יו״ד ח״ד ס׳ ל״ז, שו״ת מנחת יצחק ח״ו סי׳ ק׳ וח״ח סי׳ פ״א ובשו״ת מנחת צבי ח״ג סי׳ י׳, ובקונטרס קול התורה חוברת ל״ט דף צ״ד סימן ו׳, ובספר יששכר וזבולון ובספר חיי משה חלק יו״ד פרק ד׳ החזקת התורה ולומדיה, מסע׳ י״ג עד סע׳ ל׳ שהביא הרבה מראה מקומות לעינן זה.

21. ע׳ ספר ראשון לציון יו״ד סי׳ רמ״ז סע׳ ב׳ שכתב על לשון השו״ע דלעולם אין אדם מעני מן הצדקה וז״ל הכוונה הגם שיתן יותר ממעשר כאמור לעיל אפ״ה לא ירא מעניו, והגם דכתב הרמ״א סי׳ רמ״ט סע׳ א׳ דהמבזבז אל יבזבז יותר מחומש נראה דהתם מיירי דאין דוחק לעניים כל כך ורוצה לבזבז לא חייבתו תורה לתת יותר ממעשר. א״נ חומש כיון דאשכחן יעקב אבינו שנתן חומש, אבל כאן כשהעניים בדוחק מצוה עליו לרחם ביותר מהשיעור, ואל ירא משום דבר רע ח״ו כי אם ברכת שלם. וע׳ גמ׳ סוכה מ״א ב׳, מעשה בר״ג שקנה אתרוג באלף זוז. וע׳ בב״ח או״ח סי׳ תרנ״ו בד״ה גרסינן, שהסביר שבעד הנשיא מותר לבזבז אפילו יותר מחומש דכל צרכיו של הנשיא מוטל על הציבור ואפילו להעשירו ע״ש.

8 / Vows of Charity — Nidrei Tzedakah

◆§ Introduction

The Torah tells us: אִישׁ כִּי יִדֹּר נֶדֶר לַה׳ אוֹ הִשָּׁבַע שְׁבֻעָה לֶאְסֹר אִסָּר עַל נַפְשׁוֹ לֹא יַחֵל דְּבָרוֹ כְּכָל הַיֹּצֵא מִפִּיו יַעֲשֶׂה, "If a man makes a vow to Hashem or swears an oath to establish a prohibition upon himself, he shall not desecrate his word; according to whatever he said he shall do" (*Bamidbar* 30:3). The Torah gives one the right to take something that is permitted and prohibit it to himself. Even though one is normally not permitted to add anything to the Torah, through a *neder* (vow) one may do so. A vow is so powerful that one who has accepted a *neder* upon himself would violate both a positive command[1] and a negative command by not fulfilling it.[2]

In conjunction with the ability to make a *neder* is the means to annul a vow, through *she'eilas chacham* — going to a *chacham*, or to three individuals who are not necessarily *chachamim*, and having it revoked. This can be done in one of two ways: (1) *charatah* (חֲרָטָה) — regret, (2) *pesach* (פֶּתַח) — (literally: opening) a pretext for retracting a vow. *Charatah* is when one totally regrets ever making the vow; for example, if in a moment of anger one made a vow and now regrets it. *Pesach* is when we find an opening that allows us to rescind the vow. For example, in a case where one does not regret making the vow because it is something he really wants, but he did not realize how difficult it would be to keep the vow, and had he known this at the outset he would never have made the vow.

---

1. רמב״ם הל׳ נדרים פ״א הל׳ ד׳ מצות עשה לקיים נדרו שנאמר מוצא שפתיך תשמור ועשית כאשר נדרת. וגם נאמר ככל היוצא מפיו יעשה. וע׳ בספר המצות להרמב״ם מצוה צ״ד, ובסמ״ק מצוה פ״א.

2. ע׳ ברמב״ם בספר המצות מצוה קנ״ז שיש לא תעשה אם לא קיים נדרו שנאמר לא יחל דברו, דהיינו שלא יעשה דבריו חולין, כלומר אם חייב על עצמו דבר צריך שיקיים אותו. וע׳ בסמ״ג ל״ת סי׳ רמ״ב.

These two means of annulling vows are referred to as *hataras nedarim* (הַתָּרַת נְדָרִים).[3]

In this chapter we will discuss some common areas where *tzedakah* is affected by vows.

A. Vow of *Tzedakah*

Generally, when one makes a *neder*, he prohibits a permissible item to himself. For example, if one says, "I make a *neder* to prohibit this cookie to myself," it would constitute a vow and it is forbidden to him to eat that cookie.[4] On the other hand, if one were to only say, "I won't eat this cookie," he would still be permitted to eat it and this would not constitute a vow. Regarding *tzedakah*, however, different criteria apply. Simply by saying that he will give a certain sum of money to *tzedakah* would constitute a vow, even though the language normally utilized to make a *neder* was not employed. One would therefore be obligated to give that sum to *tzedakah*.[5] One who did not fulfill what he said would be violating a positive and negative command.[6]

B. Always Accept to Give *B'li Neder* (Without Making a Vow)

In order to avoid any and all problems of *nedarim* as they relate to *tzedakah*, the *Poskim* suggest that when accepting upon oneself to give *tzedakah* one should always say he is giving it only *b'li neder* (without making a vow), thereby

---

3. שו״ע יו״ד סי׳ רכ״ח ושם ביאר כל הפרטים.

4. שו״ע יו״ד סי׳ ר״ד.

5. ע׳ גמרא ר״ה דף ו׳ א׳, על הפסוק מוציא שפתיך תשמור ועשית כאשר נדרת לה׳ אלקך נדבה אשר נדרת בפיך (דברים כג: כד). וכתב הגמרא בפיך זו צדקה, דהיינו שאפילו באמירה לחוד מחויב ליתן צדקה. ועפ״ז פסק השו״ע סי׳ רנ״ז סע׳ ג׳ וז״ל הצדקה הרי היא בכלל הנדרים, לפיכך האומר הרי עלי סלע לצדקה או הרי זו צדקה חייב ליתנה לעניים מיד. וסוגיא זו תלוי אי אמרינן אמירתו לגבוה כמסירתו להדיוט בדין צדקה כמו שאמרינן בהקדש. ויש דיון בהראשונים והאחרונים בסוגיא זה, ע׳ שו״ע חו״מ סי׳ רי״ב סע׳ ח׳, ובשו״ת בית אפרים יו״ד סי׳ נ״ה ובספר מחנה אפרים הלכות צדקה סי׳ ב׳, קצה״ח סי׳ ס״ו ס״ק ב׳, שו״ת בית יצחק יו״ד ח״ב סי׳ פ׳, פ״א, פ״ב, פ״ה.

6. ע׳ ספר דרך אמונה הל׳ מתנות עניים פ״ח ס״ק ט׳.

avoiding any potential problems.[7]

According to some *Poskim* there is another way for one **not** to be obligated in giving *tzedakah,* even if he made a commitment. When one performs *hataras nedarim* (annulment of vows) on *Erev Rosh Hashanah* one gives notice that any possible vow he may make during the coming year, even a *neder* to perform a mitzvah, should **not** be considered a vow, and he should not be obligated to discharge it. Generally, we do not rely on this provision and if one makes a vow during the year and then wants to be released from it one must make *hataras nedarim* again. However, these *Poskim* maintain that one who becomes obligated in a vow of *tzedakah* by just saying that he will give *tzedakah* would be allowed to rely on his *hataras nedarim* of *Erev Rosh Hashanah* and would **not** be obligated in keeping that vow.[8]

It is important to note that even with saying *b'li neder,* one should nevertheless keep his word for the sake of being truthful.[9]

C. Avoid Making Vows

As we established one should avoid making vows.[10] A vow to give *tzedakah* is usually not an exception to this rule.[11]

---

7. שו״ע יו״ד סי׳ ר״ג סע׳ ד׳, קשו״ע סי׳ ס״ז סע׳ ב׳. חכמ״א כלל צ״א סע׳ ב׳, ערוה״ש סי׳ רנ״ז ס״ק ה׳, דרך אמונה פ״ח ס״ק א׳.

8. שו״ת מנחת שלמה ח״א סי׳ צ״א אות כ׳. והטעם בזה הוא דכיון שהוא בעצמו אינו רוצה בהנדר ואין כוונתו כלל לנדור, רק התורה עשאו דיבורו כמו נדר כדכתיב בפיך זו צדקה, ממילא בכה״ג שגילה דעתו בריש שתא שאינו רוצה בשום נדר, מהיכ״ת שהיא נדר אף כנגד תנאי זה. והביא הכי ג״כ משו״ת שלמת חיים ח״ב סי׳ ל״ח.

9. ספר שערי תשובה לרבינו יונה שער ג׳ סע׳ קפ״ג וכן ע׳ בשו״ע יו״ד סי׳ רנ״ח סע׳ י״ג בפירוש יד אברהם.

10. ע׳ ירושלמי ריש פ״ט דנדרים, אמר ר״א לא דייך במה שאסרה תורה אלא שאתה אוסר עליך דברים אחרים. וע׳ בגמ׳ נדרים דף כ״ב א׳, יש בוטה כמדקרות חרב ולשון חכמים מרפה (משלי יב: י״ח) ודריש הגמרא כל הבוטה (היינו נודר) ראוי לדוקרו בחרב. וע׳ שם בדף ט׳ א׳, כתיב טוב אשר לא תדור משתדור ולא תשלם (קהלת ה: ד) טוב מזה ומזה שאינו נודר כל עיקר דברי ר״מ. ר״י אומר טוב מזה ומזה נודר ומשלם.

11. כן הוא בראש פ״ק דנדרים אות ח׳ שכתב וז״ל, ושמעינן מהא דלא מיבעי ליה לכשר למינדר או לאישתבועי במידי אלא כדבעי למעבד מידי או אפילו למיתב זוזי לעניים ואפילו לפדיון שבוים וכיוצא בזה, אי איתא לההוא מידי בידיה ליתב ליה מיד ואי לא

However, there are certain exceptions as will be explained below.

a. To Inspire Others

One is permitted to make a vow to give *tzedakah* if by doing so other people will want to emulate him and also give *tzedakah*.[12] However, it is prohibited to publicly say that you intend to give *tzedakah* to induce another person to do likewise when you have no intention of actually giving.[13] One has to make sure that he honors his commitment.

b. Time of Danger or Distress

When faced with a dangerous situation — for example, if one is very sick — one may make a vow to give a sum of money to *tzedakah* in the merit of which he should have a complete recovery. Similarly, one who has a very sick relative may make a vow to give a sum of money to *tzedakah* in the merit of which his relative should have a complete recovery.[14]

c. Encouraging Oneself

One is permitted, and even encouraged, to make vows in

לישתוק עד דהוי בידיה ויהיב ליה. ואם פוסקים צדקה והוא צריך לפסוק עמהם יאמר בלא נדר עכ״ל. ועפ״ז פסק השו״ע יו״ד סי׳ ר״ג סע׳ א׳-ד׳ דאפילו בצדקה טוב יותר לא לינדור.

12. ברכי יוסף סי׳ ר״ג מהרב מהר״י מטראני בדרושותיו בשם האריז״ל.

13. סוכה כ״ט ב׳, דבשביל ד׳ דברים נכסי בעלי בתים נמסרין למלכות, ואחד מהם הוא על שפוסקים צדקה ברבים ואינן נותנין. וע׳ בפירש״י ומהרש״א שם. וכן כתב בשו״ת מחנ״י ח״ג סי׳ צ״ז אות א׳.

14. מקורו בתוס׳ חולין ב׳ ב׳, ד״ה אבל, דכתיב גבי יעקב וידר יעקב נדר וכן ביונה את אשר נדרתי אשלמהו, דנראה דיכול לנדור, וכתב התוס׳ דבשעת צרה שרי כדאמרינן בבראשית רבה (ע: א) וידר יעקב נדר לאמר, לאמר לדורות שיהיו נודרים בעת צרה. וע׳ בערוה״ש סי׳ ר״ג ס״ק ז׳ וח׳ דגם יש מצוה לנדור בעת צרה. וע׳ בספר ברכי יוסף סי׳ ר״ג על מה שכתב בעל האגודה שסובר שמי שנודר בעת צרה ג״כ נקרא רשע. וע׳ בשו״ת מנחת יצחק ח״ו סי׳ צ״ו וצ״ז, ובספר דרך אמונה פ״ח ס״ק א׳. וע׳ בספר צדקה ומשפט פ״ד הערה ג׳ שכתב שמסתבר דכשנודר בעת צרה או לאיזה זכות לא ישלם ממעות מעשר שלו שהרי אינו מוסיף זכות בזה. וע׳ בשו״ת אג״מ או״ח ח״א סי׳ קע״ה בד״ה ואם, ובספר הבת חסד ח״ג סוף פרק ג׳. וע׳ בגמ׳ ר״ה ט״ז ב׳, שארבעה דברים מקרעין גזר דינו של אדם, צדקה, צעקה, שינוי השם ושינוי מעשה. וע׳ בספר ארחות רבינו חלק א׳ עמוד רמ״א, שהיה מנהג החזו״א והגרי״ז מבריסק להכניס כמה פרוטות לקופת צדקה לפני שהתפלל על החולה.

order to improve oneself. Therefore, for example, one who oversleeps may make a vow to give a certain sum of money to *tzedakah* if he continues to wake up late. In this manner he will be encouraged to improve his imperfections.[15]

d. Appropriate Situations

When one is in a situation where it is appropriate to accept upon oneself the obligation to give *tzedakah* — for example, during *Yizkor*, when one wants to give money as a merit for one's parents — one should stipulate that he is doing so *b'li neder*.[16]

D. Telling a Poor Person Your Intention to Give

If one **says** that he intends to give a gift to a poor person, it would constitute a vow of *tzedakah* and one would be obligated to fulfill it.[17] Similarly, if one hires a poor person and they agree on a certain wage, it would constitute a vow of *tzedakah* and one would have to honor it.[18]

---

15. כתב הרמב״ם סוף הלכות נדרים פרק י״ג הל׳ כ״ג וז״ל, מי שנדר נדרים כדי לכונן דעותיו ולתקן מעשיו הרי זה זריז ומשובח. כיצד כגון מי שהיה זולל ואסר עליו הבשר שנה או שתים. . . וכן מי שהיה מתגאה ביופיו ונדר בנזיר וכיוצא בנדרים אלו כולן דרך עבודה לשם הם ובנדרים אלו וכיוצא בהן אמרו חכמים נדרים סייג לפרישות, עכ״ל. וכן הוא בהרא״ש פ״ק דנדרים סוף סי׳ ח׳. וז״ל הטור יו״ד סוף סי׳ ר״ג, ומיהו אם מצוה דגופיה ומיחייב ביה ורמי עליה כההיא דאומר אשנה פרק זה ואשנה מסכתא זו וירא שמא יתרשל בדבר ויש בידו לקיים הדבר שרי ליה למינדר לזרוזי נפשיה דאמר רב גידל מנין שנשבעין לקיים המצות שנאמר נשבעתי ואקיימה לשמור משפטי צדקך. וכ״ש היכא דרגיל דמשתלי ועבר על אחת ממצות לא תעשה או מתרשל בקיום מצות עשה דשרי ליה למנדר,עכ״ל. וכן פסק בשו״ע סי׳ ר״ג סע׳ ו׳ וז׳. וע׳ בגליון מהרש״א שם. ובשו״ת רדב״ז ח״ג סי׳ תתפ״ב (תמא)

16. חכמ״א כלל צ״ב ס״ק ב׳, הובא בספר דרך אמונה פ״ח ס״ק א׳. וע׳ בספר אהבת חסד פרק ט״ז בהגה״ה שגם יש שכר באמירה לצדקה ע״ש.

17. שו״ע יו״ד סי׳ רנ״ח סע׳ י״ב. וע׳ בש״ך חו״מ סי׳ פ״ז ס״ק נ״א דהטעם הוא שאמירתו לגבוה כמסירתו להדיוט. וע׳ שם בקצוה״ח ס״ק כ״א ובפ״ת ס״ק כ״ט. וע׳ בברכ״י יו״ד סי׳ רנ״ח ס״ק י׳ דאפילו מתנה מרובה חייב ליתן. וע׳ שם בפ״ת ס״ק י״ג אם אמר זה לבעל תורה האם זה נחשב נדר, וגם ע׳ במהרש״ם שהביא הרבה דעות בזה. ואם הבטיח להעני לטרוח עבורו, יש ספק בפוסקים אם צריך לקיימו, ובספר צדקה ומשפט פ״ד הערה צ׳ וצ״א הביא מראה מקומות לזה.

18. קצות החושן חו״מ סי׳ רס״ד סע׳ ד׳.

E. Delaying in Keeping One's Vows (*bal t'acher*)

When one makes a commitment to give money to the poor he is obligated to do so *immediately*, if the poor people are present or he has knowlege of poor people. If there are no indigents who need funds at the time, then one should set the money aside for such an eventuality. Nowadays, since we have common knowledge of many poor people one would have to give the money to them immediately after making his commitment. If one does not, he would be violating the Torah prohibition of *bal t'acher* — delaying in keeping one's vows.[19] This prohibition is derived from the *pasuk*, כִּי תִדֹּר נֶדֶר לַה׳ אֱלֹקֶיךָ לֹא תְאַחֵר לְשַׁלְּמוֹ — "When you make a vow to Hashem, your God, do not delay in paying it" (*Devarim* 23:22). There are, however, a number of exceptions to this as will be explained below.

a. Stipulate

One may stipulate when making a vow of *tzedakah* to put the money aside and distribute it to poor people a little at a time as he sees fit.[20]

---

19. ע׳ גמ׳ ר״ה ד׳ א׳, תניא אחד הנודר ואחד המקדיש ואחד המעריך כיון שעברו עליו ג׳ רגלים עובר בבל תאחר, ר״ש אומר ג׳ רגלים כסדרן וחג המצות תחילה. וכן היה ר״ש בן יוחי אומר רגלים פעמים שלשה פעמים ארבעה פעמים חמשה כיצד נדר לפני הפסח שלשה, לפני עצרת חמשה לפני החג ארבעה. וע׳ שם בדף ו׳ א׳, שכתב הגמרא בפיך זו צדקה, אמר רבא וצדקה מחייב עלה לאלתר, מ״ט דהא קיימי עניים. ולכאורה זה סותר דברי הגמרא בדף ד׳ א׳, דאינו עובר עד שיעבור ג׳ רגלים? וכבר הקשו הכי התוס׳ ד׳ א׳ בד״ה וצדקות, ותירוץ דחייב לאלתר רק היכי דקיימי עניים אבל לא מחייב להדורי בתרייהו כל זמן שלא עברו ג׳ רגלים. אולם הר״ן בר״ה בדף א׳ ב׳, בדפי הרי״ף ד״ה ונמצאת, אחר שהביא עוד שיטות ראשונים בזה הענין כתב דכל היכא שקיימי עניים עובר לאלתר והיכא שלא קיימי עניים צריך להפריש המעות אבל אינו צריך לחזור אחריהם אלא מניח המעות אצלו עד שיבאו עניים. וכן פסק הרמב״ם בהל׳ מתנות עניים פ״ח הל׳ א׳. ועפ״ז פסק השו״ע סי׳ רנ״ז סע׳ ג׳ דאם נדר לצדקה חייב ליתנה לעניים מיד ואם איחר עובר בבל תאחר שהרי בידו ליתן מיד ועניים מצויים הם. ואם אין שם עניים מפריש ומניח עד שימצא עניים. וכתב ע״ז הש״ך ס״ק ה׳ שא״צ לחזור אחריהם אפילו עברו ג׳ רגלים כיון שעתה אין כאן עניים.

20. זהו ע״פ הרא״ש מס׳ ר״ה פ״א אות א׳, וז״ל, אבל יכול אדם להפריש מעות לצדקה שיהיו מונחין אצלו ליתנן לעניים מעט על ידי מקום שיראה לו, ואין בשהייתו משום בל תאחר. וכן פסק בשו״ע סי׳ רנ״ז סע׳ ג׳.

b. Specific Poor Person

One who made a vow to give *tzedakah* but at the time of the vow designated a specific indigent as its recipient may hold the money until it can be given to that poor person.[21]

c. Public Forum

One who commits to giving *tzedakah* in a public forum by making a pledge to a charity collector (i.e., *shul, gabbai*) does not violate the transgression of *bal t'acher* until the charity collector asks him to redeem his pledge. Similarly, if one pledges money to an institution he is not obligated to pay it until asked by the institution.[22] However, if the institution expects payment without follow-up, one would be obligated to immediately redeem his pledge. If one made a pledge and the charity collector of that organization does not know about it, one would have to inform him so he can collect the money owed.[23]

F. Avoiding *Bal T'acher*

In order to avoid all potential problems of delay in fulfilling one's vows, one should stipulate *prior* to accepting upon oneself to give *maaser* that the money should not be considered *tzedakah* until it reaches the hands of the poor person. In this way one will not violate any vows by not giving the money to a poor person immediately.[24]

Frequently, an indigent will go around collecting during *davening* and a person will firmly establish in his mind to give him some money. However, not only doesn't the indigent approach the person but the person cannot find him. In such a situation

---

21. ע״פ דברי הרמב״ם הל׳ מתנות עניים פ״ח הל׳ א׳, ודברי המרדכי בב״ב סי׳ תצ״א וכן פסק הרמ״א יו״ד סי׳ רנ״ז סע׳ ג׳.

22. ע״פ דברי המרדכי מס׳ ר״ה סי׳ תש״ב הובא בב״י. וכן פסק הרמ״א יו״ד סי׳ רנ״ז סע׳ ג׳.

23. רמ״א יו״ד סי׳ רנ״ז סע׳ ג׳ בשם המרדכי.

24. דרך אמונה פ״ח ס״ק ח׳ בשם החזו״א. וע׳ בקונטרס קול התורה חוברת ל״ט תשובה כ״ד מה שכתב הרב הגרש״ז אויערבאך זצ״ל.

one should then give the amount of money he had in mind to a different poor person.[25] If, however, he only thought for a fleeting moment to give him *tzedakah* he would not be obligated (see section H).

G. *Matir Neder* – Annulling Vows of *Tzedakah*

As we mentioned previously one has the ability to annul a vow either through a *pesach* or *charatah*.[26] Furthermore, it is a mitzvah for one to annul a *neder* so as to avoid violating the vow.[27] Nonetheless, when one makes a vow to give *tzedakah* he should not nullify it unless he has no choice because of a very urgent situation.[28] However, the *neder* is still considered annulled even if one were to annul the vow *without* the existence of a compelling reason.[29]

---

25. דרך אמונה פ״ח ס״ק י״ט בשם החזו״א.

26. שו״ע יו״ד סי׳ רכ״ח.

27. כתב הב״י בשם הסמ״ג וז״ל אם נדר מצוה להשאיל על נדרו פן יבא לידי מכשול, אמנם אם נדר לצדקה או להקדש מצוה לקיימו ולא ישאל עליהם אלא מדוחק שנאמר נדרי לה׳ אשלם (תהלים קט״ז: י״ד) זה שאמרו חכמים סייג לפרישה נדרים (אבות פרק ג׳ משנה י״ג) זהו שנודר לפי שעה דבר שאפשר לקיים, כגון שיאמר לא אשתה היום יין אם לא אעשה מצוה בבוקר או לא אוכל עד שאשלים הלכה זו, עכ״ל. וכן כתב הרמב״ם הלכות נדרים פרק י״ג הל׳ כ״ה, שאם עבר ונדר מצוה להשאיל על נדרו כדי שלא יהא מכשול לפניו. במה דברים אמורים בנדרי איסור אבל נדרי הקדש מצוה לקיימן ולא ישאל עליהן אלא מדוחק שנאמר נדרי לה׳ אשלם.

28. שו״ע יו״ד סי׳ ר״ג סע׳ ג׳. וע׳ ציון למעלה.

29. שם, ובסי׳ רנ״ח סע׳ ו׳. וזה ע״פ שו״ת הראש כלל י״ב סי׳ ב׳ הובא בטור סי׳ רנ״ח בלשון י״א. וע׳ בש״ך סי׳ רנ״ח ס״ק ד׳ בשם שו״ת ר׳ בצלאל אשכנזי בסי׳ ט״ו שנדרי צדקה אינן ניתרין אלא בפתח אבל לא בחרטה. וע׳ בשו״ת מהר״ם מינץ סי׳ ע״ג. אולם בשו״ת מהרש״ם ח״א סי׳ ס״ז כתב שמשמע שאף בחרטה מותר, וע׳ בספר דרך אמונה פ״ח ס״ק ג׳. ואם יכול לחזור תוך כדי דיבור בלי שאלת חכם ע׳ פ״ת שם ס״ק ז׳ בשם שו״ת ושב הכהן שאינו יכול, וכן כתב הסמ״ע חו״מ סי׳ רנ״ה ס״ק י״ד בשם הלבוש וספר מחנה אפרים הלכות צדקה סי׳ ח׳. אולם הסמ״ע שם תמה על שיטה זו וכתב הש״ך שם ס״ק ה׳ והערוה״ש ביו״ד סי׳ רנ״ח ס״ק י״ט שיכול לחזור בו. ומחלוקת זה תלוי אי אמרינן דין של אמירה לגבוה כמסירה להדיוט רק לגבי הקדש או אפילו בצדקה, וע׳ לעיל ציון 5 שהבאתי המראה מקומות לזה. וע׳ ספר דרך אמונה פ״ח ס״ק ב׳. וע׳ בשו״ת אחיעזר שהאריך בהענין.

אולם אם נדר במחשבה לכו״ע יכול לחזור בו, כן הוא בשו״ת ושב הכהן הובא בפ״ת יו״ד סי׳ רנ״ח ס״ק י״ד, שו״ת מהרש״ם ח״ג סי׳ פ״ה ובשו״ת תשובה מאהבה ח״ג בהגהות

Although we have just established that if one made *hataras nedarim* on a vow of *tzedakah* it is considered annulled, that is only the case **before** the money was given to the indigent or the one collecting for him. However, once the money was disbursed to either one, one would **not** be able to annul the vow.[30]

H. Non-Verbalized Vow of *Tzedakah* (*machshavah*)

There is a discussion among the *Poskim* whether one becomes obligated in a vow through *machshavah* — *thinking* about giving *tzedakah* without verbalizing it. If one merely *thought* for a fleeting moment about giving an amount to *tzedakah* he would **not** become obligated.[31] However, if one determined firmly in his mind to give a certain amount to *tzedakah* but did not express it, there is a dispute among the *Poskim* as to what should be done. Some *Poskim* maintain that as long as he firmly decided to give *tzedakah* this would constitute an obligation, even though he did not express it verbally.[32] Others hold that he is only obligated in a vow of *tzedakah* when he expresses it

---

ליו״ד בהל׳ צדקה. וע׳ בשו״ת הרדב״ז ח״א סי׳ קל״ד הובא בפ״ת שם ס״ק ח׳ שאין להחכם להתיר הנדרים מפני הפסד עניים ואם היתרו החכם חייב נידוי אולם הנדר הותר. וע׳ בשו״ת מהרש״ם ח״א סי׳ ל״ב וס״ז שרק אם התירו שלא מטעם צד דחוק או מצוה אבל אם התירו מטעמים אלו אינו בכלל נידוי. וע׳ בשו״ת בית שלמה ח״ב סי׳ ק״י, ובשו״ת עבודת הגרשוני סי׳ י׳. אולם ע׳ בערוה״ש יו״ד סי׳ רנ״ח ס״ק כ״ג שכתב שהכל לפי הענין. וע׳ בספר חכמ״א כלל ק׳ ס״ק ו׳. וע׳ בשו״ת רלב״ח סי׳ ד׳ טעם אחר שאין להתיר נדרי צדקה כיון שצריך חרטה או פתח ואין ראוי לאדם להתחרט על עבודת ה׳. אח״כ ראיתי במהרש״ם ליו״ד סי׳ רנ״ח סע׳ ו׳ שכתב בשם ר״י החסיד שאם נדר בעת צרה יש סכנה להשאיל על הנדר, ע״ש. וע׳ עוד מזה בספר דרך אמונה פ״ח ס״ק ג׳ באמצע דברו.

30. שו״ע יו״ד סי׳ רנ״ח סע׳ ו׳ דכבר זכו העניים. וע׳ בבה״ג שם אות ט׳ שהמקור הוא משו״ת הרא״ש, אולם האחרונים רוצים ללמוד הלכה זו מהשו״ת הרשב״א סי׳ תרנ״ו. וע׳ עוד מזה בשו״ת נו״ב מהד״ת יו״ד סי׳ קנ״ד ובפ״ת שם ס״ק ט׳ וכן בספר דרך אמונה פ״ח ס״ק ג׳.

31. דרך אמונה פ״ח ס״ק י״ט וכן ראיתי בספר אמת ליעקב על שו״ע חלק יו״ד הערה 149. אבל בספר צדקה ומשפט פ״ד ס״ק י״ב נשאר בצ״ע על זה.

32. כן הוא ברמ״א יו״ד סי׳ רנ״ח סע׳ י״ג בדיעה ראשונה ובשו״ע חו״מ סי׳ רי״ב סע׳ ח׳ בדיעה ראשונה. וכן פסק בשו״ת אמרי יושר ח״ב סי׳ קס״ב אות א׳ שצריך לקיים הנדר אפילו אם כולו במחשבה. וכמו כן פסק בשו״ת שבט הלוי ח״ב סי׳ קכ״ו בהגהות לשו״ע סי׳ רנ״ח, ע״ש.

verbally.[33] Still others maintain that one would only be obligated in a vow of *tzedakah* not fully expressed where one verbally committed to giving *tzedakah* without specifying the amount and to whom, but in his mind he did determine these two factors. However, if one did not express his intention verbally he would not be obligated to give *tzedakah.*[34] Generally, one should follow the more stringent opinion that even without expressing his intention to give *tzedakah* he should contribute it nevertheless.[35]

One who wrote down that he will give a sum of money to *tzedakah* would be obligated in doing so.[36]

I. Made a Vow but Not Sure of the Amount

One who made a vow to give *tzedakah* and is now unsure of the exact amount of his commitment should give up to the maximum amount that he normally donates.[37]

One who committed to give *tzedakah* to an institution and forgot which one should give that amount to *all* the institutions

---

33. כן הוא ברמ״א סי׳ רנ״ח סע׳ י״ג בדיעה שניה, ובשו״ע חו״מ שם בדיעה שניה.

34. כן כתב בפ״ת יו״ד סי׳ רנ״ח ס״ק ט״ו בשם שו״ת אש דת סי׳ י״ד. וז״ל האש דת, ומכל זה נראה פשוט דעכ״פ גבי חולין וצדקה דהאידנא דהוי כחולין בוודאי אין הכוונה בהגהות הרמ״א הנ״ל בסי׳ רנ״ח שיחיה מחויב לקיים מחשבתו אלא לענין זה, אם חשב במחשבתו על איזה דבר וחפץ הידוע לו לעשותו הקדש לצדקה אע״פ שלא הוציא בפיו לומר על זה הדבר הרי זו הקדש לצדקה כיון שאמר עכ״פ בפיו הרי עלי ליתן צדקה מסתמא אזלינן בתר מחשבתו שזהו הדבר וחפץ הידוע הוא ההקדש לצדקה... אבל כשלא הוציא דבר כלום מפיו בזה לא הוי דבר שבמחשבתו ולבו כלום ואין צריך לקיים המחשבה, עכ״ל. וכתב עוד שזהו אפשר כוונת השו״ע באו״ח סי׳ תקס״ב ע״ש. וע׳ שו״ת שבט הלוי ח״ה סי׳ קמ״ג אות ח׳ ובשו״ת מנחת יצחק ח״ו סי׳ צ״ז ובערוה״ש יו״ד סי׳ רנ״ח סע׳ ל״ט.

35. רמ״א שם ביו״ד ובחו״מ. וע׳ ש״ך סי׳ רנ״ח ס״ק ה׳. וע׳ ביד אברהם בהגהות לשו״ע יו״ד סי׳ רנ״ח שהביא מהריטב״א דמ״מ ירא שמים יקיים מה שחישב משום ודובר אמת בלבבו (תהלים טו: ב), וכ״כ בשו״ע הרב הלכות מכירה ומתנה ס״ק א׳ דירא שמים צריך לקיים אפילו מחשבת לבו כדכתיב ודובר אמת בלבבו. וע׳ באבן עזרא דברים כד: יט.

36. דרך אמונה פ״ח ס״ק י״ט. וע׳ בשו״ת שו״מ מהדו״ק ח״ב סי׳ קי״ד, ובשו״ת מהר״ם שיק יו״ד סי׳ רי״א, ובשו״ת באר משה ח״ב סי׳ ח׳.

37. שו״ע יו״ד סי׳ רנ״ח סע׳ ג׳, והטעם שספק נדרים להחמיר. אבל יכול לשאול על נדרו, כן כתב בערוה״ש שם ס״ק י׳ מטעם פתח שאילו ידע שישכח לא היה נודר. וכן כתב בספר דרך אמונה פ״ח ס״ק כ״א משמו.

he may have intended. However, one cannot be forced to do this. Instead, he would be permitted to take the amount of money he pledged and let the institutions divide it among themselves.[38] A *Rav* should be consulted as to whether or not one may annul such a vow.

J. If Indigent Does Not Want to Accept

If one made a vow to give money to a particular indigent and he refused to accept it, the donor would be released from fulfilling that vow.[39]

K. Women

If a woman made a vow to give *tzedakah* prior to getting married and did not fulfill her obligation before her marriage, then her husband must discharge the vow for her.[40]

L. Children

Normally, a boy is not obligated in mitzvos until he has reached 13 years and one day, and a girl is not obligated in mitzvos until she is 12 years and one day. However, concerning the laws of vows the Torah considered a boy who is 12 years and one day and a girl who is 11 years and one day to be responsible for their vows, provided they understand what they are doing. Therefore, regarding the matter of *tzedakah*, if children have their own money and commit some of it to *tzedakah*, a boy of 12 would be obligated to honor his commitment, as would an 11-year-old girl.[41]

M. Made a Vow Then Died

There is a dispute among the *Poskim* if the heirs are obligated to fulfill the vow that a deceased relative made regarding

---

38. פ״ת שם ס״ק ה׳ בשם שו״ת חת״ס יו״ד סי׳ ר״מ.

39. ט״ז יו״ד סי׳ ר״ג סע׳ ה׳. וע׳ בשו״ת שואל ומשיב מהדורא ג׳ ח״א סי׳ רצ״ט באחד שנדר שעון לבהכנ״ס והם אינם רוצים לקבלה מעיקר הדין א״צ שאלה שעל דעת כן לא נדר, אך מהיות טוב שישאל על נדרו.

40. ע׳ פרק ג׳ הערה 11, ולענין נדרי אשה נשואה ע׳ שו״ע יו״ד סי׳ רל״ד.

41. ע׳ שו״ע יו״ד סי׳ רל״ג, וע׳ ספר דרך אמונה פ״ח ס״ק ב׳ בשם המנחת חינוך מצוה תע״ט.

tzedakah.[42] If the situation were to arise one should consult a competent halachic authority.

However, *all* authorities concur that if one set aside money for *tzedakah* and died prior to donating it, his heirs would be obligated to disburse that money to the poor.[43]

N. Vow Made in Error

One who made a vow to give *tzedakah* based on certain information and afterwards realized that he was misinformed does **not** have to fulfill the vow, since this is considered a vow made in error. Therefore, for example, one who says he will give $1,000 to an indigent based on information he received that this is the amount required, and then found out that the indigent needs only $500, does **not** have to fulfill his original commitment and is obliged to give only the smaller amount of $500.[44] Similarly, if one committed to give money to an indigent and before he had an opportunity to fulfill his obligation the poor person became rich or died, he would not have to fulfill his vow. The reason is that it is safe to assume he only wanted to give money if the individual required it and now the need no longer exists.[45] In the same vein, when there is a collection to raise a certain sum of money to alleviate the plight of an individual and one committed to give, but the amount required was collected *prior* to his redeeming his pledge, he is not obligated to give any money. Similarly, one who sets aside money to give to a yeshiva

---

42. ע׳ ספר צדקה ומשפט פ״ד סע׳ כ״ט שהביא דיעות בזה וכן בספר דרך אמונה פ״ז ס״ק פ״א.

43. צדקה ומשפט שם הערה ע״ג.

44. ע״פ הרמ״א יו״ד סי׳ רנ״ח סע׳ ב׳. וע׳ בשו״ת אמרי יושר ח״ב סי׳ קמ״ח אות א, בגבאי בהכנ״ס שעשה חשבון לצדקה ואמר שנשארו לו פ׳ זהובים וקם אחד והתנדב עוד ע׳ זהובים להשלים הצדקה עד ק״נ זהובים ולבסוף נתברר שהגבאי טעה ונשארו בידו ק״כ זהובים ולא חסר רק ל׳ זהובים, אם צריך ליתן שבעים כפי שנדר או רק שלשים להשלים מה שחסר? ואיהו מסיק שצריך ליתן רק ל׳ זהובים שעל הארבעים הוי נדר בטעות ע״ש. וע׳ בשו״ת שבט הלוי ח״ה סי׳ קמ״ג אות ד׳.

45. כן הוא בשו״ת חת״ס יו״ד סי׳ רל״ז. וכן פסק הערה״ש סי׳ רנ״ח ס״ק כ״א והוסיף שא״צ שאלה, ודלא כשו״ת פני אריה הובא בפ״ת סי׳ רנ״ז ס״ק ז׳ שצריך להתיר הנדר בחרטה. וע׳ בספר דרך אמונה פ״ח ס״ק ג׳ ובספר צדקה ומשפט פ״ד סע׳ ח׳.

or other institution and then the yeshiva or institution closes down, may take the money and use it for his own personal needs.[46] However, if the yeshiva is reopened he would be obligated to give the money at that time.[47]

O. Vow Made in a Dream

A person is responsible for a vow made in a dream.[48] If he does not want to keep such a vow he has the right to annul it just like any other vow he might have made. However, while *three* people are required to annul a regular vow, preferably ten people are needed to annul a vow made in a dream.[49]

In the event that one made a vow of *tzedakah* in a dream one should not annul it.[50] However, if he is faced with a very pressing need one would be permitted to annul the vow as established previously in section G. In such a situation one should consult with a competent halachic authority.[51]

P. Vow of *Asmachta* — Reliance

In Jewish law there is a legal term referred to as *asmachta* — reliance.[52] It is defined as a conditional commitment made by a party who does not really expect to honor that commitment. For example, one who sold an item and said it would be delivered by a certain date and stipulated that he would deduct 20 percent from the price if it was not delivered on time. Halachically, one is **not** obligated by such a condition. The concept of *asmachta* is generally linked to financial issues and vows. However, regarding a vow of *tzedakah* an *asmachta* would obligate an individual. Consequently, one who stipulated that he would give a certain sum of money to *tzedakah* if he did not perform

---

46. דרך אמונה פ״ח ס״ק ב׳.
47. שם בשם הפ״ת יו״ד סי׳ רנ״ו ס״ק ב׳.
48. שו״ע יו״ד סי׳ ר״י סע׳ ב.
49. שם שלכתחילה צריכים עשרה אנשים דידעי למקרי כדי להתיר הנדר.
50. כך שמעתי מהגאון הרב יוסף שלום אלישוב שליט״א
51. שלכתחילה צריכים עשרה אנשים דידעי למקרי כדי להתיר הנדר.
52. ע׳ שו״ע חו״מ סי׳ ר״ז.

a particular task, would be obligated to fulfill that commitment if he did not perform the task.[53]

Q. Bidding for a Mitzvah

When two people are bidding for the rights to an *aliyah* to the Torah or any other mitzvah, the losing bidder is not obligated to give the amount he offered. It is understood that he was only pledging on the condition that his bid be accepted.[54]

R. Someone Else Redeems the Vow

One who made a vow to give a certain amount to *tzedakah* and someone else redeemed his pledge (without his knowledge) would still be obligated to honor his *neder* and is not absolved because someone else paid.[55] Even in a situation where one knows that someone is paying for his vow he would still be responsible.[56] However, if the other party wants to give him the money, the other party may do so and the one

---

53. שו״ע יו״ד סי׳ רנ״ח סע׳ י׳ ובחו״מ סי׳ ר״ז סע׳ י״ט. וכן פסק בחכמ״א כלל קמ״ח סע׳ כ״ה. ועי׳ בגליון מהרש״א ביו״ד סי׳ רנ״ח שהביא שזה מחלוקת ראשונים וגם ציון הרבה מראה מקומות לזה. אולם עי׳ בנקודת הכסף ביו״ד סי׳ רנ״ח שהקשה על דברי השו״ע מאו״ח סי׳ תקס״ב סע׳ י״ג שכתב שם דנדר באסמכתא הוי אסמכתא, ולכאורה דבריו סותרים את דברינו? והוא נשאר בצ״ע. אבל החת״ס שם באו״ח בהגהותיו וכן הערוה״ש יו״ד סי׳ רנ״ח ס״ק ל״ג רוצים לחלק בין נדרי צדקה לנדרי תענית, ע״ש. ועי׳ בשעה״צ סי׳ תקס״ב ס״ק מ״ז. ועי׳ בספר צדקה ומשפט פ״ד הערה צ״ט שהביא עוד תירוץ לזה. ועי׳ בספר לקוטי הלכות סי׳ רנ״ח סע׳ י׳ שיש לו הרחבה גדולה בזה. ועי׳ עוד מזה בשו״ת אג״מ יו״ד ח״א סי׳ קנ״א.

ואם רוצה לישאל על נדרי אסמכתא כתב בשו״ת הרלב״ח סי׳ ד׳ ובשו״ת אבני נזר יו״ד סי׳ רצ״ז שיכול. וכן כתב בספר דרך אמונה פרק ח׳ ס״ק ב׳. ועי׳ בספר קריינא דאגרתא ח״ג סי׳ נ״א שכתב דהא דנדר באסמכתא הוי נדר לחייב זהו דוקא באסמכתא להבא אבל על מה שעבר כבר והוא ברור בזה הענין דומה לנדרי שגגות ואינו חייב לקיימו. והביא שם תשובה מהגאון הרב יוסף שלום אלישיב שליט״א שהוא סובר כן ע״ש.

54. כף החיים סי׳ ש״ו ס״ק מ״ב בשם שכנה״ג ע״ש.

55. עי׳ בשו״ת עונג יו״ט סי׳ פ״ז.

56. עי׳ בספר צדקה ומשפט פרק ד׳ הערה ט״ז שאומר מסברא שמועיל, אבל שאלתי זה להגאון הרב יוסף שלום אלישיב שליט״א והוא השיב לי שאינו יוצא נדרו בזה. אבל אם אמר להגבאי שיזכה בשביל האחר שמעתי מהגאון הרב חיים קניבסקי שליט״א שבוודאי מועיל. וכן הראה לי הגאון הרב שמואל פעלדער שליט״א מספר שבילי דוד או״ח סי׳ תקצ״ה סע׳ ה׳ שג״כ משמע כן.

who vowed can then pay off the vow himself.[57]

S. Making Vows on Shabbos

Even though one may not discuss money or business matters on Shabbos, one is permitted to make a vow on Shabbos to give *tzedakah* to the poor or any other worthy cause.[58] Therefore, when one receives an *aliyah* he may tell the *gabbai* an amount of money he intends to give. Of course, at the time one should say *b'li neder*, as we learned previously.

T. Giving *Tzedakah* for the Merit of Someone's Recovery

One who makes a vow to give *tzedakah* with the intention that it should be a merit for someone's recovery from a life-threatening situation would be obligated to honor his commitment whether or not the person lived. Furthermore, *Chazal* tell us that one who does so is considered a righteous individual because he intends to give the *tzedakah* no matter the outcome.[59] However, if one stipulated that he will *only* give the money if the person lives, he would not be obligated to do so if the person dies.[60]

U. *Tzedakah* of Rabbi Meir Baal HaNeis

There is a custom to make a vow and give *tzedakah* to the *tzedakah* of Rabbi Meir Baal HaNeis when one is in a situation of need or distress. This custom has its roots in the Talmud.[61] Prior to Rabbi Meir Baal HaNeis' passing he observed the terrible

---

57. פשוט, וכך שמעתי מהגאון הרב יוסף שלום אלישיב שליט״א.

58. רמ״א או״ח סי׳ ש״ו סע׳ ו׳. וע׳ במ״א שם ס״ק ט״ו ובמ״ב ס״ק ל״ג.

59. מקורו הוא ב״ב י׳ א׳, ר״ה ד׳ א׳, ופסחים ח׳ א׳, האומר סלע זו לצדקה בשביל שיחיה בני או שאהיה בן העוה״ב הרי זה צדיק גמור. וכתבו תוס׳ שם בפסחים ח׳ ב׳ ד״ה שיזכה, דנקרא צדיק גמור שאפילו אם מת הבן אינו מתחרט. וע׳ עוד מזה בחידושי הר״ן שם. וכן כתב בספר החינוך מצוה תכ״ד. וע׳ עוד בזה בשדי חמד ח״ד כלל נ׳ ס״ק ט״ז ובשו״ת משיב דבר ח״ב סי׳ מ״ה אריכות בעינן זה. וע׳ במהר״ל בחידושי אגדות לר״ה דף ג׳ ב׳, וכן בספר דרך אמונה פ״י ס״ק נ׳. וע׳ בספר אהבת חסד פרק כ״ג סע׳ ב׳ ובהגה״ה שם שמסביר ענין זה.

60. ע׳ רמ״א יו״ד סי׳ ר״כ סע׳ ט״ו. וע׳ עוד בזה בספר צדקה ומשפט פ״ד סע׳ י׳.

61. מקורו הוא בגמ׳ ע״ז י״ח א׳, ברוריא דביתהו דר׳ מאיר ברתיה דר׳ חנינא בן תרדיון הואי אמרה לו זילא בי מלתא דיתבא אחתאי בקובה של זונות. שקל תרקבא דדינרי (חצי סאה

situation that resulted from the hunger in Eretz Yisrael. He proclaimed that he would intercede for whoever would give *tzedakah* for his *neshamah,* and the money should be distributed to the poor of Eretz Yisrael.[62]

One who donates *tzedakah* to this fund should first give the money and then say, "אֱלָקָא דְמֵאִיר עֲנֵנִי" — "God of Meir answer me."[63]

Some have the custom when they lose something to *immediatly* promise to give some money to the *tzedakah* of Rabbi Meir Baal HaNeis in the merit of finding what was lost.[64]

One must also make sure that the money goes to help the poor in Eretz Yisrael because that is what Rabbi Meir Baal HaNeis intended.[65]

דינרי זהובים) ואזל אמר אי לא איתעביד בה איסורא מיתעביד ניסא, אי עבדה איסורא לא איתעביד לה ניסא. אזל נקט נפשיה כחד פרשה, אמר לה השמיעני לי, אמרה ליה דשתנא אנא אמר לה מתרחנא מרתח. אמרה לו נפישין טובא דשפירן מינאי, אמר ש״מ לא עבדא איסורא כל דאתי אמרה ליה הכי. אזל לגבי שומר דידה א״ל הבה ניהלה, אמר ליה מיסתפינא ממלכותא. אמר ליה שקול תרקבא דדינרא פלגא פלח ופלגא להוי לך. א״ל וכי שלמי מאי איעביד. א״ל אימא אלהא דמאיר ענני ומתצלת. א״ל ומי יימר דהכי איכא, א״ל השתא חזית, הוו הנהו כלבי דהוו קא אכלי אינשי שקל קלא שדא בהו הוו קאתו למיכליה אמר אלהא דמאיר ענני, שבקוה ויהבה לה. לסוף אשתמע מילתא בי מלכא אתיוה אסקוה לזקיפה, אמר אלהא דמאיר ענני אחתוה. אמר ליה מאי האי, אמר להו הכי הוי מעשה, ... וכתב בשו״ת מהר״י אסאד יו״ד סי׳ שט״ו דמשם נובע מקור המנהג, שר׳ מאיר בעצמו בחייו אהני זכותיה לכל הקוראים בשמו לה׳ יתברך אלקא דמאיר ענני גם בלא שום מעשה ופועל לשמו, ומה גם אחרי מותו דגדולים צדיקים במיתתן יותר מבחייהם. וכן כתב החיד״א בספר פתח עינים על מסכת עבודה זרה י״ח א׳, שמזה נשתרבב המנהג בכל גלילותנו דעל כל צרה שמתפלל האדם אומר אלקא דמאיר ענני ונודרים שמן או צדקה לנשמתו של ר״מ ע״ש.

62. כן מבואר בשו״ת אמרי אש יו״ד סי׳ ק״ב בד״ה ולבי אומר, שצוה רמבה״נ לפני פטירתו כי מי שיתנדב בעד נשמתו לצדקה הוא יליץ בעדו לפני ב״ד של מעלה להטיבו ולהצליחו, והיה הצדיק ההוא מפורסם בדורו לאיש מופת באמת ויאמינו בדבריו כי לא ישובו ריקם. וע׳ בשו״ת חת״ס ח״ו בליקוטים סי׳ כ״ז ד״ה הן זה.

63. ברכי יוסף יו״ד סי׳ ר״ג סע׳ ג׳ וד׳.

64. מדרש תלפיות אות א׳ ענף אבידה ומציאה וז״ל, קבלתי מי שמאבד איזה דבר, אם ינדור למאור אם אני מוצא אותה, נדר סך מעות שמן למאור לנשמתו של ר׳ מאיר, מיד מוצא האבידה ובלבד שלא יעבור זמן, שאם האבידה מעות אפשר שכבר הוציא אותם המוציא בהוצאות ואם הוא בגד או שמלה אפשר שהוליכה למקום אחר או עשה בו שנוי באופן שאינו ניכר ואז אין מועיל הנדר, עכ״ל.

65. שם בשו״ת מהר״י אסאד ושו״ת אמרי אש. וכן מבואר בשו״ת מאמר מרדכי סי׳ ט״ו ובשו״ת מהר״ש ח״א סי׳ קצ״ג. וע׳ עוד מזה בספר צדקה ומשפט פ״ג הערה ל״ח.

9 / Charity Collector — Gabbai Tzedakah

✧ Introduction

We previously established in Chapter Two that at one time all cities used to set up communal charities (*Kuppah* and *Tamchui*) to help the poor, but today we no longer have these types of funds. However, nowadays we do have various trustworthy charity collectors (*gabba'ei tzedakah*) and organizations who raise money for the many diversified needs of people. Below we will discuss some of the general laws that apply to the charity collectors and the money collected. It is important to note that some of these laws are very complex and there are several factors that may change the halachah; therefore one should make sure to consult a competent halachic authority concerning each specific case. It is for this reason that we will only list some of the *general* guidelines.

A. One May Not Be Pressured Into Giving

Our Rabbis teach us that a charity collector merits great reward by convincing others to give *tzedakah*. The Talmud teaches: גָּדוֹל הַמְעַשֶּׂה יוֹתֵר מִן הָעוֹשֶׂה, "Greater is the one who causes one to give [*tzedakah*] than the one who gives it!"[1] However, a charity collector has to ensure that he does not do anything that will cause him to forfeit his reward. Therefore, he must make certain not to pressure one who is unable to afford it to give more than he can to *tzedakah*.[2] One may not accept

---

1. ב״ב ט׳ א׳, אמר ר׳ אלעזר גדול המעשה יותר מן העושה. וע׳ שם במהרש״א, ובבן יהוידע ובספר דברי שאול ומהר״ל מה שכתבו להסביר הגמרא. וכן ע׳ בספר דרך אמונה פ״י בציון ההלכה ס״ק ל״א. ובדרך אמונה שם ס״ק כ״ד. ובערוה״ש סי׳ רמ״ז ס״ק ה׳ כתב שקבלו כי על ידי שהאדם מאסף צדקה מאחרים ע״י זה מציל את דורותיו מלחזור על הפתחים.

2. שו״ע יו״ד סי׳ רמ״ח סע׳ ז׳. וע׳ בספר חסידים סי׳ ס״א ובסי׳ של״ב.

tzedakah from one who is only giving because he is embarrassed **not** to give, since such action is considered stealing.[3] One may not even approach someone who normally gives more than he is able to afford, and ask him for *tzedakah.*[4] Furthermore, a charity collector may not embarrass one into giving *tzedakah.*[5]

B. Embarrassing a Charity Collector

A charity collector should not be concerned if there are those who embarrass or insult him when he approaches people while trying to raise money for the poor. Such negative behavior on their part only increases his reward.[6]

C. Misleading People

A charity collector may not mislead or trick people into giving *tzedakah.*[7] Therefore, one may not tell an individual that he is collecting for a certain cause that he knows the person would be more willing to support, when in fact he really is collecting for a different cause.

Similarly, a charity collector may not tell an individual that he is personally giving a significant amount to *tzedakah* in order to get the individual to give, when in truth he really is not giving that amount.[8]

D. Declining Position of Charity Collector

If the community wants a certain individual to be a charity

---

3. ספר חסידים סי׳ שט״ו ובסי׳ תתרמ״ב, וע׳ בפירוש ברית עולם שם דרבים נכשלים בזה.

4. שם.

5. שם. וע׳ בספר מטה אפרים סי׳ תר״ז סע׳ ג׳ שכתב וז״ל, ולא יפה עושים הנוגשים צדקה בעת הזאת (ערב יו״כ) ועושין פלילות עמהם, ולפעמים יש דיחוי בדמים באמרם מה זה לפני איש כמוך וכיוצא בזה והנותן מתבייש ברבים וחלילה לעשות כן במקום צדקה, צעקה. כי אע״פ שאמרו גדול המעשה, אין לעשות רק ביחידות ולא ברבים והי׳ מעשה הצדקה שלום, עכ״ל.

6. שו״ע יו״ד סי׳ רנ״ז סע׳ ז׳. וע׳ בביאור הגר״א שם ס״ק ט״ו מה שהביא מהירושלמי במסכת פאה.

7. פשוט, וכן כתב בספר צדקה ומשפט פ״ז הערה ה׳.

8. גמ׳ סוכה כ״ט ב׳, וע׳ במהרש״א שם.

collector, he should accept it upon himself and not refuse.[9] However, in the event this position will greatly minimize his learning, he may decline.[10]

E. Removing Oneself From Being a Collector

Once one has accepted upon himself the position of being a charity collector he should continue performing the job.[11] However, if one only consented in order to collect for a specific cause he may step down after the work is completed.[12]

F. Expenses

A charity collector is permitted to deduct from the *tzedakah* account any expenses that were incurred to enable the *tzedakah* fund to function.[13]

G. Trustworthy

One should make certain prior to appointing a charity collector that he is a trustworthy individual.[14] If a person does not feel that the collector is reliable he should not give him his *tzedakah* funds but rather distribute his money personally.[15]

Similarly, one should not give *tzedakah* to charity collectors who are not *shomer* Torah and mitzvos.[16]

---

9. דרכי משה יו״ד סי׳ רמ״ז סע׳ ב׳ בשם המרדכי, וכן פסק החכמ״א כלל קמ״ז סע׳ כ״ט. וע׳ בספר דרך אמונה פ״ט ס״ק ד׳ שהביא מהמהרש״ם סי׳ רנ״ז סע׳ ב׳ שקבלת הגבאות מכפר על עונותיו, ואם מונע את עצמו מלהיות גבאי נענש ע״ז. וע׳ לעיל בהערה 1 מש״כ הערוה״ש.

10. צדקה ומשפט פ״ז הערה ח׳ בשם המהרש״ם הובא בס׳ דרך אמונה שם.

11. חכמ״א כלל קמ״ז סי׳ י״ט בשם שו״ת הריב״ש סי׳ תפ״ט.

12. שם בספר צדקה ומשפט הערה ט׳.

13. צדקה ומשפט פ״ח סי׳ כ״ג.

14. שו״ע יו״ד סי׳ רמ״ט סע׳ ז׳, וברמ״א שם סי׳ רנ״ו סע׳ א׳ ע״פ דברי הגמ׳ בב״ב י׳ ב׳, לא יתן אדם פרוטה לארנקי של צדקה אא״כ ממונה עליה כר״ח בן תרדיון וע׳ בתוס׳ שם. וע׳ בשו״ת אג״מ יו״ד ח״א סי׳ קמ״ט בד״ה היכא, שביאר ענין זה היטב.

15. שם.

16. שו״ת אג״מ יו״ד ח״א סי׳ קמ״ט בד״ה וא״כ.

H. Women as Charity Collectors

One should not appoint a woman as a *gabbai tzedakah.*[17] However, they are permitted to be collectors regarding issues of concern to women.[18] A woman who decided of her own accord to collect *tzedakah* for the poor is permitted to do so and one may give her money.[19]

I. Showing Respect for the Charity Collector

One should show respect and *derech eretz* to an individual who is a charity collector.[20] Certainly one is prohibited from yelling at or embarrassing him.[21]

Furthermore, one should stand up when the charity collector is collecting funds or passes by, in the same way that one would stand up for anybody involved in the performance of a mitzvah.[22] However, if the *gabbai tzedakah* is being paid a salary one does not have to stand for him.[23]

J. Respecting Other Charities

Not only must one show respect to a charity collector but the charity collector himself must have *derech eretz* for other charity collectors and the *tzedakah* for which they are collecting.[24]

K. Revealing Charity Sources

A charity collector is permitted to inform other charities of the

---

17. צדקה ומשפט פ״ז הערה י״א בשם שו״ת התעוררות תשובה ח״ב סי׳ כ״ג. וכן כתב בספר דרך אמונה פ״ט ס״ק ו׳.

18. שם בדרך אמונה.

19. שם בצדקה ומשפט ובדרך אמונה. וע׳ בשו״ת משנה הלכות ח״ד סי׳ קכ״ד, ובשו״ת חלקת יעקב יו״ד סי׳ ק״מ, ובשו״ת בצל החכמה ח״ב סי׳ ל״ו.

20. ערוה״ש יו״ד סי׳ רנ״ז ס״ק י״א.

21. פ״ת יו״ד סי׳ רנ״ו ס״ק א׳, וכן פסק בצדקה ומשפט פ״ז הערה ד׳ ובספר דרך אמונה פ״ט ס״ק ו׳.

22. שם בצדקה ומשפט ובדרך אמונה. וע׳ שם בציון ההלכה ס״ק כ״ה מה שהביא מהמ״ב סי׳ ל״ח. וע׳ עוד מזה בשו״ת מנחת יצחק ח״י סי׳ פ״ו וק״א.

23. שם

24. שו״ת מהרשד״ם יו״ד סי׳ ר״ו

generosity of individuals, provided it is done prudently so that the donors will not be taken advantage of.[25]

L. *Kedimah* List for a Charity Collector

Previously, in Chapter Five, we discussed an individual's priority list in dispensing *tzedakah* funds. A *gabbai tzedakah* does **not** follow the same priority lists. He uses instead a scaled down version of the priority list of non-relatives as listed below:

1. The poor people of his city
2. The poor people of Eretz Yisrael; and the poor of Yerushalayim take precedence
3. The poor people of other cities

One who is a *gabbai tzedakah* should treat **all** people from the same town *equally* and not give priority to family and acquaintances.[26] However, if he is faced with two people from the same category he should use the third priority list to determine to whom to give *tzedakah* funds first, as follows:

1. Those who have a more pressing need
2. Women before men
3. *Talmid chacham*
4. *Kohen, Levi, Yisrael*

M. Lending Out *Tzedakah* Funds

A charity collector is permitted to lend out money from the *tzedakah* fund provided that there will be sufficient funds available if the poor come collecting.[27]

---

25. שו״ת אג״מ יו״ד ח״ג סי׳ צ״ה.

26. שו״ע יו״ד סי׳ רנ״ז סע׳ י׳.

27. איתא בערכין ו׳ א׳, במסקנת הגמרא, מי שהפריש מעות לצדקה עד שבא ליד גבאי יכול לשנותו בין לו בין לאחרים, משבא ליד גבאי אסור לשנותו בין לו ובין לאחרים. וכתב בשו״ע סי׳ רנ״ט סע׳ א׳ דמשבא ליד גבאי אסור ללוותו בין לו בין לאחר בין לגבאי. וכתב שם בפ״ת ס״ק ד׳ בשם החמודי דניאל דבזמנינו נהגו להקל בזה ללוות אפילו משבא ליד גבאי, ואפשר הטעם הוא כיון דנהגו כן לב בית דין מתנה עליהם. וע׳ בשו״ת כת״ס יו״ד סי׳ ק״י שהשתדל למצוא טעם להיתר זה, וכתב שכל הטעם שאסור לגבאי להלוותו הוא מח׳ ראשונים, שהנמק״י פ״ק דב״ב כתב הטעם שאנו חוששין שמא ירד הגבאי מנכסיו, דהיינו כיון שכבר זכו העניים בהממון אם ירד הגבאי מנכסיו ואין לו מה לפרוע יהיה גזלן

N. Changing the Original Recipient

1. A charity collector or organization that collects money for a specific purpose is not permitted to use that money for a different purpose, even if it is a greater necessity. The reason for this restriction is that once the money was given for a poor person he is considered to have acquired it. This is so even if the poor person did not receive the money *directly* but rather it was given to someone else on his behalf.[28]
2. A charity collector or organization that collects and distributes funds for many different causes may allocate its funds as it sees fit, depending on the intention of the donor. If the donor does not specify a specific cause to the collector, the collector, at his discretion, may use that money for whatever need he determines.[29] However, he would **not** be permitted to use the funds for a charity he does not raise money for, since we can assume that the donor did not have it in mind when he gave the *tzedakah*.[30] If, however, the donor specifies a particular recipient for his *tzedakah*,

---

אבל קודם שבא ליד הגבאי לא זכו העניים בהממון, ואפילו אם לא היה במה לפרוע נקרא אונס. וממילא אנו חוששין רק היכא ששייך לבא לאיסור. אבל המרדכי כתב טעם אחר דכשבא ליד גבאי שמא יבא העני, ולא יהיה לו מי ליתנו, אבל קודם שבא ליד גבאי יכול ללוותם דאינו מחויב ליתנם עד שתבעו הגבאי. וע׳ שם שכתב נפ״מ בין שניהם, והעלה שם להקל. וכן כתב בספר דרך אמונה פ״ח ס״ק כ״ה שכן הורה מרן החזו״א, אולם צריך ליזהר שיהא ממון בנמצא כשיבאו אליו עניים.

28. רמ״א יו״ד סי׳ רנ״ו סע׳ ד׳ וביאור שם הט״ז ס״ק ד׳ והש״ך ס״ק י׳ הטעם דמשאמר לאיזה מין עני מיד זכו בה אותם עניים, והוי כאילו בא הממון לידם. וע׳ בספר דרך אמונה פ״ט ס״ק מ״ט שאפילו לשנות לצדקה שהיא גדולה ג״כ אינו יכול דכבר זכו אותו עניים. וע׳ בשו״ת אג״מ יו״ד ח״א סי׳ קמ״ח בדבר בגדים שנקבצו ע״י אגו״י עבור בני תורה פליטי פולין שבעת אי אפשר לשלחם אליהם מפאת המלחמה, אם רשאין לשנות לעניים אחרים ואם רשאין למוכרם ולשלוח המעות ע״ש.

29. שו״ע יו״ד סי׳ רנ״ו סע׳ ד׳, ואם היה במדינה חכם גדול שהכל גובים על דעתו והוא יחלק לעניים כפי מה שיראה הרי זה יכול לשנותה לכל מה שיראה לו מצרכי צבור. וע׳ בספר דרך אמונה פ״ט ס״ק נ״א שהביא משו״ת הרדב״ז דזה איירי אפילו כשיש בעיר הזאת איש שהוא גדול ממנו בתורה, כיון שהוא ממונה על צרכי הציבור על דעתו נתנו.

30. מהרש״ם יו״ד סי׳ רנ״ו סע׳ ד׳ בשם רעק״א.

the charity collecor would not be permitted to use that money for another cause.[31]

O. If Extra Money Is Collected

1. If a collection was made for a specific indigent in order to raise a specified sum of money for a particular circumstance and the collectors not only raised the necessary amount but additional money as well, there is a dispute among the authorities what may be done with the extra money. Some *Poskim* maintain that the poor person for whom the funds were collected receives all the extra money; since it was given specifically for him, it is considered as though he already owns it. In point of fact, if the poor person were to pass away his heirs would receive the funds. Other *Poskim* hold that even though the money was collected for a specific person or cause the charity collectors would be permitted to use the extra funds for other similar causes if they felt the need to do so.[32]

---

31. עיין הציון דלעיל.

32. איתא בבא בתרא ח׳ ב׳, ורשאין בני העיר לשנות מקופה לתמחוי ולשנותה לכל מה שירצו. והביאו הטור יו״ד סי׳ רנ״ו וכתב על זה שהוא מחלוקת ראשונים לאיזה דבר יכול לשנותם. הר״י מגא״ש סובר דרק לצורך עניים אחרים, כגון אם גבו לצורך אכילה יכול לשנותה לצורך כסות וכדומה. אבל בשביל צרכי הצבור אין יכול לשנותם. וכן הוא דעת הרי״ף הובא בב״י שם. אולם ר״ת שם בד״ה ולשנותה והרמב״ם בפ״ט מהל׳ מתנות עניים הלכה ז׳, והרא״ש בפ״ק דב״ב סי׳ כ״ט סוברים דהא דמותר לשנות זהו לכל דבר של צרכי צבור ואפילו לדבר הרשות. והביא הב״י שם שכן דעת המהר״ם מרוטנבורג, והמרדכי בב״ב סי׳ תפ״ו, והסמ״ג סי׳ קס״ב. והסמ״ק סי׳ רמ״ח כתב שכן עמא דבר לשנות אפילו לדבר הרשות. והסכים עמו המהרי״ק בשורש קכ״ח. והוסיף שם הטור וז״ל שכל זה דוקא בקופה ותמחוי שהם דברים קבועים ואם יחסר להם יגבו פעם אחרת, אבל אם אירעו מקרה שהוצרכו לגבות לצורך עניים כגון שהוצרכו לגבות לצורך כסות או שבאו עניים הרבה וגבו לשמם לא ישנו ליתנו לצורך דבר אחר ולא אפילו לצורך עניים אחרים, עכ״ל. וזהו ע״פ הרא״ש ב״ב פ״ק סי׳ כ״ט. והוצרך הרא״ש לומר הכי כדי שלא יהא ברייתא דברים אלו סותרים להמשנה במסכת שקלים פ״ב משנה ה׳ שכתב שם מותר שבוים לשבוים מותר שבוי לאותו שבוי מותר עניים לעניים מותר עני לעני... ולכאורה משנה זה הוי דלא כהברייתא הנ״ל שהובא בב״ב שיכול לשנות לכל מה שירצו, ע״כ כתב הרא״ש וכפי שהביא הב״י דההיא דשקלים איירי במעות שגבו על ידי מקרה שאירע שבאו עניים הרבה או שהוצרכו לגבות לצורך עניים. והברייתא דקתני שרשאין לשנותן לכל מה שירצו בבני העיר שעשו

קופה בסתם דעתם עשאוה לשנותם לכל מה שירצו ולכשיצטרכו מעות לעניי עירו יגבו פעם אחרת. וכן משמע מלישנא דלכל מה שירצו, דאי לאשמעינן דלצורך עניים דוקא יכולים לשנותה, כיון דאשמעינן כבר דיכולין לשנות תמחוי שהוא לעניי עולם ליתנו לעניי העיר וקופה שהיא לעניי העיר ליתנה לעניי עולם ואין בו משום גזל ליתן מה שנגבה לעני זה לעני אחר, כ״ש מה שנגבה לאותם עניים שיכולין לשנותן ממעשה למעשה. ועפי״ז פסק השו״ע יו״ד סי׳ רנ״ו סע׳ ד׳ והש״ך ס״ק ז׳, שבני העיר יכולין לשנות לכל מה שירצו מצרכי הצבור, ואע״פ שלא התנו כן בשעה שגבו. אולם הוסיף הרא״ש שם עוד דבר אחר, שאיתא בירושלמי שקלים פ״ב ה״ה דמותיר עניים לעניים. . . ואין ממחין ביד הפרנסים, כלומר אם ראו שיש צורך בדבר ובאו לשנות אין ממחין בידם. וכתב הב״י שם בסי׳ רנ״ג וז״ל, דנראה שדעתו לומר דההיא דירושלמי דשקלים באין לשנות לדבר שהוא צורך עניים דוקא אבל לדבר הרשות אין רשאין לשנותן לא הפרנסים ולא הצבור, עכ״ל. וביאור הש״ך שם בס״ק ז׳ את דברי הב״י, דאע״פ שכבר כתב הרא״ש שיש חילוק בין גיבוי קבוע לגיבוי מקרה דאפשר לשנות רק בגיבוי קבוע אבל אם גבו לצורך איזה מקרה אינם יכולים לשנות ואפילו המותרות לאותו עני זהו דוקא בסתם אבל אם פרנסי העיר רואים צורך בדבר לשנותם בוודאי יכולים הם לשנותם וליתן המותרות לצרכים אחרים וכמו שכתב הירושלמי שם אין ממחין ביד הגבאי. אבל דוקא לשנות לדבר מצוה אבל לדבר הרשות אינו יכול אף אם הם ראו צורך בדבר. אבל כשגבו לצורך מקרה אם לא ראו הפרנסים צורך לשנות המעות אינם יכולים. ומסיים הש״ך שם וז״ל, ועל זה כתב הב״י נראה שדעתו לומר דההיא דירושלמי דשקלים בבאין לשנות לדבר שהוא צורך עניים דוקא , ולכך יכולים הפרנסים לשנות כשרואין שיש צורך בדבר אבל לדבר הרשות לא וזה ברור, עכ״ל. וממילא פסק השו״ע סי׳ רנ״ג סע׳ ו׳ עני שגבו לו להשלים די מחסורו והותירו על מה שצריך, המותיר שלו. ואם גבו לעניים סתם והותירו ישמרו לעניים אחרים. . . ואם ראו פרנסיים שיש צורך שעה ורצו לשנות הרשות בידם. הנה אליבא דהרא״ש לפי מה שביאר הש״ך זה מיירי כשגבו אפילו לצורך מקרה אבל דוקא כשרוצים לשנותם לדבר מצוה.

אולם עדיין צ״ע דמה ההיתר לשנות דאף אם הפרנסיים ראו צורך בדבר הלא כבר זכו בו העניים והוי גזל? וראיתי בספר בינת אדם סי׳ קמ״ח אות י״ב שהקשה קושיא זו דאם הרא״ש ס״ל דמותר עניים איירי כשגבו לעניים מסויימים א״כ כבר זכו בו העניים, שהגבאים הם שלוחי העניים וא״כ הוי גזל גמור. והוסיף שם להקשות עוד דל״ל להמשנה בשקלים למתני לשון כפל, מותר עניים לעניים ומותר עני לעני, אם הטעם הוא מפני שהגבאים זוכים בשבילם ליתני רק סתם כל פעם שגובה בשביל העני המותרות שלו כיון שהם זוכים בעדם? וכתב שם לתרץ שליכא ספק כלל דהמשנה בשקלים תרתי משמע, דהיינו שבתחילה כתב דמותר עניים לעניים מותר שבוים לשבוים, וזה מיירי כשגבו לעניים סתם ולא לעניים ידועים, וממילא המותר יתנו לעניים אחרים. וכשכתב מותר עני לעני מותר שבוי לשבוי מותר מת למת זהו כשגבו לעני ידוע ומיוחד. וממילא כשהותירו צריך ליתנו לאותו עני או ליורשיו דוקא, שהרי הוא כבר זכה בהממון. וה״ה כשגבו לעניים ידועים, אם הותירו ממון צריך ליתנו דוקא לאותם עניים שהם כבר זכו בהממון. וממילא מה שכתב הרא״ש לחלק בין הברייתא של שינוי קופה ותמחוי להמשנה של מותר עניים אין כוונתו על מש״כ ברישא של המשנה דזה איירי בעניים סתם אלא כוונת הירושלמי על הסיפא כשגבו לעני ידוע וממילא קשה מאי שנא מקופה ותמחוי שהם ג״כ נגבהו לצורך עניי העיר. ולכן צריך הרא״ש לחלק בין כשהגיבוי הוא קבוע בעיר ובין

2. In a situation where the charity collector specified to the donor that anything collected over the amount needed for the poor person will be used for similar or other causes, according to all *Poskim* the extra money may be used for other causes.[33]
3. If a collection was made for the poor in general and the names of the various individual recipients were not made known to the donors, any money raised above the amount needed for them should be set aside to be used at a later date for other poor people.[34]

כשגובה בשביל איזה מקרה. הרי מבואר שכל החילוק של הרא״ש הוא בעניים ידועים. וכשכתב הירושלמי דיש רשות להגבאי לשנות זה קאי על תחילת המשנה דכשגבו לעניים סתם אז יש רשות להגבאי לשנות, אבל כשגבו בשביל עניים ידועים בוודאי אסור לשנות כיון שכבר זכו בו העניים בהמעות. והוסיף שם החכמת אדם שאין להקשות למה תנן שמותר לשנות רק מותר עניים והלא אפילו עיקר הממון שלצורך העניים יכול לשנות כדכתב גבי קופה ותמחוי, זה אינו כיון שהוא דומה להדין של קופה ותמחוי ואף שם יש להם רשות לשנות רק לאחר שהעניים שגבו בעדם יקבלו מה שצריכים, ע״ש כל ההסבר, וכתב עוד שם דאפילו שאר הראשונים סוברים לחלק הכי. וסיים שם החכמ״א ולכן במקום שגבו לצורך עניים ידועים ונקרא הצדקה על שמם א״כ תיכף כשבא ליד הגובה זכה בהם אותם העניים ואסור לשנות ואפילו לפדיון שבוים. והם זוכים בעדם אפילו כשלא העמידו העניים אותם לגבות רק הם שלוחים של ז׳ טובי העיר לזכות בעד העניים. היוצא מכל הלן דיש מחלוקת להלכה בין הש״ך והחכמת אדם איך לפרש דברי הרא״ש. דלהש״ך כשגבו בני העיר בעד העניים מותר לשנות אפילו לדבר הרשות, וכשגבו בעד עני אחד מיוחד או עניים ידועים אם הותירו על מה שצריכים יכול הפרנסיים לשנות המעות בעד דבר מצוה אם רואים הם צורך בדבר. ולהחכמת אדם כלל קמ״ח סע׳ ט״ו ההיתר לשנות המותר הוא אך ורק כשגבו לעניים סתם אבל אם גבו בעד עני מסיום או עניים ידועים כבר הם זכו בהמעות ואסור להגבאים לשנותם לכל סוג צדקה אחרת. וע׳ שו״ת אחיעזר ח״ב סי׳ ס״ג שדחה שיטת החכמ״א ומה שכתב לתרץ קושיותיו. וע׳ ערוה״ש סי׳ רנ״ו ס״ק ה׳ - יג מהלך אחר בדברי הראשונים. וע׳ בערוה״ש סי׳ רנ״ג ס״ק י״ג שכתב להסביר למה באמת מותר עני לעני, ואליביה ג״כ אפשר לתרץ קושית החכמ״א. ובאמת היינו כדברי הנמקי״ סנהדרין ט״ו א׳ בדפי הרי״ף, דבמתנה שנותן לחבירו ומוציאו מרשותו בודאי לא על דעת שיחזורו לו כלום עשה. ועוד דבר מועט מסתמא כל אחד גמר ויהיב, ע״ש. וע׳ עוד מזה בשו״ת לבוש מרדכי ח״ג סי׳ קי״א ובשו״ת אמרי יושר ח״א סי׳ קנ״ט, ובשו״ת חת״ס יו״ד סי׳ רל״ז, ובספר דרך אמונה פ״ט ס״ק מ״ז. וע׳ בספר צדקה ומשפט פ״ט סע׳ א־י כל הדעות של הראשונים ואחרונים בסוגיא זו.

33. ע׳ ציון דלעיל.

34. כן פסק בשו״ע יו״ד סי׳ רנ״ג סע׳ ו׳. ואפילו אם הגבאים היה דעתם בעד עניים מסוימים לא זכו בהם, ואם נשאר ממון ישמרו לעניים אחרים. וע׳ ציון לעיל.

P. Money Collected That Is Not Needed

Until now we discussed situations where the money raised was given to and used by the people in need and there were extra funds. However, when money was collected for a specific person or purpose and before the money was used it no longer was needed — for example, the person for whom they were collecting either became rich or died — then the person the money was collected for or his heirs have no right to that money. The reason for this is that we can assume the donors gave only for the individual's needs and now those conditions no longer apply.[35] Of course, if the money was collected to help pay for medical expenses then it must be used to pay off those bills even though the individual passed away.[36]

In the above situation, where the money collected was never used, the money should be returned to the donors, if this can be done with relative ease and without causing a financial loss to the *tzedakah* fund or organization. However, if one is unable to do so the collectors may use those funds for needs similar to the ones the money was originally collected for.[37]

---

35. שו״ע שם סע׳ ז׳ הביא שני דיעות בזה, די״א שהם של יורשים וזה שיטת הרשב״א בשו״ת שלו ח״ד סי׳ נ״ה, וי״א שלא זכו בהם היורשים. ושיטה זו היא שיטת הרא״ש בשו״ת שלו כלל ל״ב סי׳ ו׳ הובא בב״י שדן בשבויה שקבצה עמה מהקהילה מעות לפדיונה ועתה נודע שהשבויה המירה אם יש לה זכות בה. וסיים שם שאין לה וליורשיו שום זכיה באותן המעות, וביאור שם הרא״ש הטעם דאדעתא דהכי לא התנדבו. וכך ביאור הגר״א שם ס״ק י״ד דדוקא היכא שנעשית המצוה שנגבית הממון בשבילה והותיר, משא״כ כה״ג שלא הוצרכו כלל להמעות אמדינן דעתייהו שלא התנדבו ע״ד כן. וסיים שם השו״ע ולזה הדעת נוטה בזמן הזה דאמדינן דעתייהו שלא התנדבו ע״ד כן. וכמו כן אם גובה בעד עני ומת או העשיר.

36. פשוט דהא נגבית לצרכו ועדיין צריכים המעות בעדו.

37. שם בב״י ע״פ שו״ת הרא״ש הנ״ל וז״ל ואם היה באפשר להחזיר לכל אחד מה שנתן, זה היה הנכון והישר כי התנדבו לצורך פדיונה ולא יצאו מרושתם עד שתפדה, אבל זה אי אפשר כי יוציאו יותר מן הקרן להחזיר לכל אחד מה שנתן. הילכך יעשו בהם צרכי רבים, ויותר טוב הוא לפדיון שבויים כאשר אמרו הקהל. עכ״ל. וכן פסק בשו״ע חו״מ סי׳ רפ״ג סע׳ ג׳. וכן פסק הערוה״ש סי׳ רנ״ג ס״ק ט״ו. וע׳ בספר דרך אמונה פ״ט ס״ק קכ״ג, ובספר צדקה ומשפט פרק ט׳ סע׳ ו׳ הרבה פרטים בדין זה.

10 / Responsibilities of a Donor

In the previous chapter we discussed the halachos that apply to a charity collector and the funds he collects for *tzedakah*. In this chapter we will discuss these halachos as they relate to an individual who has separated *tzedakah* funds but has not yet distributed them. What are his responsibilities regarding the money and its disbursement?

A. Using Separated *Tzedakah* Funds

One who has already separated *tzedakah* money but at the present time there are no poor people to distribute it to is permitted to borrow from this money or lend it to someone else.[1] This is only the case provided he will have funds available to give to poor people when they do come collecting.[2]

B. Lost or Stolen *Tzedakah* Funds

One who separated funds for *tzedakah* and was certain he was careful regarding their safekeeping, but despite this the funds were either lost or stolen, is not obligated to replace the missing money. However, if one was negligent as to the *tzedakah's* safekeeping he would then be obligated to repay the money.[3]

C. Doing Business or Investing *Tzedakah* Funds

One who has set aside *tzedakah* may **not** do business with it

---

1. איתא בערכין ו׳ א׳, במסקנת הגמרא, דמי שהפריש ממון לצדקה דעד שבא הצדקה ליד הגבאי יכול לשנותה דהיינו להלוותו בין לו ובין לאחרים ומשבא ליד גבאי אסור לשנותה בין לו ובין לאחר. ועפ״ז פסק השו״ע יו״ד סי׳ רנ״ט סע׳ א׳ דמי שהפריש ממון לצדקה עד שלא בא ליד הגבאי יכול לשנותו בין לו ובין לאחר.

2. דרך אמונה הל׳ מתנות עניים פ״ח ס״ק כ״ב. וע׳ שו״ת כתב סופר יו״ד סוף סי׳ ק״י.

3. פ״ת יו״ד סי׳ רמ״ט ס״ק א׳ בשם שו״ת ארבעה טורי אבן סי׳ ו׳, וכן פסק בספר צדקה ומשפט פרק ח׳ סי׳ ז׳. וע׳ בספר דרך אמונה פ״ז הל׳ ה׳ בבה״ל ד״ה אחד מעשרה.

or even invest it to increase its value, for poor people who need these funds may come, and if he used it for other purposes there will not be any money available.[4]

One who is sure that there will *always* be funds accessible may invest the *tzedakah* money, provided it is a safe investment where the likelihood of profits is much greater than the probability of loss.[5]

One is permitted to set aside money in a *tzedakah* fund (*keren*) in order to invest it and use the profits for *tzedakah* while maintaining the principal for long-term investment. However, he must exercise caution to ensure that the money is being invested safely.[6]

One may stipulate *prior* to separating *tzedakah* that he is doing so on the condition that he be able to invest the money.[7]

D. Money Placed in a *Pushka* (charity box)

As we established previously money that was given to charity collectors may **not** be taken back since the act of *receiving* it constitutes their acceptance of the money on behalf of the poor. This applies equally to money placed in a *pushka*. Therefore, one who put money in a *pushka* which is set aside for a specific *tzedakah* is not permitted to retrieve the money, because once it is given the *tzedakah* is considered as acquired by the poor.[8]

Below we will discuss additional common issues relating to *pushkas*.

---

4. מקורו הוא במסכת שקלים פרק ב׳ משנה ב׳, והובא בגמרא כתובות ק״ו ב׳, אמר ר״ע אין משתכרין בשל הקדש אף בשל עניים מאי טעמא לא? דלמא מתרמי להו עניא וליכא למיתבא ליה. ועפ״ז פסק הרמ״א יו״ד סי׳ רנ״ט סע׳ א׳ אין נושאין ונותנין בצדקה העומדת לחלק לעניים. וכן כתב בספר מעשר כספים דף רל״ט סע׳ ל״ג בשם השל״ה. וע׳ בשו״ת חת״ס חו״מ סי׳ קמ״ח.

5. רמ״א שם וכן פסק העורה״ש סי׳ רנ״ט ס״ק ד׳ שצריכין לראות שיהא קרוב לשכר אף שהוא ריוח קטן ורחוק מהפסד, וכן כתב בדרך אמונה פ״ח ס״ק ל״ב.

6. שם.

7. שו״ת שבט הלוי ח״ח סי׳ רי״ג.

8. ע׳ הציון דלהלן.

a. Borrowing From a *Pushka*

One is **not** permitted to borrow from a *pushka* and pay back the sum since once the money was placed in the *pushka* the *tzedakah* is designated for the poor.[9] Just as one may not borrow money from someone without his permission, so do we consider the act of borrowing from a *pushka*. However, the *Poskim* permit one to stipulate that any money placed in the *pushka* should **not** be considered *tzedakah* funds until the *pushka* is given to the *tzedakah* organization. This would give one the right to use the money until it is given to the organization.[10] One only has to make this stipulation *once*, at the outset, rather than each time he places money in the *pushka*.

b. Giving by Mistake

One who wanted to place money into a particular *pushka* and by accident placed it into a different one may take the money out and put it into the intended one.[11]

c. Stolen

If the *pushka* was stolen one is **not** obligated to replace the money.[12] However, if one was negligent in the *pushka's* safekeeping he would have to replace the money.[13]

d. Money From *Pushkas* Intermixed

If one had a number of *pushkas* and somehow the money became intermixed, he should give each *tzedakah* the approximate amount that he assumes was in each one.[14]

---

9. ע״פ שו״ת מאמר מרדכי סי׳ ט״ו דמי שנתן מעות תוך הקופה של צדקה כבא ליד גבאי וזכו בו העניים והכלי קונתו מתורת חצר. וכן פסק בשו״ת בית יצחק או״ח סי׳ כ״א וכן כתב המהרש״ם בסי׳ רנ״ח סע׳ א, ובשו״ת שלו ח״ד סי׳ ק״ז וקמ״ז. וכן כתב בס׳ דרך אמונה פ״ח ס״ק כ״ד. אבל בלא טעם של חצר לכאורה יהיה מותר ללוות ממנה כמו שאנו נוהגין בגבאי צדקה ע׳ לעיל פרק ט׳ הערה 27.

10. שם בציון ההלכה ס״ק קכ״א וכן כתב בשו״ת שבט הלוי ח״ח סי׳ רי״ג.

11. צדקה ומשפט פ״ט הערה כ״ה, דהוי כקנין טעות.

12. ע׳ ציון לעיל.

13. ע׳ לעיל ציון 3.

14. צדקה ומשפט פרק ט׳ הערה כ״ה. וע׳ בפ״ת סי׳ רנ״ט ס״ק י״ג.

e. Completely Filled *Pushka*

Once the *pushka* is full one should send the money to the designated organization.[15]

f. Organization Closed Down

One who has a *pushka* for an institution that has since closed down should use the money for a similar institution.[16]

g. Institution's Identity Unknown

One who has a *pushka* and does not know to whom it belongs should use the money for community needs.[17]

h. Exchanging Personal Money

One is permitted to exchange his personal money with money from the *pushka*. For example, if one has a large bill and needs change he may exchange the large bill for change from a *pushka*. Similarly, one may place all his small change in a *pushka* and take large bills in its place. Furthermore, one is not obligated to give anything to the *tzedakah* when he does this.[18] Nevetheless, it has become the custom for one to give some money to the *tzedakah* at such time.

E. Unsure if Money Belongs to *Tzedakah* or Is Personal Funds

Generally, one should be careful to separate *tzedakah* money from personal money. If for some reason the monies become mixed up, the following applies:

---

15. פשוט.

16. צדקה ומשפט שם.

17. שו״ת מנחת יצחק ח״ח סי׳ פ״ו אות א׳.

18. ע׳ רמ״א יו״ד סי׳ רנ״ט סע׳ א׳ דאין הצדקה כהקדש ומותר ליהנות ממנה. וע׳ בספר צדקה ומשפט פ״ח הערה י״ד שכתב שכן מבואר מלשון הרמב״ם הובא בב״י שכתב, וז״ל והיה נראה עוד מדקדוק לשון הרמב״ם שהוא מפרש דמותר לשנותה לא ללוותה ולא להלוותה קאמר אלא להחליף סלע זה של צדקה באחר שהוא נוטל סלע זה ומניח מיד אחר תחתיו, ונ״מ אע״פ ששניהם שוים בדמים שמטבע של סלע זה צריך לו יותר כגון אם הוא צריך ליתנו לבני מקום שהוא יוצא שם יותר ברווח מחבירו, עכ״ל. וכן הוא פסק להדיא בפרק הנ״ל הערה כ״ה. וע׳ בספר דרך אמונה פ״ח ס״ק כ״ב.

1. One who has a sum of money but is unsure if the money is his personal money or if it belongs to *tzedakah* should give the money to *tzedakah*.[19]
2. One who used the same drawer to safeguard *both* his personal money and *tzedakah* money and found money in the drawer but is unsure to whom it belongs may keep the money for his personal use, provided the last time he took money from the drawer he used it for himself.[20] Alternatively, if the last time he used the drawer he did so to safeguard *tzedakah* funds then the money belongs to *tzedakah*.[21] If the drawer was used simultaneously for both personal and *tzedakah* money then he can assume that this money came from whichever amount he knows was greater[22] (i.e., $1000 personal money and $500 *tzedakah* money).

---

19. שו״ע יו״ד סי׳ רנ״ט סע׳ ה׳ וכן פסק בחכמ״א כלל קמ״ח ס״ק כ״ח ובערוה״ש סי׳ רנ״ט ס״ק ט״ו וט״ז.

20. רמ״א שם סע׳ ו׳.

21. שם.

22. שם.

11 / Tithing Money — *Maaser Kesafim*

A. *Maaser Ani* — Poor Man's Tithe

The Torah tells us: וּבְקֻצְרְכֶם אֶת קְצִיר אַרְצְכֶם לֹא תְכַלֶּה פְּאַת שָׂדְךָ לִקְצֹר וְלֶקֶט קְצִירְךָ לֹא תְלַקֵּט . . . לֶעָנִי וְלַגֵּר תַּעֲזֹב אֹתָם אֲנִי ה׳ אֱלֹקֵיכֶם, "When you reap the harvest of your land you shall not finish reaping the corner of your field, and you shall not gather the gleanings of your harvest . . . for the poor and the proselyte shall you leave them" (*Vayikra* 19:9-10). From here we learn that one must leave a portion of what grows in the field for the poor people. These gifts for the poor are known as *leket* (לֶקֶט), gleanings; *shich'chah* (שִׁכְחָה), forgotten sheaves; and *pe'ah* (פֵּאָה), corner of the field. Similarly, we find that one must give *maaser ani* (poor man's tithe) from his produce. When a person harvests his field, before he is permitted to eat from the produce he must first separate a portion for a *Kohen*, which is 2 percent of his crops; then *maaser rishon* (first/ordinary tithe) is removed for the *Leviim*, which is 10 percent; and *maaser sheini* (second tithe) is removed to be eaten in Jerusalem, which is another 10 percent. In year three and year six, instead of separating the second 10 percent as *maaser sheini*, that 10 percent is separated as *maaser ani* and is given to the poor people.[1]

B. *Maaser Kesafim* — Tithing money

Just like one is obligated in giving *maaser* (tithe) from one's produce, so too, there is a concept of *maaser* from what one earns.[2] Consequently, one should separate 10 percent from his

---

1. ע׳ בטור ושו״ע יו״ד סי׳ של״א כל הפרטים בדינים אלו.

2. ע׳ גמ׳ תענית ט׳ א׳, בתוס׳ ד״ה עשר תעשר, וז״ל, הכי איתא בספרי עשר תעשר את כל תבואת זרעך היוצא השדה שנה שנה, אין לי אלא תבואת זרעך שחייב במעשר רבית ופרקמטיא וכל שאר רווחים מנין ת״ל את כל, דהוה מצי למימר את תבואתך מאי כל לרבות רבית ופרקמטיא וכל דבר שמרויח בו עכ״ל. וכן הוא בפסיקתא רבתי פרק כ״ו

earnings and give it to the poor. Whereas giving *maaser* on produce is a Torah command, giving *maaser* from one's earnings is a matter of dispute amongst the *Poskim*. Some *Poskim* maintain that to give *maaser* from one's earnings is also a Torah command.[3] Others maintain that one is only obligated *mi'd'Rabbanan* (prescribed by the Rabbis).[4] Most authorities are of the opinion that *maaser kesafim* is only a *minhag* (custom)[5] which

---

דאיתא עשר תעשר את כל מהו את כל ? אפילו ממונך, אמר ר׳ שמעון בן לקיש בשם ר׳ יהודה בן חנניא נימנו באושא שיהא אדם מפריש חומש נכסיו מה טעם כדי תרומות ומעשרות כדכתיב (בראשית כח: כב) וכל אשר תתן לי עשר אעשרנו לך, וכתב שם הדעת זקנים מבעלי התוספות שיעקב תקן להם לתת מעשר מן הממון.

3. ע׳ ט״ז יו״ד סי׳ של״א ס״ק ל״ב שכתב דמעשר כספים בזמן הזה חיוב גמור הוא. וע׳ בערוה״ש סי׳ רמ״ט ס״ק ה׳ שסובר בדעת הט״ז דהחיוב הוא מדאורייתא. וע׳ שו״ת שער אפרים סי׳ פ״ד ובהגה״ה שם מבנו דמשמע שהוא סובר דחיוב דאורייתא הוא. וע׳ בס׳ אהבת חסד ח״ב פרק י״ט בהערה ד׳ באמצע שהביא מה שכתב הגר״א לב״ב באיגרתו הק׳ עלים לתרופה וז״ל שלמען ה׳ שתפריש את החומש כאשר צויתיך ולא תפחות כאשר הזהרתיך כי בפחות מזה עוברים כל רגע על כמה לאוין ועשין ושקול כאילו כפר בתורה הקדושה ח״ו.

4. ע׳ בט״ז הנ״ל, וע׳ בשו״ת חות יאיר סי׳ רכ״ד תשובה מר״ד אפנהיים שכשהט״ז כתב שהוי חיוב גמור זהו חיוב דרבנן, ודלא כהערוה״ש סי׳ רמ״ט ס״ק ה׳ בדברי הט״ז, וגם הוא סובר שמעשר כספים הוא חיוב דרבנן. ומה דאיתא במדרש תנחומא (ראה פרשה יח) ובמדרש ילקוט פרשת ראה (רמז תתצ״ג) עשר תעשר אמר רבי אבא רמז לפרקמטוטין ולמפרשי ימים שיהיו מוציאים אחד מעשרה לעומלי תורה, וזהו רק אסמכתא בעלמא דהא כתב רבי אבא דהוי רמז לפרקמטוטין ע״ש. וגם צ״ל דהספרי שהביא התוס׳ תענית ט׳ א׳, ג״כ סובר שהוא אסמכתא בעלמא. וע׳ בפירוש ברית עולם מהחיד״א על ספר חסדים סי׳ קמ״ד שמפרש דברי הספר חסידים שמעשר כפסים הוא חיוב דרבנן. וכן כתב בברכי יוסף סי׳ רמ״ט סע׳ ג׳ בד״ה וחזה, דהחיוב מעשר כספים הוא דרבנן מדין צדקה ולא מדין מעשר עני.

5. ע׳ ב״ח יו״ד סי׳ של״א ד״ה מעשר עני שכתב וז״ל אבל מה שאדם מעשר ממה שמרויח במשא ומתן ככספים ושאר רווחים אינו בכלל זה ויכול ליתן ממנו לצדקה ולפדיון שביוים שהרי אינו חייב בה לא מן התורה ולא מדרבנן, עכ״ל. וע׳ בשו״ת חות יאיר סי׳ רכ״ד וז״ל וכך עניות דעתי נוטה כהב״ח (דמעשר כספים רק מנהג) שהרי לא נזכר שום דבר בש״ס ממעשר כספים, וארז״ל עשר תעשר בשתי מעשרות הכתוב מדבר ולמדו שגם מעשר בהמה אין מעשרין משנה על חברתה. . . ואילו הי׳ מדרבנן לא היו ישראל קדושים מקילין בה עד שרק א׳ מעיר ושנים ממשפחה נזהרין בה, עכ״ל. ועל הא דכתב הר״ד אפנהיים דכתיב לשון רמז, אינו נראה שיש פעמים שלשון רמז הוא אפילו על דברים שהם מן התורה, ועל הא דאמר דהוי חיוב דרבנן מטעם אסמכתא זה אינו דאי ס״ד דהוי מדרבנן לא היה הטור כותב (סי׳ רמ״ט) שאם נתן פחות מעשרה נחשב עין רעה היה לו לכתוב דהוא עבריין ע״ש. וע׳ בשאילת יעב״ץ סי׳ ו׳ דאנו סומכין דהוי רק מנהג בעלמא, שלא לגדוש המדה להחמיר יותר ממה שנהגו, והנח לישראל בני נביאים די

was accepted by some people, and therefore, it is up to each individual to determine for himself if he wants to give *maaser*. Even though one is not obligated to give *maaser* according to this opinion, nevertheless, it is highly praiseworthy for one to give *maaser* anyway,[6] as many people have done throughout the generations.[7]

It is important to note that the above discussion only explains the new *din* of *maaser* (to be discussed in section C). However, in the case where there are poor people in front of you, or if one knows of people in need then one would be obligated to give at least a minimum of one-tenth as *tzedakah*, as explained previously in Chapter One.

להם במה שהחמירו על עצמן לפנים משורת הדין. וע׳ שו״ת פני יהושע או״ח סי׳ ב׳ דמעשר כספים אינו אלא מנהג. וכן הוא בשו״ת חת״ס יו״ד סי׳ רל״א בא״ד וז״ל, יען דהך מעשר כספים איננו חיוב ממש יש מפרישים ויש שאינם מפרישים, עכ״ל. וכן בשו״ת שבות יעקב ח״ב סי׳ פ״ה. וע׳ בפ״ת יו״ד סי׳ של״א ס״ק י״ב עוד איזה שיטות שסוברים שמעשר כספים הוי רק מנהג בעלמא. וכן מבואר בספר אהבת חסד ח״ב פרק י״ח ס״ק ב׳ דמעשר כספים הוי רק מנהג בעלמא, שהוא מדבר שם איך לנהוג במעשר וכתב וז״ל ראשון לכל טוב שיתנה בתחילת קבלתו את המצוה שהוא בלי נדר כדי שלא יכשל ח״ו בעון נדרים ע״י איזה סיבה לפעמים, עכ״ל. ואם מעשר כספים הוא חיוב איך שייך להתנות מתחילה? וכך מבואר בספר דרך אמונה הל׳ מתנות עניים פרק ז׳ ס״ק כ״ז שהוא ג״כ כתב דהוי מנהג. וע׳ בשו״ת מהרי״ל סי׳ נ״ו ובשו״ת פרי יצחק ח״ב סי׳ כ״ז. וכן כתב בשו״ת אג״מ אה״ע ח״ג סי׳ מ״ג. אח״כ ראיתי בספר מעשר כספים דף מ״ה שהביא נוסח של תקנת הרא״ש ובניו החתומים עליו וז״ל, שמע בני מוסר אביך ואל תטוש תורת אמך. יען כי בארץ אשר יצאנו משם נהגו אבותינו ואבות אבותינו להפריש חלק אחד מעשרה חלקים לגבוה לצדקה לצורך מצוה מכל מה שירויחו במשא ובמתן. . . ודבר זה קבלנו על עצמנו ועל זרעינו לשמור ולעשות ולקיים. . .,עכ״ל. הרי מבואר משם שדין מעשר כספים הוי רק מנהג

6. ע׳ שאילת יעבץ סי׳ ו׳ בד״ה אלא שכתב שאע״ג שאין למעשר כספים עיקר מן התורה היינו לחיוב אבל למדת חסידות ודאי שיש לו עיקר מיעקב אבינו וכדכתיב בראשית כח:כב וכל אשר תתן לי עשר אעשרנו לך. וכן מצינו לגבי אברהם אבינו בראשית יד:כ ויתן לו מעשר מכל, וע׳ בפרקי דר׳ אליעזר פרק כ״ז דאברהם התחיל ראשון לעשר בעולם.

7. וע׳ בספר דרך אמונה פ״ז בציון ההלכה ס״ק ע״ג שהביא מספר קרניים מאמר י״ב, דתתתש״מ עולמות ניזונין בזכות מעשר. והביא עוד מספר כתר ראש להגר״ח מולוזין סי׳ קנ״ג שכתב בשם הגר״א השומר מעשר מובטח שלא יבא לידי היזק והשומר חומש מובטח שיתעשר. וכן הזהיר מרן החזו״א ליתן מעשר כספים. וע׳ במדרש שמות רבה מ״א (א), וכן ע׳ במדרש איכה רבתי פ״א (כ״ח), וכן מה שכתב הדעת זקנים מבעלי התוספות בראשית (כ״ד:א).

C. Why New *Din* of *Maaser* Was Established

Since the Torah mandated the mitzvah of *tzedakah,* when does this new concept of *maaser kesafim* apply? There are a number of answers to this question. One explanation is that the mitzvah of *tzedakah* applies in the case where the poor person is standing in front of you or you have knowlege of an indigent. In such an event one would be obligated in the mitzvah of *tzedakah.* This approach would lead one to assume that when one does not know of any poor or no poor people are coming to collect then one does **not** have to give anything and consequently there would be no mitzvah of *tzedakah.* Therefore, we have a new concept of *maaser* — that one should separate a tenth of his money regardless of the presence of poor people, and in this way he will have funds available to give them when the need arises. This is similar to *matnos aniyim* (gifts to the poor) where one had to separate the gifts even if there were no poor people around.[8] Other explanations are discussed in the footnotes.

D. When *Maaser* Becomes Like a *Neder*

According to the opinion that *maaser kesafim* is only a *minhag,* and therefore it is up to each individual to determine if he wants to give, one must be aware that once he gives *maaser kesafim* three times,[9] or even if he only gave *maaser* once with

---

8. כך כתב בספר ראשון לציון יו״ד סי׳ רמ״ז וע׳ בשו״ת שבט הלוי ח״ד סי׳ קכ״ד אות ב׳ שחולק עליו. וע׳ בספר מועדים וזמנים ח״א סי׳ י״ג, שכתב כדעת הראשון לציון. ויש עוד טעמים ששמעתי מהגאון הרב שמואל פעלדר שליט״א, והם דמבואר בסי׳ ר״נ דכשהעני הולך על הפתחים ליכא חיוב על אחד ליתן להעני כל די מחסורו אלא יתנו מעט ובצירוף מהכל יהיה להעני מה שצריך. אולם בלא החידוש של מעשר כספים הוה אמינה דהנותן לעני רק מעט הוא יוצא החיוב אע״פ שבין הכל לא הגיע לעני כדי צרכו, א״כ קבעו חכמים השיעור של מעשר שיהא זהיר להפריש שיעור מעשר. ויש טעם אחר והוא ע״פ מה שכתב בספר אהבת חסד דכיון שבנתינת מעשר יש חיסרון כיס לאנשים הם צריכים חיזוק ליתן וממילא קבעו חז״ל שיעור מעשר כדי לחזק האנשים ליתן. וע׳ בשו״ת מנחת צבי סי׳ ד׳ דף מ״ה בד״ה ומה שכתבו, טעם אחר ע״ש.

9. כך כתב בשו״ת אמרי יושר ח״ב סי׳ קל״ו, וכתב עוד אבל בג׳ פעמים אף בסתם נעשה נדר ולכן צריך תנאי, וכך הוא משמעות הדברים בהנוסח של התרת נדרים על ער״ה, או דבר טוב שנהגתי שלש פעמים ולא התנתי שיהי׳ בלי נדר, ואף שלא מצינו דין זה מבואר, מ״מ מסברא יש לומר כן ע״ש. וכך משמע בשו״ע הרב סי׳ תס״ח סע׳ י״ז ע״ש, וכן מבואר בשו״ת חת״ס יו״ד סי׳ רל״א ע״ש.

the intention of always giving *maaser kesafim*,[10] it becomes like a *neder* (vow), and consequently one would **always** be obligated in giving *maaser*.[11]

Accordingly, one should be very careful when accepting the custom of *maaser kesafim*. He should only accept to do it *b'li neder*. In this way he will not be faced with the problem of *nedarim*.[12] (Note: See Chapter Fourteen where we list all the different conditions that apply before accepting upon oneself *maaser kesafim*.) The law which applies to a person who knew to make a *b'li neder* condition but did not do so — and who would now like to stop giving *maaser* — is discussed in Chapter Eight.

E. *Maaser Kesafim* — Unaware of All the Options

One who thought he was obligated to give *maaser kesafim* and then found out that it was only a *minhag* has the following option: If he now finds it too difficult to give *maaser* and would like to stop giving, he does not have to be *matir neder* (abrogate his vow), because what he did constitutes a *neder b'taus* (an oath made by mistake).[13] He would then be permitted to discontinue giving *maaser kesafim*.

F. Does Father's Custom Obligate His Son?

There is a dispute among the *Poskim* whether a son is obligated to give *maaser* if it is his father's custom.[14] One should consult his *Rav* in such a situation.

G. How to Separate *Maaser*

Maaser is separated by setting aside one-tenth of one's

---

10. שו״ע יו״ד סי׳ רי״ד סע׳ א׳. וכן פסק המשנה ברורה סי׳ תקצ״ז ס״ק ו׳. וע׳ עוד בספר מעשר כספים דף צ״ב שהאריך הרבה בענין זה.

11. וע׳ בשו״ת חות יאיר סי׳ רכ״ד וז״ל ומכל מקום מי שנהג כן ימים רבים שוויו עליה חובה דהוה ליה נדר וחמיר ממילי דרבנן ע״ש.

12. אהבת חסד ח״ב פרק י״ח ס׳ ב׳.

13. שו״ע יו״ד סי׳ רי״ד סע׳ א׳ וכהרמ״א שם.

14. שו״ע יו״ד סי׳ רי״ד ופ״ת שם ס״ק ה׳. וע׳ בספר מעשר כספים דף צו.

earnings.[15] For example, one who earns $1,000 should separate $100 and give it as *maaser*.

Once a person has given *maaser* on what he earned, he does not have to give *maaser* on that money again. If he was to invest that money in business, or stocks, or mutual funds, he would only be obligated to give *maaser* on the interest the money earns. For example, one who earned $1,000 and set aside $100 as *maaser*, and then invested the remaining $900 which appreciated to $1,500 would only have to give *maaser* on the profit of $600. Since he already gave *maaser* on the *keren* (principal) of $900 and the new earnings totaled $600, he would only have to separate $60 as *maaser*.

H. Separating Exactly 10 Percent

When the Rabbis set 10 percent as the amount of *maaser* they had certain reasons in mind.[16] One should therefore try to be meticulous in separating exactly 10 percent. Even if one wants to give more he should first separate 10 percent and then separate any additional amount.[17] For example, one who wants to give 15 percent of his money to *tzedakah* should first separate 10 percent as *maaser* and then give the additional 5 percent.

Similarly, even one who wants to fulfill the maximum of giving 20 percent of his earnings to *tzedakah* should first separate 10 percent as *maaser* and then give an additional 10 percent of the original amount.[18]

---

15. שו״ע סי׳ רמ״ט סע׳ א׳ בענין חומש, וכתב הש״ך שם ס״ק ב׳ דה״ה למעשר. ומקורו מהירושלמי ריש פאה.

16. ע׳ בספר אהבת חסד ח״ב פרק י״ט סע׳ ג׳ בהגה״ה וז״ל ומדלא רמז הכתוב שיתן פ״א חומש משמע דטוב יותר שיפריש שני פעמים מעשר כי מעשר רומז לסוד גדול כמו שכתבו הספרים, וע״כ מהנכון שלא לערבב ענינו, אח״כ מצאתי שכ״כ בברכי יוסף... ויותר טוב שיפריש מעשר בצמצום כי כתבו הספרים דתת״ש רקיעין ניזונין בזכות מעשר, והיותר יתן בתורת צדקה בעלמא, עכ״ל. וע׳ בספר דרך אמונה פרק ז׳ בציון ההלכה ס״ק ע״ב וע״ג. וע׳ בשו״ת מהר״י אסאד יו״ד סי׳ של״ה.

17. ע׳ כנה״ג בהגהות לשו״ע יו״ד סי׳ רמ״ט שכתב כי השיעור של מעשר יש בו סוד ויסוד, וכן הוא בשו״ת אבקת רוכל סי׳ ג׳. וע׳ בפ״ת סי׳ רמ״ט ס״ק ב׳ בסוף דבריו דהמשנת חכמים חולק ולא סבירא ליה שצריך ליתן רק השיעור מעשר דוקא.

18. שם באהבת חסד הנ״ל.

I. Separating Immediately

It is advisable that as soon as a person earns money he should *immediately* separate *maaser*. For instance, one who receives a paycheck should immediately deduct 10 percent as *maaser*.[19] One reason is because once the money is designated as *maaser* funds one no longer considers it as his own, therefore making it easier to give it away. Other reasons are discussed in the footnotes.

J. Separate Account

It is expedient to have a special *tzedakah* account so that the money that is separated as *maaser* can be placed there. This way one will always have *maaser* funds available if poor people come. Giving away money from such an account is easier because one does not feel that he is diminishing his own money.[20] One should also make sure to stipulate that it is a *maaser* account.

K. Free Loan Fund (*Gemach*)

The Chofetz Chaim strongly encourages one to set up a free loan fund (*Gemach*) which will provide assistance to impoverished people on an ongoing basis. He suggests that after one separates his *maaser* funds, two-thirds should be given to the poor, and a free loan fund should be opened with the remaining third. One should continue this until he feels that he has an

---

19. כך כתב השל״ה למס׳ חולין דף פ״ד א׳ וכן משמע באהבת חסד ח״ב פרק י״ח ס״ק ב׳ אות ד׳. וע׳ בספר יוסף אומץ בדף 307 וז״ל, ובזה יש ג׳ תיקונים הא׳ שבודאי יחלקוהו בזריזות ואל ירע בעיניו לתתו לעניים כי כבר נחשב לו כאילו הוציאו מידו אחרי שמיוחד ומופרש לשם מעשר, הב׳ שאף אם ימות ונשאר ממעשרו בידו מופרש כנ״ל על ידו שלא ראה עניים הגונים בעיניו שיתן להם כל מעשרותיו, מכל מקום אין לחוש למכשול עון, שאחרי שהמעשר הוא בכלי מיוחד עם פיתקא כנ״ל יבינו יורשיו שהוא מעשר ולא ישלחו ידיהם במה שאינו שלהם,והג׳ שיוצא בנתינת בניו מעשרותיו כאלו נתנם הוא בחייו אחר שהפרישם בכלי מיוחד דכל היכא דאיתא בי גזא דרחמנא איתא עכ״ל. וע׳ שו״ת שבט הלוי ח״ה סי׳ קל״ג ס״ק ג׳ אות א׳ שהביא הלכה זה מתקנת הרא״ש שנתאשרה ע״י בניו הגדולים.

20. כן כתב השל״ה במס׳ חולין דף פ״ד וכן כתב האהבת חסד ח״ב פרק יח ס״ק ב׳ אות א׳. וע׳ בבית לחם יהודה יו״ד סי׳ רמ״ט. וע׳ בהציון לעיל בשם ספר יוסף אומץ.

adequate amount for his *Gemach*. Subsequently, all future *maaser* funds should be set aside for the poor.[21]

One who does not have enough funds for his own *Gemach* should join together with a number of people to set up a communal *Gemach*.[22]

Furthermore, it is preferable to set up one's *Gemach* as a communal *Gemach* rather than keep it private because one will accrue more merit from a communal *Gemach* since he will be able to participate in more loans.[23]

---

21. אהבת חסד ח״ב פרק י״ח ס״ק א׳. וע׳ בהג״ה שם שכתב דאף שעיקר המעשר הוא ליתנו לעניים (ולא בהלואה) הלא להחזיק ידי מך בהלואה גם הוא לצדקה יחשב כמבואר בהפוסקים. ובפרט אם מכוין בעת תחילת קבלתו בשביל זה. וע׳ בשו״ת שבט הלוי ח״ט סי׳ ר״א סע׳ ב׳. וע׳ עוד בספר אהבת חסד הנ״ל פרק ט״ו שהביא מאבות דר׳ נתן פרק ד׳, פעם אחת היה ר׳ יוחנן בן זכאי יוצא מירושלים והיה ר׳ יהושע הולך אחריו וראה ביהמ״ק חרב. אמר ר״י אוי לנו על זה מקום שמתכפרים בו עונותיהם של ישראל שהוא חרב. א״ל בני אל ירע לך, יש לנו כפרה אחת שהיא כמותה ואיזה זה גמ״ח שנאמר כי חסד חפצתי ולא זבח. וע׳ עוד שם בהגה״ה וז״ל יש אנשים שרוצים לעשות יד ושם לזכר עולם על נשמת אבותיהם, ועושים להם מצבה של אבן שיש יקרה ומפותחת בפיתוחי חותם באותיות מוזהבות וכדומה ציורים ופרחים הרבה, ויש שמוסיפין לזה נטיעות יפות וכדומה מתענוגי בני האדם ומפזרין על אלו הענינים ממון הרבה וחושבין שבזה עושין נחת רוח גדולה לנשמת הנפטר. וכמה טעות טועין אלו האנשים במחשבה הזו, כי באמת נפש הנפטר אחר פרידתו מן העולם הזה הוא מכיר שם בעולם האמת את התכלית הנרצה של התורה ומצות, כי הוא רואה שזו היא הסחורה היקרה המהלכת שם בכל העולמות ועבורם יתענג האדם לאור באור החיים, ואז יקר מפז אצלו איזה מצוה קלה שעשה בעוה״ז ומתמרמר הרבה על עצמו על שכלה ימי חייו בהשגת תענוגי הבל וכבוד המדומה שהוא צריך לתת דין וחשבון עליהם. וא״כ מה נחת רוח יוכל להגיע לו כשרואה שבניו שכלה עליהם כל כוחותיו וחשב עליהם בחייו שהם יצילו אותו מן הדין בפעולותיהן הנאות והישרות, ולבסוף הם מוסיפין עוד תענוגי הבל כאלה. ויותר טוב היה להם שישימו מצבה שאינה יקרה כל כך ובאותיות פשוטות ולא מוזהבות ובלי ציצים ופרחים ובלי נטיעות (אבל עצם המצבה הוא ענין נצרך לנפש המת כמ״ש רז״ל בשקלים) ויתר ההוצאות שנופלין ע״ז היה להם לקנות ש״ס וליתנו לבהמ״ד ויכתבו עליו שהוא לזכר נשמת אבותיהם, או לעשות מזה גמ״ח קבוע לזכר נשמת אבותיהם ובזה היה מתעלה נפשם מאד למעלה כי מכל הלואה והלואה שניתוסף להם מצות עשה דאורייתא ממילא ניתוסף זכות לאבותיהם ג״כ כמו שכתב בספר יש נוחלין דזכיות ומצות שעושה הבן אחר מיתת אביו הוא כפרה לנפש אביו אע״פ דמנפשיה כעביד . . .

22. אהבת חסד ח״ב ריש פרק ט״ו.

23. שם.

L. Approximating Earnings

One who does not know exactly how much he earned is still obligated in giving *maaser*. To the best of his ability he should try to approximate his earnings, then deduct his expenses, and give *maaser* on this approximate amount.[24]

M. Testing Hashem

The Torah tells us לֹא תְנַסּוּ אֶת ה׳ אֱלֹקֵיכֶם, "You shall not test Hashem, your God" (*Devarim* 6:16). One may not perform a mitzvah and test Hashem to see if Hashem will reward him for doing the mitzvah. There are two reasons given for this: 1. The *sechar* (reward) for a mitzvah is not necessarily given in this world. 2. If one is not rewarded he may start becoming lax in the perfomance of *mitzvos*, not realizing that the reason he did not receive the reward was that he did not deserve it.[25]

There is, however, an exception to this rule. With regard to the giving of *maaser tevuah* (produce tithes) one may test

---

24. אהבת חסד ח״ב פרק י״ח ס״ק ג׳. ובשו״ת דברי מלכיאל ח״ו סי׳ ט׳ אות ג׳. דצריך ליתן מעשר רק מסך שע״פ האומדנא שלו קרוב הדבר שהרויח סך כזה ודי בזה.

25. מחלוקת ראשונים יש בביאור לאו זה, הרמב״ם במנין המצות (ל״ת ס״ד) כתב שלאו זה אזהרה לא לנסות יעודין ויחולין שיעידו אותנו בהם נביאינו על צד הספק שנספק בהם אחר שנדע אמתת נבואת הנביא שיספר בהם. וכך כתב ביד החזקה שלו ה׳ יסודי התורה פרק י׳ הלכה ה׳. אבל הסמ״ג ל״ת ד׳ מפרש דלאו זה באה לאסור האדם לעשות מצות לנסות אם יגמלהו ה׳. והספר החינוך במצוה תכ״ד ביאור גדר המצוה כדברי שניהם שלא לנסות הנביא וכן שלא לעשות מצות ה׳ על דרך הנסיון. וטעם המצוה כתב החינוך הוא מפני ששכר מצות אינו בעולם הזה וכמו שכתב הגמרא בע״ז ג׳ א׳, היום לעשותם ולמחר, כלומר עולם הבא לקבל שכר. ועוד משום דלפעמים יש איזה חובה על האדם ושכר המצוה זה מעכב שאינו נענש אבל הוא אינו יודע את זה וממילא הוא מתרשל במצות הבורא יתברך. וע׳ ברמב״ן על התורה (דברים ו: טז) שהוא ביאור גדר המצוה כדברי החינוך והוסיף טעם אחר וז״ל ולכך אסר לדורות לנסות התורה או הנביאים, כי אין ראוי לעבוד השם על דרך הסתפק או שאלת מופת ונסיון, כי אין רצון השם לעשות נסים לכל אדם ובכל עת ואין ראוי לעבדו על מנת לקבל פרס, אלא אולי ימצא בעבודתו ולכתו בדרכי התורה צער ואסון וראוי שיקבל הכל במשפט צדק ולא כאשר אמרו אוי לי עמנו... אין צורך לנסיון בתורה ובמצות אחרי שכבר נתאמת אצלכם שהוא מאתו יתברך... אבל האמינו בתורתו ותאמינו בנביאיו והצליחו. ואחרי כן אמר כי גם לדורות הבאים אין צורך לנסיון בעשיית המצות אלא שישאלו מאבותיהם וזקניהם ויגידו להם אמתת התורה והמצות כאשר יפרש כי ישאלך בנך, עכ״ל. וע׳ בהערות 28,29,30 לקמן עוד ראשונים שדיברו בלאו זה.

Hashem. The reason is that the Torah explicitly writes concerning tithing that one may test Hashem, as it says: הָבִיאוּ אֶת כָּל הַמַּעֲשֵׂר אֶל בֵּית הָאוֹצָר . . . וּבְחָנוּנִי נָא בָּזֹאת אָמַר ה׳ צְבָקוֹת אִם לֹא אֶפְתַּח לָכֶם אֵת אֲרֻבּוֹת הַשָּׁמַיִם וַהֲרִיקֹתִי לָכֶם בְּרָכָה עַד בְּלִי דָי, "Bring all the tithes into the storage house . . . test Me, if you will, with this, says Hashem, Master of Legions, if I do not open up for you the windows of the heavens, and pour out upon you endless blessing" (*Malachi* 3:10). A person is promised wealth if he fulfills the mitzvah of giving *maaser*.[26]

There is a dispute among the *Poskim* whether this exception is only limited to tithing produce, or if it is extended to also include *maaser kesafim*. Some *Poskim* maintain that it is only limited to tithing produce.[27] Other *Poskim* hold that even *maaser kesafim* is included, and one may therefore also test Hashem regarding *maaser kesafim*.[28] Still others go even

---

26. מקורו ההלכה תענית ח׳ ב׳, "וא"ר יוחנן מאי דכתיב עשר תעשר, עשר בשביל שתתעשר. אשכחיה ר׳ יוחנן לינוקא דריש לקיש אמר ליה אימה לי פסוקיך א"ל עשר תעשר. א"ל ומאי עשר תעשר א"ל עשר בשביל שתתעשר, אמר ליה מנא לך א"ל זיל נסי אמר ליה ומי שרי לנסוייה להקב"ה והכתיב לא תנסו את ה׳, א"ל הכי אמר רבי הושעיא חוץ מזו שנאמר הביאו את כל המעשר אל בית האוצר ויהי טרף בביתי ובחנוני נא בזאת אמר ה׳ צבאות אם לא אפתח לכם את ארובות השמים והריקותי לכם ברכה עד בלי די מאי עד בלי די אמר רמי בר חמא אמר רב עד שיבלו שפתותיכם מלומר די. . ." הרי מבואר מהמגרא שישנה הבטחה מפורשת מאת הקב"ה, שמי שיפריש מעשר כראוי הוא יעשירנו בעושר, ומותר גם לכתחילה לנסות את הקב"ה בזה, אע"ג שבשאר מצות איסור תורה יש למי שמנסה את הקב"ה. וע׳ בספר החינוך מצוה תכ"ד שכתב הטעם כדכתיב מלוה ה׳ חונן דל (משלי יט: יז) כלומר שהודיענו האל ברוך הוא כי בפרנסתינו משרתי ביתו במעשר נמצא התועלת והברכה בממונו. [וע׳ ברבינו יונה שערי תשובה שער שלישי אות ל׳].

27. כך משמע במאירי שם בתענית, וכן כתב בשו"ת שאילת יעבץ ח"א סוף סי׳ ג׳ בד"ה ומכלל דברינו, של"ה הובא בפ"ת יו"ד סי׳ רמ"ט, וספר משנת חכמים על הרמב"ם הלכות יסודי התורה דף י"ז ד"ה והנה הגוף, דדוקא במעשר תבואה יכול לנסות הקב"ה. וכך כתב בספר דעת תורה סי׳ רמ"ז סע׳ ד׳ בשם הכתבי דעת קדושים, וכתב שהטעם הוא דדוקא במעשר קרקע דמקיים המצוה מיד בבירור שרי לנסות, אבל במעשר כספים שנותן לעני בדרך צדקה הרי אם העני רמאי או שאינו הגון אין זה מצוה כלל.

28. כך כתב בחינוך שם, ספר שערי תשובה לרבינו יונה שער ג׳ סע׳ ל׳, ספר חסידים סי׳ קמ"ד, אור זרוע הלכות צדקה אות י"ג, וכן כתב הרמ"א יו"ד סי׳ רמ"ז בשם הב"י, וכן פסק בשו"ת רדב"ז ח"ג סי׳ תמ"א, וספר אהבת חסד ח"ב פ׳ י"ח ס"ק א׳, ובהגה"ה שם. ובספר דרך אמונה פ"ז ס"ק כ"ז.

further to allow one to test Hashem regarding *all* forms of *tzedakah*, even for an amount that is above 10 percent.[29]

There are a number of reasons why the Torah permitted one to test Hashem regarding *maaser*. One reason is that since Hashem promises that one will become rich if he gives *maaser* it is no longer prohibited to test Hashem, since the person giving *maaser* will definitely become wealthy.[30] Another reason is that

---

29. כך כתב הרמ״א שם בשם הטור וכן פסק הרמ״א. וע׳ בפירוש רבינו יונה במסכת אבות על המשנה מעשרות סייג לעושר שהוא ג״כ כתב דמיירי בכל מיני צדקות, וכן הוא בספר היראה. וכך משמע מרבינו בחיי פרשת ואתחנן על הפסוק של לא תנסו. וכן כתב במהרש״ל בביאורו להסמ״ג חלק ל״ת מנין ד׳. וכך מבואר בס׳ ראשון לציון סי׳ רמ״ז סע׳ ד׳, וכך משמע מדברי המהרש״א פסחים ח׳ א׳, ד״ה שיחיו בני ע״ש. וכך פסק הערוה״ש סי׳ רמ״ז ס״ק ו׳. וע׳ בשדי חמד ח״ד כלל נ׳ ס״ק ט״ז.

30. מהרש״ל הובא בפרישה סי׳ רמ״ז ס״ק י״ד, לפי שאין כאן נסיון שבוודאי הקב״ה מעשיר אותו כמש״כ עשר תעשר, עשר בשביל שתתעשר. וכך כתב הש״ך שם ס״ק ג׳. אולם צריך לדעת הלא עינינו רואות דכמה אנשים נותנים מעשר ואינו מתעשר, ומה אם ההבטחה מאת הקב״ה? ויש בזה כמה תירוצים. **א׳** — ע״פ דברי רבינו יונה בשערי תשובה שער ג׳ סע׳ ל׳ שכתב מוסר ה׳ בני אל תמאס ואל תקץ בתוכחתו, פירוש אם לא יהיה כן להמלא אסמיך שבע בתתך מהונך ומראשית כל תבואתך לעבודת הצדקה, אבל יאחזון ימי עני אל תמאס מוסר ה׳, ודע כי גם זה לטובתך כי את אשר יאהב ה׳ יוכיח להטיב באחריתו להיות תמורת שכר העולם הזה, ותחת כבודו שכר אמת והטוב הצפון העומד לעד לעולם עכ״ל. ומבואר ביתר ביאור ברבינו יונה על משלי פרק ג׳ פסוק ט ־ יב ע״ש שמביא יסודות הבטחון. וכן מבואר כעין זה בספר מטה משה עמוד גמילות חסדים ח״ב סוף פ״ח וז״ל ואם לחשך אדם לומר הרי אמר הש״י עשר תעשר והבטיח שיתעשר בשביל המעשר ואנו רואים כמה בני אדם הנזהרים במעשר ולא יגיע להם מזה שום עושר ורבוי טובה, אף אתה אמור לו מי שלבו נקפו יאמר זה שכבר אמר שלמה המלך ע״ה כבד את ה׳ מהונך. . . מוסר ה׳ בני אל תמאס. . . כי את אשר יאהב ה׳ יוכיח להטיב באחריתך. . . עכ״ל. וכן סיים הערוה״ש רמ״ז ס״ק ו׳, שהם שעשירותם נאבדו זהו מהנסתרות לה׳ אלוקינו ובוודאי טובתם היא. **ב׳** – ע״פ האהבת חסד פרק י״ט ס״ק א׳ בהגה״ה שכתב שאם המעשר מועיל להעשיר ק״ו שמועיל שלא יתחסר. והנא איתא בסוכה כ״ט ב׳, דד׳ דברים מביאים את האדם לידי עניות. וממילא מבואר שזכות המעשר הוא שלא יחסר דאע״פ שהאדם לא יתעשר אבל בזכות המעשר הוא לא יתחסר. ע״ש. וזהו כעין הטעם שהזכרנו לעיל, **ג׳** — ע״פ השו״ת הרדב״ז ח״ג סי׳ תמ״א שמבואר בדבריו שלא הותר הנסיון אלא מפני תקנת העניים כדי לזרז אנשים ליתן לעניים. הרי כיון שהיום המנהג הוא לתת צדקה ממעשר להחזקת תורה או למצות אחרות ולא רק לעניים, הגם שמותר לתת אותו לצרכי מצוה כשעושה תנאי אבל אין לו ההבטחה מאת הקב״ה שיתעשר ע״י נתינתו. **ד׳** — ע״פ שיטת הדעת קדושים הובא למעלה בציון 27, דההבטחה רק כשבטוח שהעני אינו רמאי. **ה׳** — ע״פ דברי הנצי״ב במרומי שדה מס׳ ר״ה ד׳ א׳, שכתב וז״ל דעיקר טעם שמעשר מתעשרת הוא משום דעבודה מיחדת לשפע פרנסה. . . וכדכתיב את קרבני לחמי. ר״ל שהוא הלחם שהקב״ה זן את עלמו. ובאשר התרומות ומעשרות גורמים שיהיו הכהנים והלוים פנוים לעבודה משום הכי מעשרת גם לראש הגורם. וכן בזמן הזה דעיקר עבודה הוא תפילת ת״ח כדאיתא בתענית י״ב ב׳, היחידים חוזרין ומתענין ומאן נינהו יחידים

since it is generally very difficult for one to part with his money, the Torah allowed one to test Hashem concerning his giving of *maaser* in order to ensure that people will help the poor.[31]

When one tests Hashem regarding *maaser*, one is only permitted to do so to become wealthy (as the *pasuk* states); however, any other intention (i.e. to become healthy, smart) is not permitted.[32]

The question arises why many people give *tzedakah* and do not become wealthy. One possible explanation is that one may deserve a certain punishment, however, in the merit of giving *tzedakah* he does not receive that punishment. Therefore, the reward one should have received for giving *tzedakah* is replaced by his being spared punishment.[33] Other reasons are discussed below in the footnotes.

ת״ח. משום הכי המספיק לת״ח כאילו הקריב ביכורים, וגורם ברכה, משא״כ שארי צדקות אינן במעלה זו שאינו גורמין אלא חיות נפש העני משום הכי מצלת ממות, עכ״ל. וע׳ בספר אהבת חסד ח״ב פ׳ י״ט ס״ק א׳ שכתב כעין זה. **ו׳** — שמעתי בשם רשז״א שהוא אומר דבזה״ז ההסתרת פנים הוא כ״כ גדול שדין של וחנוני נא בזאת בטל בזה״ז, ואיהו אמר שכן כתב בספרים וצ״ע. **ז׳** — אולי אפשר לתרץ ע״פ דברי הרמ״א יו״ד סי׳ רמ״ט סע׳ י״ג, לא יתפאר האדם בצדקה שנותן, ואם מתפאר לא די שאינו מקבל שכר אלא אפילו מענישין אותו עליה. ולכן נראה דאלו האנשים שנתנו צדקה באופן להתפאר בו, אם יש להם עונש בעדו כ״ש שאין לו הבטחה מאת הקב״ה להיות עשיר. **ח׳** — ע״פ דברי הברית עולם (החיד״א) בפירושו לספר חסידים סי׳ שצ״ה על הדין במי שחייב מעות לאחרים לא יתן צדקה. וכתב הזוהר הקדוש פרשת ויקהל דף קצ״ח וז״ל, הלא פרוס לרעב לחמך לחם אין כתיב כאן אלא לחמך ההוא דילך ממונך ולא דגזילו ולא דעושק ולא דגנבה דאי הכי לאו זכותא הוא. . ., עכ״ל הזוהר הקדוש. וכתב שם החיד״א וז״ל, דעל פי זה נתישבה חקירה גדולה שראינו בתים גדולים אשר הפליאו לעשות צדקה וחסד וירדו לטמיון ואבד העושר ההוא וזרעם עניים ואביונים, וכלם היו תמהים איה איפה דיבר ה׳ ע״י עבדיו בתורה נביאים וכתובים ובש״ס ומדרשים בתוקף מעלת הצדקה ושכר עושיה, ויש כמה תשובות ואחת מהן שממונם לא היה נקי, היה בו גזל וה׳ שונא גזל בעול׳. . ., עכ״ל החיד״א, וממילא כ״ש בממון שאינו נקי אין כאן הבטחה מאת הקב״ה להיות עשיר בנתינת צדקה.

31. שו״ת רדב״ז ח״ג סי׳ תמ״א, שהיתר הכתוב לנסות את הקב״ה בצדקה מפני תקנת העניים. וכן כתב בספר מרעית העין להחיד״א תענית דף ט׳ א׳, וז״ל כי גלוי וידוע לפניו תוקף היצה״ר הלוחם באדם ומונעו מלעשות צדקה דחס על ממונו וקשה עליו לתת ממנו לעניים. . . ועוד משום צרת עניים כדי שירחמו עליהם, ומשום כל הטעמים האלו התיר לנסות בצדקה ומעשר כדי שישראל יקיימו הצדקה, עכ״ל.

32. פ״ת שם בשם ספר משנת חכמים הל׳ יסודי התורה דף י״ז בד״ה זולת. וכן כתב בספר דרך אמונה פ״ז ס״ק כ״ז. וע׳ בשו״ת שבט הלוי ח״ה סי׳ קל״א אות ד׳ בסוף.

33. ע׳ לעיל בציון 30.

12 / When Is *Maaser* Applicable?

As we learned in the previous chapter, one first must give *maaser* from the principal earned and from that point on from the profits.[1]

Any and all earnings and profits fall into the category of separating *maaser*. This includes salaries, interest from banks, stocks and bonds, any profit from the sale of merchandise, profits from real estate and the like.

Below we will discuss different circumstances that may not be so well known and when one would be obligated to give *maaser*.

A. Realized Profit

For the purpose of giving *maaser* one only has to consider as profit that which is a realized gain. However, any profit arising from an increase in the value of one's assets is only subject to *maaser* when they are sold and the profits are received. Therefore, if one owns stocks or mutual funds and they increase in value, one does not have to separate *maaser* on that profit until they are sold. However, any dividends and capital gains are considered realized gains and subject to *maaser* when received, whether they were reinvested automatically into the fund or even if one reinvested them on his own back into the principal amount.[2]

B. Increase Due to Inflation

All profits are subject to *maaser*, whether they were acquired through a business venture or not. Therefore, one who sold his house and received more money than he originally paid for it is

---

1. ע׳ לעיל פרק י״א בציון 15.

2. פשוט, וכן הביא בספר מעשר כספים (אנגלית) בסוף הספר דף כו מהגר״מ פיינשטיין זצ״ל.

required to separate *maaser* from the profit. However, this requirement only applies if the increase in value is the result of an increased demand for his home or because the location is highly desirable. On the other hand, if a portion of the increase was due to inflation of the real estate market or the devaluation of the local currency, he need not separate *maaser* from that portion of his profit.[3] For example, one who sold his home and realized a profit of 25 percent proceeds as follows: If over the period that he owned his home the cumulative inflation rate was 15 percent then the actual profit subject to *maaser* would be only 10 percent.

One must know for certain that the increase was due to inflation. However, there may be other factors that caused the item to increase in value and one would be obligated in separating *maaser* on that increase.[4]

C. Fringe Benefits

Any fringe benefits received due to one's job must be included in one's *total* salary before *maaser* is separated. Therefore, one who receives medical insurance or dental insurance through his employer must count the value of the plan in his salary for the purpose of giving *maaser*. This only applies if one would have purchased such insurance anyway. However, if he would not have purchased it he would not have to include the value in his salary.[5]

D. Business Through Prohibited Means

Until now we discussed the obligation to separate *maaser* on money earned or received in a permissible way. In a situation where after a period of doing business one realized that he was earning money through prohibited means (i.e., *ribbis,* interest) and he wanted to know whether he was obligated to separate

---

3. שו״ת אג״מ יו״ד ח״ב סי׳ קי״ד וכן הוא בקונטרס קול התורה חוברת ל״ט דף פ״ז תשובה מהגרש״ז אויערבאך זצ״ל שאלה ג׳. וע׳ בספר תשובות והנהגות ח״א סי׳ תק״ס אות ה׳.

4. שו״ת אג״מ הנ״ל.

5. הגרש״ז אויערבאך זצ״ל בקונטרס קול התורה חוברת ל״ט דף צ״ב תשובה ה׳.

maaser on those earnings, it would depend on whether the *ribbis* is prohibited from the Torah (*mi'd'Oraisa*) or from the Rabbis (*mi'd'Rabbanan*). If the *ribbis* is prohibited from the Torah one is obligated in paying back the interest, and therefore would **not** be obligated in separating *maaser* from that money.[6] If the *ribbis* was a Rabbinical prohibition and one would be permitted to keep the interest then he would have to separate *maaser* from it.[7] In the case where one intended to return the interest, since he is not keeping the money he would not have to pay *maaser* on it.[8] A competent halachic authority should be consulted if one is unsure what is *ribbis* from the Torah and *ribbis* from the Rabbis.

E. Taking a Loan

One who takes out a loan does not have to pay *maaser* on the loan.[9]

F. Collecting a Lost Loan

One who lent money to a person and eventually realized that it was not going to be repaid — and gave up hope of ever recovering the loan — and unexpectedly the borrower did pay back the loan, then the lender would be obligated to give *maaser* from that money. The reason is that since he gave up hope of ever receiving the money it is considered as money newly earned and he is obligated to separate *maaser* from it.[10] However, if the lender never fully gave up hope of getting back his money and the money was eventually returned to him he would **not** have to separate *maaser* from the money.[11]

It is also understood that just as one has to separate *maaser*

---

6. הגרש״ז אויערבאך זצ״ל בקונטרס קול התורה חוברת ל״ט דף פ״ז תשובה ו׳, וכן כתב בספר מעשר כספים פרק י״א ענף ב׳ הלכה ט״ו.

7. שו״ת מנחת יצחק ח״ה סי׳ ל״ד אות ז׳.

8. ע׳ עוד בזה בהלכות ריבית יו״ד סי׳ קס״א.

9. צדקה ומשפט פרק ה׳ סע׳ ה׳.

10. הפלאה כתובות נ׳ א׳, הובא בספר דרך אמונה פ״ז בציון ההלכה ס״ק נ״ט. וכן כתב בספר צדקה ומשפט פ״ה ס״ק כ״ח.

11. כך שמעתי מפוסקי זמנינו ע״פ דברי הרמ״א בשו״ע חו״מ סי׳ רמ״ב סע׳ ה׳.

from this money, so too, would he be able to deduct the lost loan from his expenses in the year he thought the loan was irreclaimable and gave up hope of recovering it, as we will explain in Chapter Thirteen.

G. Returning Found Money When Not Obligated

If one finds money that he is not obligated to return one would have to separate *maaser* from it, since it is considered as newly earned money. In the event the person wanted to return the money, even though it is a generous gesture one may still be obligated in separating *maaser* since the money is his. One should ask a competent halachic authority what to do.

If one found money which he was obligated to return one would **not** have to separate *maaser* since it never belonged to him.[12]

H. Finding Lost or Stolen Money

One who *lost* money and relinquished all hope of ever finding it, yet somehow did find the money, would be obligated to separate *maaser* from it. The reason is that since he gave up hope of ever finding the money it is considered as if he earned it now, thereby requiring the separation of *maaser*.[13]

The above criteria would equally apply if one had money *stolen* and abandoned hope of ever recovering it and then it was found. In both cases one may deduct the loss of money from what he has to give as *maaser*.[14]

I. Inheritance

One who inherits money from a parent or anybody else is obligated to separate *maaser* from that money, since any new

---

12. ע׳ בספר דרך אמונה פרק ז׳ הל׳ ה׳ בבאור ההלכה ד״ה ואחד מעשרה, שנשאר בצ״ע אם בעל האבידה הוא עשיר דאם הוא עני הלא נחשב כל הסך כעין צדקה וממילא נחשב כמעשר, וע׳ בשו״ת ציץ אליעזר ח״ו סי׳ פ״ז.

13. ע׳ ספר חסידים סי׳ קמ״ד ובביאור מקור חסד לר׳ ראובן מרגליות שם. וע׳ בספר ליקוטי הלכות על הלכות צדקה דף לה שלא כתב כן ודבריו צ״ע.

14. צדקה ומשפט פ״ה הערה כ״ח. וע׳ בשו״ת עמק תשובה ח״ב סי׳ פ״ד.

money one receives requires separation of *maaser*. This is so even if the person from whom he is inheriting the money already separated *maaser* on that money; however, it is considered new money to the beneficiary.[15]

J. Gifts

One who receives a gift of money is obligated to separate *maaser* from that gift.[16]

There is a dispute among the *Poskim* whether one has to separate *maaser* from a non-monetary gift. Some *Poskim* maintain that one must separate *maaser* from non-monetary gifts.[17] According to this opinion one should determine how much the gift is worth and then give that amount as *maaser*. Other *Poskim* hold that it would depend on whether or not one would have purchased the item. Only if one would have purchased it would he have to separate *maaser* from its estimated value, otherwise not.[18]

According to the previous opinion there is a dispute concerning one who would have purchased a less expensive item had he not received the present — how much should he give for *maaser* now that he no longer has to make that purchase? Some *Poskim* maintain that he should estimate the amount that he would have spent, which he is now saving, and give *maaser* on that amount.[19] For example, if one would have purchased a stereo for

---

15. ע׳ פ״ת יו״ד סי׳ רמ״ט ס״ק א׳ בשם השל״ה ענין צדקה ומעשר שכתב, נ״ל גם מירושה שירש מאביו צריך ליתן אף שאביו היה נזהר כל ימיו במעשרות מ״מ עתה שזכה הבן בהם למה לא יעשר ממה שזימן לו השי״ת דלא שייך לומר דהבן קם במקום אביו דהא רשות הבן הוא רשות אחר, דאפילו בחיי אביו יכול אדם לזכות עירוב ע״י בנו שאינו סומך על שולחנו כי אין ידו כיד אביו ומכ״ש השתא שמת שהוא רשות אחר, עכת״ד. וכן הוא בערוה״ש סי׳ רמ״ט ס״ק ו׳. וע׳ בספר אהבת חסד פ׳ י״ח ס״ק ג׳ בשם הא״ר סי׳ קנ״ו שכתב כעין זה.

16. פשוט.

17. כתב רבינו יונה בספר היראה דצריך ליתן מעשר על כל דרך שיהיה לו הן כסף הן שוה כסף, וכן מבואר בספר מטה משה עמוד גמילת חסדים ח״ב פ״ח. וכן כתב בקונטרוס קול התורה חוברת ל״ט דף צ״ג אות ו׳ מהגרש״ז אויערבאך זצ״ל.

18. צדקה ומשפט פרק ה׳ הערה כ״ז.

19. שם.

$100 and then received a stereo as a gift worth $250, he should separate *maaser* on the $100 he would have spent. Other *Poskim* hold that one should estimate how much the more expensive item is worth to him and give *maaser* on that amount.[20]

Some *Poskim* disagree and maintain that one does not have to separate *maaser* on a non-monetary gift.[21] Generally, the custom is **not** to separate *maaser* on non-monetary gifts.

K. Monetary Gift Conditional on Not Separating *Maaser*

One who receives a monetary gift on the condition that he **not** separate *maaser* from it is not allowed to separate *maaser* from what he was given.[22] However, one who has other personal money and can afford to separate *maaser* on the money given to him as a gift by using his own funds should do so.[23]

L. Monetary Gifts From Parents

Children should **not** separate *maaser* from money which their parents give them, for generally when parents give their children money it is for the children's specific needs and if the children will separate *maaser* it would adversely affect the parents by requiring them to give their children additional funds. It is, therefore, understood that the parents would not want their children to give *maaser* from that money. However, in a case where a parent gave a child money to do with as he pleases then *maaser* would have to be separated.[24]

---

20. כך שמעתי מהגאון רב שלמה מילר שליט״א שאמר לי זה בשם הגאון רב אהרן קטלר זצ״ל

21. וע׳ שו״ת יד הלוי ח״ב סי׳ מ״ד ובספר יוסף אומץ דף 306 שכתב שכן היה המנהג בפרנקפורט דאינו צריך. וכן הוא בספר דרך אמונה פ״ז ס״ק ס״ז ובציון ההלכה ס״ק כ״ז שכתב ששמע שכן הורה החזו״א. וכן הוא בספר אורחות רבינו ח״א דף רצ״ו. וכן כתב בשו״ת שבט הלוי ח״ה סי׳ קל״ג ס״ק ג׳ אות ז׳. וע׳ שו״ת משנה הלכות ח״ו סי׳ קצ״ט.

22. צדקה ומשפט פ״ה הערה כ״ו ע״פ השו״ע חו״מ סי׳ רמ״א סע׳ ה׳. דאדם הנותן מתנה ע״מ שלא יעשו בו איזה דבר מסוים אסור לשנות מדעת הנותן. וע׳ בסמ״ע שם ס״ק ט״ו.

23. שם.

24. כך סובר הגרש״ז אויערבאך זצ״ל הובא בקונטרס קול התורה חוברת ל״ט דף צ״ד סימן ז׳ תשובה ב׳, וע׳ בספר תשובות והנהגות ח״ב סי׳ רפ״ב, וע׳ לקמן בציון 26.

Even though children should not separate *maaser* from what their parents give them, if parents would allow their children to separate *maaser* from this money which they did **not** earn, it will make it much easier for them to do so from the money that they will eventually earn.[25]

M. Dowry

Whether one has to separate *maaser* from a dowry given by one's parents or in-laws would depend on what the giver's intention was. If the dowry was provided as part of a marriage agreement whereby the married couple may use the money as they please, and not for the purpose of living expenses, then they would have to separate *maaser* from the dowry.[26] Of course, if the parents want to pay the *maaser* obligation and free the children from this responsibility they are permitted to do so.

If, however, a dowry was given for the stated intent of assisting the couple with a source of income for a specific purpose, i.e., allowing the husband to be able to learn or study in school free of financial concerns, then they would **not** be required to separate *maaser* from the dowry.[27] Even if the couple want to separate *maaser* they may not, since it will adversely affect their parents and it is understood that their parents would not want them to do so.[28] However, they would be required to separate

---

25. כך משמע משו״ת אג״מ יו״ד ח״ב סי׳ קי״ב.

26. ט״ז יו״ד סי׳ של״א ס״ק ל״ב וע׳ בשאילת יעבץ ח״א סי׳ ו׳. וכן הוא בפ״ת יו״ד סי׳ רמ״ט ס״ק א׳. וכך כתב הערוה״ש שם ס״ק ו׳. וע׳ בדרך אמונה פ״ז ס״ק כ״ז ובספר צדקה ומשפט פ״ה ס״ק ד׳.

27. כך מחלק בשו״ת אג״מ יו״ד ח״ב סי׳ קי״ב. וז״ל וגם יש טעם גדול שהנדוניא הצריך ליתן ממנו מעשר הוא הנדוניא שהיו נוהגין בשביל השידוכים גופייהו וכמו שהיה נהוג במקומותינו שלא בשביל שום צורך, אבל הנדוניא הניתן לצורך כגון הכא שהעשרת אלפים ניתנו כדי שיהיה חתן פנוי ללמוד בכולל במנוחה, תלוי בדעת הנותן דלא היה נותן להם לחלק מזה לאחרים אף לא לצדקה ואין יכול לשנות מדעת הנותן, וכיון שחותנו אומר שניתן רק בשביל שיהיה פנוי ללמוד והחתן אינו מכחישו, אין לו רשות לחלק אף המעשר מהם אף לא לצדקה, ורק מת״ק דאלאר שהריוח יתן מעשר לצדקה, עכ״ל.

28. שם.

maaser from any interest earned on this money.[29]

N. Combining Assets Upon Marriage

When a man gets married and he and his new wife combine all their monetary assets, he would **not** be required to separate *maaser* from his wife's money provided that she already separated *maaser*.[30]

---

29. שם.

30. כך שמעתי מהגאון רב ישראל בעלסקי שליט״א. והטעם הוא שעיקר זכות להבעל בנכסי אשתו מתקנת חז״ל, שיש להבעל זכות פירות בנכסי אשתו. וע׳ בגמ׳ ב״ב קל״ט ב, שנוסיף לעיקר תקנתם, שהתקנו באושא שיש לו גם זכות לוקח כדי שלא יוכלו להפקיע זכותו. ומבואר שם שתיקנו זה לטובתו. וממילא אם יהיה חייב לשלם מעשר על הממון שאשתו הכניסה אז נמצא שתקנה זו לא יהיה לטובתו.

13 / Deductions From *Maaser*

☙ Overview

As we have previously established one is obligated to separate *maaser* from one's earnings. In order to earn a livelihood there are many expenses involved which practically speaking reduce the total profit on one's earnings. Taxes, rent for an office, and traveling are just some of the many expenses entailed in the process of earning an income. Below we will discuss how one considers these expenses in regard to *maaser*.

A. Deducting Business Expenses

One may deduct losses and expenses that are directly associated with his income. However, there is a discussion among the *Poskim* whether one has to separate *maaser* on the gross income or if one may separate *maaser* just from the net profit. For example, if one earned $1,000 but his expenses in earning that money were $200, does he separate *maaser* on the gross income or can he deduct the outlay for necessary expenses and only give *maaser* on his net profit of $800? The overwhelming opinion is that one may deduct his expenses and just separate *maaser* from the net profits.[1]

---

1. כן הסביר הר׳ דוד אופנהיים הובא בשו״ת חות יאיר סי׳ רכ״ד וכן הסכים עמו החות יאיר שם. והר׳ דוד אופנהיים דימה הדין של מעשר כספים להדין מעשר תבואה דאינו יכול לנכות ההוצאות שהוציא על זריעת הארץ אלא צריך ליתן מעשר על הכל, והטעם שיכול לנכות דמי הוצאות של משא ומתן הוא מפני דכשהוציא הוצאות בעד פרקמטיא הרי זה כאילו קנה הסחורה ביוקר, ופשוט הוא דכשקונה סחורה ומרויח אינו צריך לעשר רק ממה שנשאר לו ריוח אחרי ניכוי מחיר הסחורה. וע״ש עוד אי זה רק מדרבנן או אפילו מדאורייתא. אולם אף שהחות יאיר הסכים עמו למעשה שיכול לנכות דמי ההוצאות, הוא אינו מסכים עמו כלל במה שמדמה מעשר כספים למעשר תבואה שכתב שם וז״ל ואין ערך ודמיון מעשר כספים במשא ומתן למעשר דגן ותבואת הארץ דשם גזירת הכתוב הוא, מפני שכל ענין גודל תבואה טבע נסיי הוא אפילו בדבר שאין זרעו כלה כל שכן בדבר שזרעו כלה שבו חייב דאורייתא דאחר שהזרע נרקב הוה ליה מה

Practical Applications

a. Food

Money spent on food during a business trip may be deducted from his gross income.[2] It is important to note that since one has to eat wherever one may be, one would only be permitted to *deduct the difference* between what the food would cost him at home and what it costs him on a business trip. For example, if at home his meals cost him $10 a day but while away from home since he had to eat out in a restaurant his food bill totaled $25, he is permitted to deduct $15 as a business expense.[3]

Of significance is the fact that one may **not** buy expensive food which he would normally not eat at home and deduct it from *maaser*. He can deduct only the cost of food an average person would buy.[4]

One who has to take clients out to eat in the process of doing business may deduct the client's entire food bill.

b. Clothing

One who must buy a suit for business purposes may deduct its cost as a business expense *before* separating *maaser*.[5] This is only permitted provided he would not have purchased the suit otherwise, since one needs to wear clothing

---

שגדל כיש מאין. . . משא״כ משא ומתן הוא מנהג העולם ודרך אנשים ואין כאן מבוא לענין נס, רק מראשית הבריאה חלק הקב״ה הטובות ודברים שהם לצורך אדם במדינות מחולקים, לכן הם צריכים אלו לאלו ומספיקין אלו לאלו וזה הוא שורש ומקור בכל משא ומתן, עכ״ל. וע׳ בפ״ת יו״ד סי׳ רמ״ט ס״ק א׳ שהביא שבשאילת יעבץ ח״א סי׳ ו׳ פקפק בכל זה ודעתו שאין מנכה ההוצאה בכל ענין. אולם כשעיינתי בהשאילת יעבץ הנ״ל נראה לי שדעתו להיפך דהוא סובר דיכול לנכות דמי ההוצאות וצ״ע. וע׳ בספר צדקה ומשפט פ״ה הערה ל״ה, שכתב שמשמע מההפלאה כתובות נ׳ א׳, שאינו יכול לנכות דמי ההוצאות. אבל הערוה״ש סי׳ רמ״ט ס״ק ז׳ מיקל בזה וכן כתב בשו״ת מנחת יצחק ח״ה סי׳ ל״ד אות ו׳ ג״כ כהחות יאיר הנ״ל להקל. וכן כתב בספר אהבת חסד ח״ב פרק י״ח ס״ק ב׳ לקולא.

2. ערוך השולחן יו״ד סי׳ רמ״ט סע׳ ז׳, בית לחם יהודה שם סי׳ רמ״ט.

3. שו״ת בי״ד של שלמה יו״ד סי׳ א׳ ד״ה אך לדידי מספקא לי.

4. ע״פ שו״ת חות יאיר הנ״ל ושו״ת מנחת יצחק הנ״ל.

5. כן מבואר בשו״ת חות יאיר ס׳ רכ״ד.

whether one is engaged in business or not. However, one may only deduct the cost of clothing which the average person would wear for that type of business. If one wishes to purchase something more expensive one would be permitted to deduct only the cost of average clothing.[6]

c. Car

One who needs a car for business may deduct the cost of leasing a car as a business expense *prior* to separating *maaser*. Generally, one who wants to have a more expensive car so he can appear more distinguished may **not** deduct that amount. For example, if an average car costs $200 a month and one wants a car that costs $300, one may only deduct the cost of the average car. In this case the total would be $2,400 for the year which may be deducted from one's profits before separating *maaser*.[7]

However, there may be situations where one would be permitted to lease a more expensive car so as to attract clients. One should consult his *Rav* concerning his personal situation.

Similarly, one may deduct the gasoline and all repair costs incurred on his car which are business related.[8]

Purchasing a car for business will be discussed later in this chapter (pp. 141,143).

d. Travel

One may deduct any traveling expenses incurred for one's business.

e. Babysitter

One may deduct the cost of babysitting from one's earnings *prior* to separating *maaser*. For example, one who

---

6. שו״ת מנחת יצחק ח״ה סי׳ ל״ד אות ו׳ דאינו יכול לנכות אלא הוצאות מלבושים שדרכו ללבוש, אבל לקנות דברים שאינו רגיל זהו אינו יכול לנכות קודם החשבון של מעשר שלו כמו שכתב החות יאיר בעצמו בהתשובה הנ״ל דאם הוא מלבוש בינוני שאין בו כפתורי כסף וכה״ג ודרך היוצאים לסחורה ללבוש מלבוש מוכן לעסק זה יכול לנכות.

7. שו״ת מנחת יצחק הנ״ל.

8. דהוי הוצאת מסחר.

earns $500 a week but must pay a babysitter $200 a week would have to separate *maaser* only on the net earnings of $300.[9]

However, if the babysitter will be doing jobs in the home which one would have paid for regardless, one may **not** deduct the value of those jobs. For example, if one would have sent one's laundry out to be cleaned and would have paid $50 for the job, but instead one's babysitter did it, one would not be permitted to deduct that $50 gain prior to separating *maaser*, (and in the above example would only be permitted to deduct $150 as babysitting expenses).[10]

f. Employees' Wages

One has to separate *maaser* from his earnings only *after* deducting any wages he pays his employees, since they are considered a business expense.

g. Business Insurance

One may deduct the cost of the insurance one must pay for operating one's business, since it is considered like any other business expense.

h. Theft or Loss

Any theft that one has in his business may be deducted *prior* to separating *maaser.*

B. Combining Business and Personal Expenses

At times when traveling for business one may want to combine personal pleasure with the business trip. For example, one who has to travel to Eretz Yisrael for business but reasons that once he is there he may as well visit and spend time with family and friends, tour etc. — may he deduct the *full* amount of the trip **before** separating *maaser*? If the purpose of the trip is for business and he would have taken the trip regardless of his personal needs he may deduct the cost of the trip as a business

---

9. ספר צדקה ומשפט פרק ה׳ באמצע ס״ק ל״ה, ואע״פ שיתכן שלעבוד מחוץ להבית קלה יותר, הרי לולי העוזרת לא היתה יכולה לצאת לעבוד והוי זה הוצאה להשגת הריוח.

10. שם.

expense.[11] Of course, any amount of money spent *directly* on his personal needs cannot be deducted from *maaser*. However, if the reason for making the trip was of a personal nature and he would have gone regardless of his business needs, then he may **not** deduct the cost of the trip as a business expense. Certainly, any amount of money that was spent *directly* on his business needs may be deducted from *maaser* as a business expense.

C. Business Related Equity

Until now we discussed the actual costs one has to expend in order to earn an income. Since they are necessary business expenses they may be deducted. However, there is a dispute among the *Poskim* when there is an outlay of money in business but one receives equity in return. For example, if one were to purchase a car or some furniture for his business, would one be permitted to deduct the costs of those items, since he still retains the actual items? Some *Poskim* maintain that it would be considered as any other business expense since one is using the item for business and therefore one may deduct its cost *prior* to separating *maaser*.[12] Others maintain that since one is receiving equity in return for the money spent he would **not** be permitted to deduct it is as a business expense.[13] A *Rav* should be consulted to determine what one should do.

Even according to the more stringent opinion mentioned above that one may **not** deduct such expenses, one would be permitted to deduct any cost incurred above the value of the equity as a business expense (i.e., taxes). Therefore, if one purchased a building for his business and is paying a mortgage on it he would be permitted to deduct that portion of the mortgage payments not credited towards the value of the equity.

Similarly, one who purchases a home for rental purposes *may*

---

11. ע״פ שו״ת חות יאיר הנ״ל.

12. כך מבואר בשו״ת מנחת יצחק ח״ה סי׳ ל״ד אות ו׳.

13. כך שמעתי מפוסקי זמנינו. וכן כתב בשו״ת מנחת צבי חלק מעשר כספים סי׳ ה׳ ס״ק י״א.

deduct all expenses incurred in its purchase above the equity of the home. This would include all taxes and insurance that may be deducted *prior* to separating *maaser*. However, the value of the home may **not** be deducted since one retains the home as equity. Therefore, concerning mortgage payments one may **not** deduct the amount which goes to pay for the equity of the home. However, any amount that covers the interest payments may be deducted since one is not receiving any equity in return for that money.

☙ Other Practical Applications

a. If one were to have his business office at home, he may **not** deduct any part of his house thereby limiting his *maaser* obligation. This is because one's primary purpose in purchasing or renting a house is for his personal use. For example, if one were to use one-fifth of his house for his business, he may **not** deduct one-fifth of the rent or mortgage as a business expense. However, any costs of running the business (i.e., electricity, heat, etc.) **may** be deducted as business expenses prior to separating *maaser*. (A *Rav* should be consulted in the case where a person bought a house specifically because it had a room that could be used for his business.)

b. One who purchases items for his business and deducts them as a business expense (according to the more lenient opinion, see section C) is **not** permitted to use those items exclusively for personal use unless he gave *maaser* for the cost of those items. For example, one who bought a desk for $500 and deducted it as a business expense, according to those who permit it, would be able to use it exclusively for personal use only if he paid his business $500. However, if the value of the desk depreciated over the years and is now worth much less, he may keep it for his personal use if he pays his business the fair market value of the desk.

c. Similarly, one must be careful when purchasing business supplies, such as pens, paper, etc. to make sure **not** to deduct as a business expense the amount he uses for his personal needs.

D. Depreciation

Even according to the more stringent opinion mentioned above — that when one receives equity in return for money he may **not** deduct that as a business expense — one would, however, be permitted to deduct any depreciation of the item as an expense. Therefore, if one purchased a $20,000 car for business and every year the car depreciates in value, one **may** deduct the depreciation as an expense since as a result of his business use he has lost that amount of equity in the car. However, there is a dispute among the *Poskim* regarding at what point one may deduct the depreciation. Some maintain that one may deduct the depreciation value each year according to how much it is now worth.[14] Others maintain that one may deduct only the *total* depreciation once he has disposed of the item.[15] Whichever method is chosen should be used consistently. Generally, one may determine the value of depreciation by the amount established for its resale value.

E. Educational Expenses to Increase Business Acumen

Often, in order to succeed in business one has to take a course or seminar to enhance his earning power. One is permitted to deduct the costs of these courses as a business expense.[16]

Similarly, one who went to school to earn a degree with the intention of using it to earn a livelihood would be permitted to deduct the tuition and other costs spent on one's schooling once he started earning money using that degree.

Therefore, for example, one who had an outlay of $100,000

---

14. ע״פ שו״ת מנחת יצחק ח״ה סי׳ ל״ד אות ג׳. וכן כתב הגרש״ז אויערבאך זצ״ל בקונטרס קול התורה חוברת לט דף פ״ז שאלה ט׳.

15. הגר״מ פיינשטיין זצ״ל הובא בספר מעשר כספים (אנגלית) בסוף הספר בדף כ״ו. ומסתמא טעמו דכל זמן שמשמש באותו החפץ לא איכפת לו אם הוא שוה פחות כיון שיש לו אותו ההשתמשות.

16. כן כתב הגרש״ז אויערבאך זצ״ל בקונטרס קול התורה חוברת ל״ט דף פ״ט שאלה ט׳. אולם שם כתב דיכול לנכות רק בשביל שנה אחד ולא למפרע. אולם שמעתי מפוסקי זמנינו דאפשר לסמוך להקל גם על מה שלמד למפרע אם היה דעתו על זה מתחילה.

(in student loans) in order to become a doctor would **not** have to separate *maaser* from the first $100,000 earned.[17]

F. Possible Business Deal

One is allowed to deduct business expenses for a proposed business deal whether or not it was successful. One may do so even if at the time when he incurred the expenses he was not sure if the business deal would come to pass, since it is a necessary aspect of doing business.

For example, one who traveled to meet a potential client and the client did not end up doing business with him would still be permitted to deduct the travel costs as a business expense.[18]

G. Combining Profit and Loss From Two Business Ventures

It is understood that in the course of doing business some business deals will be successful while others will not. There is a dispute among the *Poskim* concerning someone with two business ventures, where he earned a profit on one while on the other he suffered a loss — may he subtract the loss from the profit prior to separating *maaser* ? For example, if one purchased merchandise and sold it at a profit of $5,000, then purchased additional merchandise and ended up taking a loss of $1,000, may he combine the profit and loss and only separate *maaser* on $4,000 or does he have to calculate each business deal separately? Some *Poskim* maintain that since prior to losing $1,000 he had already earned $5,000 and was therefore obligated to separate $500 for *maaser* he may **not** combine the profit and loss. Other *Poskim* maintain that one may set aside one day a year to calculate *all* earnings from the entire year and consequently he may combine

---

17. כך שמעתי מהגאון הרב שלמה מילר שליט״א.

18. ע׳ בית לחם יהודה על גליון השו״ע יו״ד סי׳ רמ״ט שהביא משו״ת שבות יעקב ח״ב סי׳ פ״ו דבאופן זה אינו יכול לנכות ההוצאות. אולם הוא חולק וסובר דמותר דכל הדרכים בחזקת סכנה וכל רווח הוא בספק. וכן כתב בשו״ת בי״ד של שלמה יו״ד סי׳ א׳ בסוף התשובה.

all profits and losses and separate *maaser* on the net amount of the accounting period.[19]

According to the opinion that one **may** set aside one day to calculate his *entire* earnings for the year, there is a further dispute whether one may do so even if he had a final accounting of a particular business deal. Some *Poskim* maintain that he would be permitted to wait until the *end* of the accounting period to allow himself the opportunity to deduct any losses that may occur during this time. However, other *Poskim* disagree and maintain that one may combine profits and losses only when he did not have an accounting of a completed business transaction. In a case

---

19. ע׳ פ״ת יו״ד סי׳ רמ״ט ס״ק א׳ שהביא משו״ת שערי אפרים סי׳ פ״ד, שאם בהשעה שהיה לו ההפסיד היה לו חשש שיהי לו הפסד אם כן מה שהריוח אח״כ הוא ענין אחר ואין הריוח ממלא את ההפסד. אבל אם לו היה לו בחשבונו שיפסיד עד תום השנה, יעשה חשבון של כל החשבונות הריוח וההפסד מכל השנה אז ההפסד יתמלא מן הריוח. וכן הוא בשו״ת חות יאיר סי׳ רכ״ד. וכתב שם דבודאי יכול לנכות הפסד אחד נגד ריוח אחר ובתנאי שיהיה בשנה אחד. אולם אם כבר נתנו המעות של הריוח לצדקה אינו יכול לחשב את זה כנגד ההפסד האחר דאיך יחזור לעשות קודש חול וליטול מן המעשר, אמנם להחות יאיר הנ״ל רק אחרי שכבר נתן המעות אינו יכול עוד לנכות כנגדם הפסד אחר, אבל להשו״ת שערי אפרים הנ״ל משמע דאף אם לא נתנם רק יש חשבון של הריוח אינו יכול עוד לחשוב הפסד אחר כנגדם וצ״ע. וכן הוא בבית לחם יהודה סי׳ רמ״ט דכל זמן שלא בא ליד העני או לתיבה או לכיס המעשר יכול לחשוב ההפסד נגד שכרו, אבל אם בא לכיס המעשר אסור לעשות מן קודש חול ע״ש. אולם בשו״ת שבות יעקב ח״ב סי׳ פ״ו הוא חולק וסובר דאינו עולה על הדעת כלל לנכות הריוח נגד ההיזק אם לא במשא ומתן אחד, שקנה בפעם אחת הרבה דאז הוי עיסקא אחד וודאי להדדי משתעבד, משא״כ מקניה לקניה אחרת כי שעלה לו ריוח מחויב במעשר עני כפי מה שהנהיג את עצמו, ואם הפסיד במקום אחר אין למלאות חסרונו ממקום אחר וכ״ש משל עניים חלילה. וכ״כ בשו״ת בי״ד של שלמה יו״ד סי׳ א׳ בסוף התשובה שאלה כ׳, וז״ל דאם הפסיד בעסק אחד והריוח באחר אין מנכין ההפסד מן הריוח אלא הוא מעשר מכל הריוח שהרויח והמקום ימלא חסרונו ויוסיף לו כהנה וכהנה במדה טובה מרובה אכי״ר עכ״ל. אלא דהוסיף דבעיסקא חדא אף אם קנה ב׳ מיני סחורות במקח אחד והפסיד באחד והרויח באחד גם בזה ודאי להדדי משתעבד ומנכה הוא ההפסד מן הריוח וממה שיותר יתן מעשר וזה פשוט. והוסיף שם שכן סובר השבות יעקב הנ״ל. אולם ע׳ בשו״ת נו״ב תנינא יו״ד סי׳ קצ״ח שכתב וז״ל, אבל הנלע״ד במה שאפשר לו להמציא איזה הכרעה ובראיות מן הראשונים הוא שאם הריוח וההפסד הם בשנה אחת ינוכה זה בזה. אבל בשתי שנים אין לנכות מזה על זה, ולמד זה מירושלמי פאה... אבל עכ״פ חזינן דהירושלמי דייק קרא שנה שנה... ועכ״פ מדזכרו בכל שנה מכלל שכל השנה לחשבון אחד שייך, עכ״ל. וכן פסק בשו״ת אג״מ יו״ד ח״א סי׳ קמ״ג בד״ה ובדבר מה השיעור, אלא שהוסיף דאם רוצה להדר ולהחמיר לעשר מכל ריוח ביחוד ודאי הוא משובח.

where one knew how much a transaction earned him he would be obligated to separate *maaser immediately* on what was earned and would not be allowed to wait until the end of the accounting period to deduct any possible future losses.

Generally, most latter day *Poskim* follow the more lenient opinion and allow one to wait until the end of his accounting year and combine *all* profits and losses from that year and separate *maaser* on the total.

Needless to say, one who has two or more business ventures and each of them earned a profit may separate *maaser* on the total profits. He does **not** have to separate *maaser* from each business separately.[20]

It is important to note that even according to the most lenient opinion, if one had already separated *maaser* from any of his profits, he would **not** be permitted to deduct a future loss from his *total maaser* obligation, since the *maaser* was already separated. Only *prior* to separating his *maaser* may one calculate and combine all profits and losses and give *maaser* on the sum total.

Generally, people give out their *maaser* funds weekly or monthly and do not wait until the end of the year. That being the case one would **not** be permitted to combine all profits and losses for the year, since the *maaser* was already disbursed. In order to circumvent this problem the Chofetz Chaim suggests the following: At the time of his original acceptance one should subscribe to the custom of separating *maaser* based on his projected earnings, so that at the end of the year when an accurate accounting of his total income can be made, he may adjust the *maaser* accordingly.[21]

If it turned out that one gave *more maaser* than the amount he was obligated, he may then deduct the extra amount from the following year's *maaser* obligation. For example, one who gave $5,000 as *maaser* throughout the year and at the end of the year

---

20. לקט יושר חלק יו״ד עמוד ע״ו.

21. אהבת חסד ח״ב פרק י״ח ס״ק ב׳ אות ג׳, וכן במטה משה עמוד גמילת חסדים ח״ב פ״ח, והוא ע״פ שו״ת מהרי״ל סי׳ נ״ד. ודלא כשו״ת נו״ב יו״ד מהדורא קמא סי׳ ע״ג.

when calculating his profits and losses discovers that he earned $40,000, which would obligate him to give only $4,000 in *maaser*, would then be allowed to count the extra $1,000 towards his next year's *maaser* obligation.[22]

H. Accounting Period — When ?

As we have established one may calculate together all profits and losses from the year.[23] The earlier *Poskim* have suggested using Rosh Hashanah as the cut-off date for the accounting year.[24] However, the latter day *Poskim* maintain that one may select any day which is convenient for him to determine his accounting period.[25] For example, one may choose January 1 - December 31 since that is the account period one uses to determine his taxes.

I. Taxes

As we established, the reason one **may** deduct his business expenses *prior* to separating *maaser* is that any amount of money one had to spend to operate his business is not considered as money earned. This concept would also apply to any taxes the government imposes on one's earnings. It would not matter if one received his paycheck with the taxes already deducted or if one had to deduct the taxes himself. In any event, one may deduct his taxes *prior* to separating *maaser*.[26] However, this

---

22. שם באהבת חסד אות ה׳.

23. ואע״פ שהרבה אחרונים סוברים שעליו לעשות החשבון כל ג׳ חדשים או כל חצי שנה, והם השו״ת חות יאיר סי׳ קכ״ד, הכנסת הגדולה יו״ד סי׳ רמ״ט, חכמ״א כלל קמ״ד סע׳ י״א, אהבת חסד ח״ב פרק י״ח ס״ק ב׳, כתבתי למעלה כל שנה כיון דרובם כתבו דאם רוצה לעשותה רק פעם בשנה יכול וכן עמא דבר. וע׳ בשו״ת נו״ב יו״ד תנינא סי׳ קצ״ח ובערוה״ש סי׳ רמ״ט ס״ק ז׳ ובשו״ת אג״מ יו״ד ח״א סי׳ קמ״ג ד״ה ובדבר מה, שכולם סוברים שעליו לעשות החשבון בכל שנה ושנה.

24. שו״ת חות יאיר הנ״ל, ערוה״ש הנ״ל, בית לחם יהודה סי׳ רמ״ט, ושו״ת שבט הלוי ח״ה סי׳ קל״ג ס״ק ג׳ אות ג׳.

25. הגרש״ז אויערבאך זצ״ל בקונטרס קול התורה חוברת ל״ט דף פ״ז תשובה ז׳. שו״ת שבט הלוי ח״ט סי׳ ר״א סע׳ ה׳.

26. ע׳ ט״ז יו״ד סי׳ רמ״ט סע׳ א׳. וע׳ בספר ראשון לציון סי׳ רמ״ט סע׳ א׳, וז״ל כתב הט״ז וז״ל וכ״ש לפרוע מסים בהם דאסור אע״ג דאיכא בפ״ק דבתרא שאפילו מה שאו״ה

only applies to certain taxes as will be explained below.

a. Social Security Tax, Disability Insurance

Social Security Tax which the government deducts and Disability Insurance which the government requires one to pay, **may** be deducted *prior* to separating *maaser*, since one does not actually receive this money. However, since the money is being set aside for when one becomes older, at that time — when those funds are received — one would be obligated to separate *maaser* from them since they are considered as new earnings.

b. Income Tax

Any federal, provincial, state, county, or city taxes that are placed on an individual's income (income tax) **may** be deducted *prior* to separating *maaser* since that money is considered as never earned.[27]

c. Sales Tax, Real Estate Tax

Any tax that one incurs when purchasing an item may **not** be deducted prior to separating *maaser*. Therefore, any sales tax on personal items or real estate taxes on a personal residence may not be deducted.[28] However, sales tax on all items purchased for business are deductible as a business expense. Similarly, one is permitted to deduct the real estate taxes for a home purchased for investment purposes, *prior* to separating *maaser*.[29]

There are some *Poskim* who maintain that if one is under

נוטלין בזרוע נחשב לצדקה מ״מ מיקרי זה פורע חובו מהצדקה, ע״כ נראה דעכ״פ לא מחייב לתת המעשר אלא אחר שיטול שיעור המס לא שיתחייב לתת המעשר עליו והוא צריך לתתו למס הגם שהוא ריוח לו הרי הוא נותנו במס דהוי כצדקה ודמי הא לפאה דפטורה מהמעשר כדאיתא התם בפאה ובפסחים, עכ״ל.

27. שו״ת אג״מ יו״ד ח״א סי׳ קמ״ג ד״ה אבל, שהמסים של האינקאם טעקס שהוא מס על הריוח אין צריך לעשר עליו משום דנחשב כלא הרויח אותו כלל.

28. שם, שהמסים שבמדינותינו שמשלמים כשקונים איזה דבר לתשמישי בית ובגדים ומס בית דירה שלו וכדומה מסים כאלו צריך לעשר עליהם שהם ככל חוב.

29. שם, שהמס של הבתים שהם לפרנסה אין לעשר עליו, דמס זה לא חשיב הרווחה ודומה הוא לשכירת החנות ושכירת הפועלים שאין נחשבין כהרווח כלל.

financial hardship one may even deduct personal sales tax and real estate taxes prior to separating *maaser*. If one feels that he falls into this category he should consult his *Rav*.[30]

J. Benefiting Through *Tzedakah*

One who benefits by giving *tzedakah* because he ends up paying less taxes is **not** obligated to give that profit to *tzedakah*. Therefore, if one would have had to pay $10,000 in taxes had he not given *tzedakah*, but because of all the *tzedakah* he gave must pay only $7,000, he is not obliged to give the profit of $3,000 to *tzedakah*.[31]

K. Household Expenses

There is a dispute among the *Poskim* whether one may deduct his household expenses from his earnings *prior* to separating *maaser*. Some *Poskim* hold that one is permitted to deduct personal expenses before separating *maaser*.[32] However, the majority of *Poskim* maintain that one is **not** allowed to deduct such expenses.[33]

---

30. שו״ת מנחת יצחק ח״ה סי׳ ל״ד אות ט׳ וי׳ וסי׳ ל״ה. וסיים שם וז״ל דבודאי המחמיר תע״ב, אבל למי שאין פרנסתו בהרחבה כ״כ יוכל לנהוג כן בבכל המסים, שלא לעשר מהם ויתנה כן מתחילת הנהגתו בנתינת המעשר, אמנם אם לא התנה כן מתחילה מ״מ אם השעתא דחיקא ליה יכול לנהוג כן בהמעשר שעדיין לא הפריש ע״ש.

31. שו״ת אג״מ יו״ד ח״א סי׳ קמ״ג, דאפילו הנאה וריוח ממש הבאה לאדם ע״י גרם הצדקה שנתן שייך לו ולא לצדקה.

32. עיין שיורי כנסת הגדולה יו״ד סי׳ רמ״ט שכתב וז״ל, לפי שיש אנשים שמפרישים מממונם מעשר ולא כראוי כי מתחילה אין מפרישין מן הקרן עד שירויחו ואחר שירויחו מפרישין מן הריוח לבד רק ממה שירויחו יותר על הוצאתם מאכילה ושתיה ושאר הדברים הצריכים לפזור ומהמותר יפרישו, לזה אני אומר כי אינם יוצאים בזה ידי חובתם כי צריך בתחילה כדי שיהא מותר לנסות להש״י ושיזכה בזה למעלת העושר שיעשה חשבון מכל אשר יש לו ומכל עשרה יפריש אחד לא פחות ולא יותר ואם ישאר איזהו מותר שלא יגיע לחשבון עשרה ינחנו בכיס לבדו ולא יערבנו עם השאר, ואחר שהפריש מן הקרן יסתחר במעותיו ובכל חצי שנה יעשה חשבונו ויראה מה שירויח יותר על אשר פזר בדברים הצריכים לב׳ ויקח המעשר כמו שאמרתי. . . ומדכתב שאינו יוצא ידי חיוב הפרשה רק משום שאינו מפריש על הקרן ולא משום שהפריש לאחר הוצאות ביתו נמצא שהוא סובר דאם הפריש לאחר שמנכה הוצאות ביתו מקיים דינו של מעשר כתיקונו, עכ״ל. ותשובה זו מיוחס ג״כ להב״י בשו״ת אבקת רוכל סי׳ ג׳.

33. שו״ת בית דינו של שלמה יו״ד סי׳ א׳. וכן הוא בברכי יוסף סי׳ רמ״ט סע׳ ה׳ לאחר שהביא מה שכתב הרב כנה״ג כתב וז״ל ובתשובות מרן כ״י בקצת תשובות שבידי

Therefore, one who earns $1,000 a month and has living expenses which include rent, utilities, food, clothing, and other basic necessities totaling $800 would not be permitted to deduct the $800 prior to separating *maaser*. He has to separate *maaser* from the net earnings of $1,000. One should follow the more stringent opinion.[34]

This is the case only when after *maaser* is separated he will have enough to live on. However, if after separating *maaser* from his total earnings he will **not** have enough for his basic necessities then he is not obligated to give the full amount for *maaser*.

Any expense one incurs due to feeding or providing for the poor in his home is certainly permitted to be deducted prior to separating *maaser*.[35]

L. Deducting Accrued Interest

Lending money to those in need is a mitzvah of the Torah, as the *pasuk* enjoins us: אִם כֶּסֶף תַּלְוֶה אֶת עַמִּי, "When you will lend money to My people" (*Shemos* 22:24). In order to facilitate a loan it is not uncommon for the lender to withdraw the necessary funds from an interest bearing account. This results in the lender losing any future accrued interest. May this "lost" interest be deducted from one's *maaser*?

מצאתי תשובה זו באורך ושם כל הלשון שהביא הרב כנה״ג משם תשובת ה״ר מתתיה וחתום בסוף התשובה מרן ז״ל ואנחנו לא נדע קושטא דמילתא תשובה זו הילודה והמחזיקה מלא גברא רבא הוא.. ואיך כתב הרב הנזכר דיבא חשבון אחר שהוציא ופיזר בהוצאותיו הנשאר בידו מהריוח וממנו יקח מעשר, והלא משמע דבעי אפוקי מכל הריוח אף ממה שצריך לפרנסתו, וכן משמע מלשון הרב צידה לדרך הנזכר שכתב חייב כל אדם לעשר מכל הבא לידו, ומשמע אף ממה שמוציא ממנו לפרנסתו, עכ״ל.

וכן פסק הערוה״ש סי׳ רמ״ט ס״ק ז׳ דהוצאת ביתו אין לנכות. וכן סובר בעל קיצור שולחן ערוך סי׳ ל״ד ס״ק ד׳, ואע״פ שיש דפוסי קצשו״ע שכתבו שיכול לנכות הוצאת ביתו זיופים הם כמו שכתב במסגרת השולחן על הקצשו״ע שם. וכ״כ בשו״ת מנחת יצחק ח״ה סי׳ ל״ד אות ג׳, ובשו״ת שבט הלוי ח״ה סי׳ קל״ג ובקונטרס קול התורה חוברת ל״ט תשובה מהגרש״ז אויערבאך זצ״ל בדף צא. וע׳ בציץ אליעזר ח״י סי׳ ו׳ לאחר שהביא השיטות האוסרים הוא בעצמו כתב דאם רוצה לסמוך לנכות הוצאות ביתו קודם שיתן המעשר יכול. וע׳ עוד מזה בשו״ת מנחת יצחק ח״ו סי׳ ק״א אות א.

34. כי כן הוא הסכמת רוב הפוסקים.

35. ערוך השולחן סי׳ רמ״ט ס״ק ז׳, אהבת חסד פרק י״ח ס״ק ב׳ אות ג׳.

In the event that the borrower is poor and thereby eligible to receive *maaser* funds the lender **may** be permitted to deduct the "loss" from his *maaser* funds in certain circumstances.

If the potential loss is a *substantial* one he is permitted to make the *maaser* deduction.[36] However, where the potential loss is *negligible* it is questionable whether one may make the deduction,[37] since one is mandated by the Torah to lend money regardless and *maaser* funds may **not** be used to fulfill an otherwise mandated mitzvah obligation (see Chapter Fourteen).

The reason why there may be a difference in the *din* between a substantial or negligible loss is due to the fact that the mitzvah to lend money does *not* stipulate a dollar amount.[38] Consequently, a substantial loan may be considered above and beyond the mitzvah obligation. In this regard a substantial or negligible loss is relative to the resources of the lender. A *Rav* should be consulted.

---

36. כן מבואר בשו״ת אג״מ יו״ד ח״ג סי׳ צ״ג, וז״ל ולכן כשצריך העני לסך גדול שזה יועיל לו שירויח מה שצריך אבל עתה הוא עני שרשאי ליקח צדקה היה מסתבר שיוכל המלוה כשמעותיו הם בבאנק ליקח סך הריבית ממעשר אף שהוא מניעת הריוח, עכ״ל.

37. שם וז״ל אבל כשישראל צריך לסך קטן שהריבית הוא דבר מועט לכל אחד כפי שהוא אמוד מחוייב ליקח מהבאנק ולהלוות להישראל ועדיין צ״ע לדינא, עכ״ל

38. שם באג״מ.

14 / Additional Uses for *Maaser* Funds

Ideally, one should give his *maaser* money to help the poor and especially to help support those who may be in need and are learning Torah.[1] This includes any institution dedicated to the support of Torah. However, there are times and circumstances where one would also be permitted to use *maaser* funds for his own purposes. In this chapter we will discuss when and how this applies.

A. *Mitzvah Chiyuvis* — An Obligatory Mitzvah

One may **not** use *maaser* funds to fulfill any mitzvah in which he is obligated.[2] Therefore, for example, one cannot use

---

1. ע׳ בכנה״ג סי׳ רמ״ט שכתב בענין נתינת מעשר, שראוי לאדם שישתדל לתת חצי, או רוב, לבעלי תורה או לקרוביו העניים וגם להשיא יתומות עניות ולקנות ספרים לבני העניים. וע׳ בספר אהבת חסד ח״ב פרק י״ט ס״ק א׳, שכתב וז״ל דידוע דמעות מעשר עיקרו הוא לצדקה לחלק לעניים ומהנכון שיהדר לכתחילה לחלקם לעמלי תורה למען יחזקו בתורת ה׳, כי משמע במדרש דעיקר המעשר נתקן בשביל להחזיק לעמלי תורה דז״ל המדרש תנחומא פרשת ראה עשר תעשר עשר בשביל שתתעשר, עשר בשביל שלא תתחסר רמז למפרשי ימים. . . שיפרישו אחד מעשרה לעמלי תורה, עכ״ל. וכדאי להזכיר כאן מה שכתב הרמב״ם בהל׳ שמיטה ויובל פרק י״ג הלכה י״ג וז״ל, כל איש ואיש מכל באי העולם אשר נדבה רוחו אותו והבינו מדעו להבדיל לעמוד לפני ה׳ לשרתו ולעובדו לדעה את ה׳ והלך ישר כמו שהלך האלקים ופרק מעל צוארו עול החשבונות הרבים אשר בקשו בני האדם, הרי זה נתקדש קדש קדשים ויהיה ה׳ חלקו ונחלתו לעולם ולעולמי עולמים, ויזכה לו בעה״ז דבר המספיק לו כמו שזכה לכהנים ללוים, הרי דוד ע״ה אומר ה׳ מנת חלקי וכוסי אתה תומך גורלי, עכ״ל.

2. כך הוא בשו״ת מהרי״ל סי׳ נ״ו, וכן פירוש הבאה״ג סי׳ רמ״ט סע׳ א׳. וכן מבואר בשו״ת מהר״י אסאד או״ח סי׳ מ׳ אות ב׳ וז״ל פשיטא ודאי דאסור כמבואר ברמ״א וש״ך וט״ז ביו״ד סי׳ רמ״ט ובט״ז ס״ס של״א ותשו׳ חת״ס יו״ד סי׳ רל״א ושאר שו״ת אחרונים, עכ״ל. וכן הוא בספר משכנות הרועים מערכה מ׳ סי׳ ק״ל. וע׳ עוד בספר נחלת שבעה סי׳ ח׳ אות ז׳ וכן בשו״ת אמרי יושר ח״ב סי׳ קל״ו ובשו״ת כתב סופר יו״ד סי׳ קי״ב ואו״ח סי׳ קל״ט וכן בחכמ״א כלל קמ״ד ס״ק י״א. וע׳ בשו״ת בי״ד של שלמה יו״ד סי׳ א׳ שאין לקנות טלית ותפילין ומזוזות שהם חובת הגוף ולא שייכי לעניים וכ״ש שהם מצות על

his *maaser* money to purchase *tefillin* or an *esrog* for himself.

Even if the mitzvah is of Rabbinic origin it is also prohibited.[3] *Maaser* funds may **not** be used even for an obligatory mitzvah that one performs through giving money. Therefore, one may **not** fulfill the mitzvah of *matanos la'evyonim* (gifts to the poor) on Purim with *maaser* funds since one is obligated in that mitzvah.[4] However, any amount *above* the required minimum (generally accepted to be $1.00 per indigent) necessary to fulfill the mitzvah of *matanos la'evyonim* **may** be given from *maaser* funds.[5]

B. *Mitzvah She'einah M'chuyeves* — Non-Obligatory Mitzvah

There is a dispute among the *Poskim* as to whether one may use *maaser* funds in order to perform mitzvos which are *not* obligatory.[6] For example, if one wanted to be a *sandek* at a *Bris*

גופו והם לו לעצמו לבדו ואין לאחרים עמו שהדבר פשוט שאין יוצאים ממעות מעשר, ומכאן אתה דן לסוכה ולולב ונר חנוכה וקדוש היום והבדלה וד׳ כוסות ומצה ומרור וסעודת שבת ויו״ט וכיוצא במצוה שבממון דאף שכולם מצות לא נפקי ממעות מעשר אלא מן החולין, ע״ש.

3. כן הוא בשו״ת מהרי״ל הנ״ל דמתנות לאביונים אינו יוצא במעות מעשר כיון דתקנתא דרבנן הוא והוי דבר שבחובה. וע׳ עוד בזה בשו״ת מנחת יצחק ח״ח סי׳ פ״ב.

4. עיין לעיל ציון 2. וכך מבואר בדברי השל״ה מס׳ מגילה ד״ה כל דבר, שכתב וכן נ״ל לענין פורים שנוהגים במחצית השקל ומכ״ש משלוח מנות ומתנות לאביונים שהוצאה זו יוציא אדם משלו ולא ממעות מעשר שלו. וכוותיה פסק המג״א סי׳ תרצ״ד ס״ק א׳ וכדבריו פסק המ״ב שם ס״ק ג׳. ע״ש.

5. מג״א הנ״ל בשם המהרי״ל ובמ״ב שם.

6. המקור לזה הוא מהמהרי״ל הל׳ ראש השנה הובא ברמ״א יו״ד סי׳ רמ״ט שאין לעשות ממעשר שלו דבר מצוה כגון לקנות נרות לבהכנ״ס או שאר דבר מצוה אלא יתנו לעניים. וכן מבואר בשו״ת מהר״ם מרוטנבורג סי׳ ע״ה דמעות מעשר הם לעניים והוי כגוזל עניים אם ישתמשו בהם לשאר דבר מצוה. אולם בדרישה הביא שיטת מהרמ״ץ סי׳ תכ״ט שכתב דלהיות בעל ברית או להכניס חתן לחופה אם אי אפשר לעשות המצוה בלאו הכי יכול לקנותם ממעות מעשר וכן הביא הש״ך והט״ז שם בסי׳ רמ״ט. וכדי להשוות שני הדיעות יש כמה מהלכים. א׳ מה שכתב הבאר הגולה בסי׳ זה דהא דהמהרי״ל אוסר ליתן מעות מעשר בעד דבר מצוה זהו שבלאו הכי מחיוב לעשות מצוה זו ורוצה לפטור עצמו במעות מעשר בזה אינו רשאי, אבל אם הוא רוצה לעשות בו מצוה שהוא אינו כבר מחויב בו רשאי. אולם בשו״ת חת״ס יו״ד סי׳ רל״א דחה מהלך זו וכתב שאם הוא כבר

and he offered the parents of the child a certain sum of money to be given this honor, would he be permitted to use *maaser* money?

Some *Poskim* are of the opinion that in the case where one would not be able to perform the mitzvah without using his *maaser* funds he would be allowed to do so.[7] Other *Poskim* maintain that *maaser* funds are supposed to be used for the poor and for *limud Torah* and therefore may **not** be used in the performance of mitzvos.[8] Even according to the more stringent

---

נהג ג׳ פעמים להפריש מעשר מהריוח שלו ולתנו לעניים שוב כל מה שיפריש למעשר הוה ממילא לעניים ואינו יכול לקנות בהם דבר מצוה, אולם הוא כתב דאם מיד בתחילת התנהגותו להפריש מעשר כספים הוא התנה שיהי יכול לעשות ממנו דבר מצוה מודה המהרי״ל להמהר״ם ואין כאן מחלוקת. אמנם תנאי לא מועיל אם הוא סובר דמעשר כספים הוי חובה. ע״ש. ויש עוד אחרונים שמפרשים בדעת המהר״ם דהיתר זה הוי דוקא אם הממון הולך לעניים בלאו הכי (שו״ת באר שבע סי׳ מ״א, שו״ת כתב סופר סי׳ קי״ב ד״ה ובאמת, שו״ת אמרי יושר ח״ב סי׳ קל״ו ברכי יוסף סי׳ רמ״ט אות ג׳ בשיטת הט״ז, כנה״ג על הגהות השו״ע) אמנם אין זה הפשטות וכדמבואר בספר אהבת חסד פרק י״ט ס״ק ב׳, דבמקום שהמעות הולך לעניים ליכא מחלוקת כלל. (דאם המעות הולך לעניים מה היה החידוש של המהר״ם בזה דיכול לקנות דבר מצוה, הלא הממון הולך לעניים בלאו הכי). אולם יש לדעת אם אנו סוברים כהאהבת חסד דהמחלוקת הוא כשאין המעות הולך לעניים ואפילו להאוסרים יכול ליתנו לדבר מצוה היכא שהתנה מתחילה כמש״כ החת״ס הנ״ל א״כ נמצא דהתקנה של מעשר כספים הוא מפסיד את העניים, דקודם המנהג של מעשר כספים היה צריך ליתן לכל עני שבא אצלו ואחר המנהג של מעשר כספים היה יכול ליתנו אפילו לדבר מצוה היכא שהתנה, וא״כ בזמנינו כשיש עניי קמאי מפסיד העניים, דאם יתן בעד המצות הוא יפחית מה שיתן לעניים, ואיך שייך שהמנהג יעקור המצות עשה של צדקה? ואפשר לומר דהמהר״ם לא היתר רק היכא שאין יכולת בידו לעשות המצוה בלאו הכי, ובאופן זה יש לו דין עני כיון דא״א לעשות המצוה בלא המעשר כספים וזה חשיב כעין די מחסורו וממילא הוא אינו מפסיד את העניים כלום דיש לו דין עני לגבי מצוה זו. אולם זה צ״ע דבפשטות לא משמע הכי. אלא דהמנהג הוא ע״פ הפוסקים ליתן מעות מעשר בעד המצות אע״פ שלכאורה הוא מפסיד את העניים וצ״ע הטעם. וע׳ עוד בשו״ת מהר״ם שיק יו״ד סי׳ ר״ל בד״ה ועדיין, שיש לו עוד מהלך שלא יהיה מחלוקת בין המהרי״ל ומהר״מ.. והטעם שיכול ליתן מעות מעשר לדבר מצוה, יש כמה טעמים א׳ ע׳ בשו״ת משיב דבר סי׳ ע״ה שדומה למעשר שני דיכול לקנות ממנו כדי לקיים מצות בירושלים, ב׳ מש״כ בשו״ת חת״ס יו״ד סי׳ רל״א ובשו״ת פרי יצחק סי׳ כ״ז, ע״פ הספרי, עשר תעשר מכאן שמפרישין מעשר לעומלי תורה ולאו דוקא לעומלי תורה אלא לכל דבר מצוה ע״ש. וע׳ שו״ת ערוגת הבשם יו״ד סי׳ ר״ב ובשו״ת לבושי מרדכי יו״ד ח״א סי׳ קע״ז.

7. מהר״ם הובא בט״ז ס״ק א׳ ובש״ך ס״ק ג׳.

8. רמ״א שם בשם המהרי״ל.

opinions, where in his initial acceptance of the *minhag* of *maaser* one did so on the condition of using his *maaser* funds for a non-obligatory mitzvah, he would be allowed to do so.[9] If one, however, did **not** make such a stipulation he may not use his *maaser* funds for this purpose. One who does rely on this leniency should not use more than half of his *maaser* funds for a non-obligatory mitzvah.

According to **all** *Poskim* in a case where the money for the mitzvah is going to help the poor it is permitted.[10] So in the above situation, if the baby's parents are poor and allowed to accept *maaser* funds, it would be permitted to use *maaser* funds to be granted this honor.

It is important to keep in mind that even when making such a condition one may do so only if he cannot afford to perform mitzvos with his own money.[11] One who is able to afford to may **not** use his *maaser* money, even if he made such a stipulation at the outset when he accepted upon himself to give *maaser*. Furthermore, when making such a condition it is applicable to *all* future *maaser* separations and does not have to be renewed each time one sets aside *maaser* funds.[12]

One must always keep in mind that even if in his initial acceptance of *maaser* he did so on the condition that he be allowed to use those funds for a mitzvah, one may do so only for non-obligatory mitzvos. However, one is *not* permitted to use his *maaser* money for an obligatory mitzvah, even if such a condition is made.

C. *Hidur Mitzvah* — Enhancement of a Mitzvah

Even in a situation where one stipulated use of his *maaser*

---

9. שו״ת חת״ס הנ״ל ובשו״ת שבט הסופר סי׳ פ״ד. וכן כתב בספר דרך אמונה פרק ז׳ הלכה ה׳ ס״ק כ״ז באמצע. וכן פסק הגרש״ז אויערבאך זצ״ל בקונטרס קול התורה חוברת ל״ט דף צ סי׳ ב׳ אות א׳ ע״ש.

10. אהבת חסד ח״ב פרק י״ט אות ב׳, וע׳ בציון 6.

11. דאפילו המהר״ם לא היתר אלא אם אין בידו לעשות המצוה בלא מעות מעשר כספים.

12. שו״ת אמרי יושר ח״ב סי׳ קל״ו.

funds for performing mitzvos, there is a dispute among the *Poskim* whether one may use *maaser* funds to pay for the *hidur* (enhancement) of a mitzvah. For example, if a kosher *esrog* costs $40 and one finds a nicer *esrog* for $70, may one pay the $30 difference from *maaser* funds? Even according to those *Poskim* who permit this, one may do so only on the condition that at the outset of his original acceptance of *maaser* he stipulated to use his *maaser* funds for mitzvah purposes. However, generally, one should avoid using *maaser* funds for the enhancement of a mitzvah.[13]

D. Self-Imposed Obligation

A person who voluntarily accepted upon himself to help someone is permitted to use his *maaser* money, if at the time of acceptance that was his intention. For example, if one's child became engaged to be married and the father wanted to help the young couple learn in *Kollel* by giving them a few hundred dollars per month, he would be permitted to use *maaser* funds for this obligation provided he had that in mind at the time he accepted the obligation.[14] If one did this he would **not** have to inform the child that he is using *maaser* funds.[15] However, if one obligated himself for something and *later* decided to use his *maaser* money to pay for that obligation he would be prohibited from doing so, since at the time he accepted it upon himself it became an obligation, and one may **not** pay off his debts with *maaser*. Therefore, if one obligated himself to support a child who is learning and at the time of his obligation did

---

13. ע׳ בספר משכנות הרועים מערכה מ׳ סי׳ ק״ל שכתב וז״ל א״כ בנ״ד דהידור מצוה דהוא העדפה על עיקר לקיחת האתרוג הכשר פשיטא לענ״ד דמצי שקיל ממעות מע״ע עכ״ל. וכן הוא בשו״ת אמרי יושר ח״ב סי׳ קל״ו ע״ש. אולם ע׳ בשו״ת משיב דבר ח״ב סי׳ ע״ה שאוסר וכתב ומי שנוהג כן הרי זה טועה ואינו יוצא מצות מעשר כספים כלל. וכן כתב לאסור בשו״ת מהר״ם שיק יו״ד סי׳ ר״ל.

14. כן מוכח בט״ז סי׳ רמ״ט ס״ק א׳, וכן כתב בשו״ת חת״ס יו״ד סי׳ רל״א והעלה וז״ל נמצא לנידון שלפנינו אם מיד בשעת נישואים היה דעתו לחייב עצמו לפרנס הזוג ששה שנים ממעות מעשר שפיר דמי עכ״ל אבל אם לא היה בדעתו בשעת הנישואין אלא לאח״כ אסור דהוי כפורע חובו ממעות מעשר. ודלא כהערוה״ש סי׳ רמ״ט ס״ק י׳ ע״ש.

15. שו״ת מהר״ם שיק הנ״ל.

not intend to use *maaser* funds and now finds it difficult to help that child without the use of *maaser*, he is not permitted to do so.[16]

Below are other examples of this concept:

a. ***Aliyos***

If one wants to purchase an *aliyah*, or similar honor, using his *maaser* funds he is permitted to do so, provided he meets two conditions: (1) In his original acceptance of *maaser* he made a condition to use *maaser* funds for the performance of mitzvos. (2) At the time of purchasing the *aliyah* he has in mind to use his *maaser* funds. However, if the money is going to help a poor person or institution that supports Torah one would be permitted to use *maaser* provided he met the second condition.[17]

b. ***Mi She'beirach***

Similarly, if at the time one gets an *aliyah* he makes a *Mi She'beirach* and donates some money to the *shul*, he may use his *maaser* money only if he had the intention of doing so at the time.

c. ***Kapparos***

When one performs the *minhag* of *Kapparos* before Yom Kippur one should **not** use *maaser* funds. Since *Kapparos* is something that everybody does, it is considered like a obligation (*chove*, חוֹב) and one may not use *maaser* funds to pay off an obligation.[18]

---

16. דהוי כפורע חובו ממעות מעשר.

17. ע׳ רע״א בסי׳ רמ״ט בשם השל״ה, דמ״מ אם הוא הוסיף ליתן יותר מחבירו הוא אינו יכול ליתן ממעשר שלו רק כשיעור מה שהוסיף, אבל לא כפי מה שרצה גם חבירו ליתן דהא בזה לא הועיל להקופה של צדקה כלום. וכן פסק בשו״ת כתב סופר יו״ד סי׳ קי״ב. וע׳ בספר א״ר סי׳ קנ״ו סע׳ ס״ב. וע׳ ספר דרך אמונה פ״ז הלכה ה׳ בביאור הלכה ד״ה ואחד מעשרה שכתב כמו רע״א. וכן ראיתי בספר אמת ליעקב על שו״ע, חלק יו״ד הערה 134. אולם שמעתי מכמה פוסקי זמנינו שאם מתחילה כשהראשון רוצה לשלם בעד העליה ג״כ מכסף מעשר אז יכול חבירו לשלם דמי הכל מכסף מעשר דבכה״ג לא אבד קופת צדקה כלום.

18. ע׳ מ״ב סי׳ תר״ה ס״ק ו׳. וע׳ בספר צדקה ומשפט פרק ו׳ הערה ל״ז.

E. Purchasing *Sefarim*

In past generations it was very difficult to obtain *sefarim* from which to learn. One who had *sefarim* would often lend them to others, thus fulfilling the mitzvah of *chesed*. The *Poskim* who permitted the use of *maaser* funds for mitzvah purposes allowed one to use his *maaser* money to buy *sefarim* so he could learn from them and also lend them to others.[19] One who did this would have to write in the *sefarim* that they were purchased with *maaser* funds so one's children would not take them for themselves.[20] According to most *Poskim* one would even be able to keep the *sefarim* in one's home.[21] *Baruch Hashem*, nowadays we live in a time when *sefarim* are readily available to anyone who needs them and it is not customary to lend out *sefarim* on a regular basis. Therefore, one should **not** use his *maaser* funds to buy *sefarim*.[22] Of course, one is permitted to use his *maaser* funds to buy *sefarim* for yeshivos, *shuls* or other institutions where learning takes place as that also constitutes *hachzakas Torah* (support of Torah).[23]

---

19. ע׳ בדרישה שכתב בשם תשובת מור״ר מנחם שמותר ליתן מן המעשר לקנות ספרים ללמוד בהם ולהשאילן לאחרים אם לא היה יכולת בידו ולא היה עושה המצוה בלא״ה, וכן פסק הט״ז סי׳ רמ״ט ס״ק א׳, והש״ך שם ס״ק ג׳, והחכמ״א כלל קמ״ד ס״ק י״א. וע׳ בפתחי תשובה סי׳ רמ״ט ס״ק ב׳ מה שהביא מספר משנת חכמים.

20. ט״ז וחכמ״א הנ״ל. וע׳ בספר נחלת שבעה סי׳ ח׳ אות ב׳ שאף להט״ז שהצריך לכתוב בתוכם שהם נקנות ממעות מעשר כוונתו כדי שידעו יורשיו שעליהם להמשיך ולהשאילן, אבל מ״מ אפשר להם להשאיר הספרים בביתם.

21. ע׳ הציון דלעיל.

22. ע׳ בספר דרך אמונה הל׳ מתנות עניים פ״ז הל׳ ה׳ בבאור ההלכה ד״ה ואחד שכתב וז״ל, ונלענ״ד דבזמנינו א״א לקנות ספרים במעות מעשר, דדוקא בזמנם שהיה מעט ספרים ומי שהיה לו ספר היו הכל שואלים ממנו הוי ענין צדקה אבל בזמנינו שנתרבו בעז״ה הספרים ואין דרך להשאיל רק לעתים רחוקות הוי כשאר כלים שבבית שדרך לפעמים להשאילו ואין זה שייך לצדקה, עכ״ל. וע׳ בערוה״ש סי׳ רמ״ט ס״ק י׳.

23. שו״ת חת״ס יו״ד סי׳ רמ״ד שאין לך מצוה רבה מלהמציא ספרים ללומדי תורה ע״ש. וע׳ בספר צדקה ומשפט פרק ו׳ הערה כ״ב שהביא מהבאר שבע שאין לקנות ספרים ממעות מעשר עפ״י מה שכתב הרא״ש והובא בשו״ע יו״ד סי׳ ע״ר שבזמן הזה מצוה לקנות ספרים מדין מצות כתיבת ס״ת, וא״כ הו״ל דבר שבחובה.

F. Supporting Children

a. Children Under 6

Every father has an obligation to support any child 6 years old and under. Therefore, one is not permitted to use any *maaser* funds toward their support.[24]

b. Children 6 and Over

There is a dispute among the *Poskim* whether one can use *maaser* funds for the support of children 6 years of age and up. Some *Poskim* maintain that since one is **not** obligated in supporting them he would be allowed to use *maaser* funds.[25] Other *Poskim* maintain that even though he would not be obligated in supporting them, nevertheless, since the average person does support his children through adolescence, he would not be permitted to use his *maaser* funds.[26] Rabbi Moshe Feinstein ruled that the

---

24. דאיתא בגמרא כתובות ס״ה ב׳, אבל זן קטני קטנים עד בן שש, וע׳ תוס׳ שם דכיפינן ליה, וכן איתא שם מ״ט ב׳, אמר רבי אילעא אמר ריש לקיש משום רבי יהודה בר חנינא באושה התקינו שיהא אדם זן את בניו ואת בנותיו כשהן קטנים. וע׳ שם בתוס׳ ד״ה כשהם קטנים, אבל קטני קטנים לכו״ע חייב. וכן פסק הרמב״ם הלכות אישות פרק י״ב הל׳ י״ד וכן פסק בשו״ע אה״ע סי׳ ע״א ע״ש.

25. מקורו הוא בכתובות נ׳ א׳, אשרי שומרי משפט עושה צדקה בכל עת, וכי אפשר לעשות צדקה בכל עת דרשו רבותינו שביבנה ואמרי לה רבי אליעזר, זה הזן בניו ובנותיו כשהן קטנים, וע׳ ברש״י שם שתמיד יום ולילה הן עליו והיא צדקה שאינו חיוב עליו בהם. וזה רק ביתר על שש דאילו עד שש יש עליו חיוב כדלעיל, וכן מפורש בב״י יו״ד סי׳ רנ״א בד״ה הנותן, וז״ל כלומר שהם יתירים על שש שאינו חייב במזונותיהם וכשהוא זנם צדקה תחשב לו ע״ש. וכן כתב הטור באבן העזר סי׳ ע״א דביתר על בני שש מצוה לזונם. וע׳ בש״ך יו״ד סי׳ רמ״ט ס״ק ג׳ שהיתר וז״ל ובתשובות מהר״ם מרוטנבורג דפוס פראג סי׳ ע״ה כתב ולפזר מעשרותיו לבניו הגדולים שאינו חייב לטפל בהם מותר, דאפילו לאביו מותר לתת אם הוא עני משום כבוד אביו וכל שכן לבניו דמותר במקום שאין בעיר תקנה לתת לכיס של צדקה עכ״ל, ומשמע דמותר אפילו יש בידו יכולת לפרנס ממקום אחר דזה חשיב צדקה כדלקמן סי׳ רנ״א סע׳ ג׳ עכ״ל של הש״ך. וכן מבואר בשו״ת פרי יצחק ח״ב סי׳ כ״ז וכן בספר ראשון לציון להבעל אוה״ח סי׳ רמ״ט סע׳ א׳ דלפרנס בניו הגדולים מותר במעות מעשר, וכן פסק בעל החפץ חיים בספר אהבת חסד פרק י״ט סע׳ א׳ כמו הש״ך הנ״ל דלבניו הגדולים דאינו חייב מן הדין לטפל בהם יכול לתת ממעשרותיו אף דיש לו לפרנסם ממקום אחר.

26. כן פסק הט״ז יו״ד סי׳ רמ״ט ס״ק א׳, וז״ל תדע דהא גם במה שאדם זן בניו הקטנים אמרינן בפרק נערה שנתפתתה דהוי בכלל עושי צדקה בכל עת, וכי ס״ד שיוציא אדם

above dispute applied in previous generations when children became self-sufficient at an earlier age, but nowadays one is obligated to support his children until they become self-supporting. Therefore, as long as they are living at home one is obligated to support them.[27] The age of independence would depend on the community in which one lived, and when it would be expected for a young person to go to work and be self-sufficient. The range could be anywhere from 17 years of age until marriage.[28]

Generally, one should refrain from using his *maaser* funds for his children. If one does find himself in financial difficulty he should consult with his *Rav* as to whether he is permitted to so.

c. Age of Self-Sufficiency or Marriage

According to all *Poskim* once a child has reached working

מעשר שלו לזון בניו הקטנים. עכ״ל. וכ״כ גם הברכי יוסף סי׳ רמ״ט ס״ק י״ח וסיים וז״ל מכל מקום משתי טענות אחרות לאו שפיר עבדי. . .ותו דכתבו הפוסקים דכל מצוה שלא היה יכולת בידו ולא היה מקיים המצוה עושה אותה ממעות מעשר, והכא בזן בניו ואביזרייהו הוא דבר מוכרח לעשותו אי מצד אהבתו וכרחם אב ואי מצד אם הבנים באשתו אמרו דכרוכין אחריה והיא מעכבת לשלחם על פני חוץ ואי מצד שיחת הבריות ולעזה עליו מדינה, וא״כ אין להוציא ממעות מעשר מזונות בניו וכיוצא והגם דלפי מה שכתבנו בעת שמקבל להפריש מעשר כספים יכול לפרש שיחותיו להתנהג בו כרצונו ומינה לזון ממנו בניו וכו׳ מ״מ אי לא דחיקא ליה שעתא טובא לא נכון לעשות כן, עכ״ל. וכן הורה הערוה״ש סי׳ רמ״ט ס״ק ז׳ דאל״כ לעולם לא יגיע לעניים אף פרוטה אחת. וכן משמע בספר חכמת אדם כלל קמ״ד ס״ק י״א דכשהם סמוכים על שולחנו אסור, ועיין בספר דרך אמונה הלכות מתנת עניים פרק ז׳ ס״ק כ״ז בציון ההלכה ס״ק ס״ב שכתב דכך שמע שכך הורה מרן החזו״א זצ״ל, וע׳ עוד שם פ״י הל׳ ט״ז בבאור ההלכה ד״ה הגדולים. וע׳ שו״ת תשובה מאהבה ח״ב סי׳ שע״ו בהגהותיו לסי׳ רמ״ט הגהה ה׳.

27. כן מבואר בשו״ת אגרות משה יו״ד ח״א סי׳ קמ״ג וז״ל ולכן נראה לע״ד ברור שהיכא שהאם דרה יחד אם בניה אף שהם יותר משש ברצון האב ואף שהם גדולים כל זמן שאין הדרך שבנים כאלו ילכו להרויח לפרנס עצמן שיתחייב האב לזון גם אותם מדין מזונות אשתו, עכ״ל. וע׳ שו״ת שבט הלוי ח״ה סי׳ קל״ג אות ב׳. ובשו״ת יחוה דעת ח״ג סי׳ ע״ו וגם בקונטרס קול התורה חוברת ל״ט דף פ״ט שאלה י״ד תשובה מהגרש״ז אויערבאך זצ״ל.

28. כך מבואר שם דאם דרך משפחתם לא לילך להרויח ולעשות מסחר עד נישואיהן חייב במזונותיהם כל זמן שדרים עמהם יחד. וממילא אין יכול לזונם מכסף המעשר שהוא כחוב שאינו יכול לפרוע מהמעשר, ודינא דהש״ך בזה״ז ובפרט במדינתנו הוא דוקא כשהן גדולים כ״כ שהדרך שילכו להרויח לפרנסתן בעצמן.

age, a parent may use *maaser* funds to help him if he needs financial assistance, since the father is no longer obligated to support him. How much of a parent's *maaser* funds should be given to the child is discussed in Chapter Five.

G. Tuition

a. The consensus of the *Poskim* is that one may **not** use *maaser* funds to pay for tuition costs. The reason is as follows: Since a father has an obligation to either teach his son Torah himself or to hire a teacher to do so, one may not use *maaser* funds for this expense since it is an obligatory mitzvah.[29] This, however, only applies to boys, since a parent does not have an obligation to teach his daughter Torah. Nevertheless, Rabbi Moshe Feinstein suggests that in a country where the government requires *all* children to attend school it would be forbidden to use *maaser* funds even for the tuition of one's daughters. Since a parent who does not send his daughters to a religious school would be required to send them to public school, their education is therefore considered obligatory. Consequently, one may **not** pay their tuition with *maaser* funds since it is a Torah obligation to ensure that one's daughter receives a proper *chinuch*. If one were to send her to public school it would jeopardize her *Yiddishkeit*, and one has a Torah obligation to prevent that from happening.[30]

---

29. אהבת חסד פרק י״ט סע׳ ב׳, ספר דרך אמונה פרק ז׳ הלכה ה׳ ס״ק כ״ז באמצע. שו״ת אג״מ יו״ד ח״ב סי׳ ק״ג, שולחן ערוך הרב הל׳ ת״ת פרק א׳ הלכה ז׳, שו״ת שבט הלוי ח״ה סי׳ קל״ג בסוף אות ב׳. אולם ע׳ שו״ת פרי יצחק ח״ב סי׳ כ״ז דלשכר מלמד כדי ללמוד אם בנו משנה וגמרא יהיה מותר לשלמו ממעות מעשר דהא אינו חייב ללמדו בשכר אלא תורה שבכתב ולא משנה וגמרא כמבואר בשו״ע יו״ד סי׳ רמ״ה סע׳ ו׳. וע׳ בשו״ת ציץ אליעזר ח״ט סי׳ א׳ פרק ה׳ סע׳ י״ג־ט״ז.

30. אג״מ הנ״ל וז״ל אבל במדינתנו כאן שמחויבין מדינא דמלכותא ללמדם בבתי ספר שלהם ובחסדי השי״ת על ישראל איכא הרשות ללמדם בבתי ספר שתחת הנהלת ישראל כשרים ויראי ה׳, שנמצא שאם לא יתן בתו ללמוד בבי״ס כשר כהא דבית יעקב וכדומה להתחנך שם בדרך התורה והאמונה ושמירת המצות הרי יהיה מוכרח ליתן אותה לבי״ס של המדינה שהוא ח״ו ללא תורה וללא אמונה שזה מחוייב גם לראות שתהיה בתו כשרה להאמין בה׳ ובתורתו ולקיים כל מצותיו אף בהוצאת ממון, וממילא הוא דבר שבחובה, עכ״ל.

b. One is prohibited only from using *maaser* funds to pay for the actual tuition. However, any expenses over and above what the school charges which help to defray the cost of educating those who cannot afford to pay the standard tuition **may** be deducted from *maaser* funds.[31]

c. One who is unable to pay his tuition obligation without the use of *maaser* funds may not be obligated in separating *maaser* to begin with.[32] In such a situation one should consult with his *Rav.*

d. One **may** use *maaser* funds toward the tuition payments of one's older sons, for once the child is older the parent has already fulfilled his obligation to teach his son Torah.[33] A child has reached this age once he can learn by himself without assistance. (Approximately, once he has reached the *Beis Midrash* years.)

Similarly, if one were to send his daughter to seminary he would be permitted to use *maaser* funds toward the tuition.[34] However, it is very important to note that for both boys and girls, even when one is permitted to use *maaser* funds, if the school is out-of-town and one is paying for room and board those things may **not** be paid for with *maaser* funds, for one would have to pay for such items even if the child were living at home. One should deduct the amount of money that is saved by not having to provide room and board for that child and then pay that amount from his own pocket.

H. Paying for a Tutor

Whether one is permitted to use *maaser* funds for the tutoring of his children would depend on the following criteria: If he is trying to make sure that his child will be able to maintain the level

---

31. הגאון הרב שלמה זלמן אויערבאך זצ״ל בקונטרס קול התורה חוברת ל״ט דף פ״ט שאלה י״ז. וכן משמע בשו״ת אג״מ יו״ד ח״ב סי׳ קי״ג. וע׳ בספר מעשר כספים (אנגלית) בסוף הספר דף כ״ה בשם הגר״מ פיינשטיין זצ״ל.

32. שו״ת אג״מ הנ״ל, וכן ע׳ תשובות והנהגות ח״א סי׳ תק״ס אות ד׳.

33. כן משמע בשו״ע הרב הל׳ ת״ת פרק א׳ הלכה ו׳.

34. צדקה ומשפט פ״ו הערה ל״ה.

of his class, one would **not** be permitted to use *maaser* funds to pay for such tutors. However, if the child is already up to par with the level of his class and the parent wants him to learn an extra *seder*, then *maaser* funds may be used to pay for such a tutor.[35]

I. To Ensure Proper Friends

There are *Poskim* who maintain that one would be permitted to use *maaser* funds to ensure that his child has proper friends.[36] We are discussing a situation where there are mitigating circumstances, such as living in a community where there are very few suitable friends. Therefore, one who frequently must invite other children to one's home to be friends with his child may pay for any expenditures with *maaser* funds (i.e., travel expenses, food, games, etc.). However, it is important to note that this leniency may *only* be relied upon in extenuating circumstances.[37] Furthermore, even if one has no choice but to rely on this leniency care should be taken that one does not incur unreasonable expenses. Of course, in one's original acceptance of *maaser* one must stipulate the use of his *maaser* funds for such a purpose.[38] Due to all the intricacies involved, it is strongly recommended that a *Rav* be consulted if the foregoing situation should arise.

J. Grandchildren

If one is raising his grandchildren, he would be permitted to use his *maaser* funds to defray those costs. This applies even if the children are younger than 6 years old, since grandparents are not obligated in supporting grandchildren.[39]

---

35. כך שמעתי מהגאון הרב יוסף שלום אלישוב שליט״א, ואמר לי הגאון הרב חיים קנייבסקי שליט״א שאם הוא עושה כן בלאו הכי, אסור.

36. שו״ת מנחת יצחק ח״ח סי׳ ה׳ אות ג׳.

37. שם, ואם אפשר ליה אולי נכון להחמיר.

38. שם.

39. אע״פ שכתב הערוה״ש סי׳ רמ״ט סע׳ ז׳ שהגדיל בני בניו ובני בנותיו או בנותיהם אז אינו הוא יכול לחשוב את זה בכלל צדקה ממעשר. אבל כבר העיר עליו בשו״ת שבט הלוי ח״ה סי׳ קל״ג אות ב׳ דפשיטא דמותר ולכל הדעות הוא בגדר צדקה ויכול לפרוע זה ממעות מעשר וכדכתב בפ״ת אה״ע סי׳ ע״א ס״ק א׳ בשם תשובת חוט השני, דאפילו פחות מבן שש בגדר צדקה בזה. וע׳ שו״ת ציץ אליעזר ח״ז סי׳ ל״ט.

K. Orphans

One who takes orphans into his home and raises them is allowed to use *maaser* funds for their support.[40]

L. For a Merit

One may give *maaser* funds to poor *talmidei chachamim* so they will learn in the merit of one who is sick — that he have a *refuah sheleimah* — or in the merit of one who departed this world — that the *neshamah* should have an *aliyah*.[41]

M. Communal Tax or Obligation

Most European Jewish communities were administered by a *kehillah* organization. Funds were collected from the community members to defray the operating costs of the various establishments used by the community — the *mikveh, shul, shochet*, etc. Today we have a different system, but we are including this information for the case where it applies.

Any communal tax or obligation that is imposed on a person, even if he finds it difficult to afford, may **not** be paid from *maaser* funds. Therefore, if one is a member of a community that levies a tax on its people, he would not be permitted to pay for it with *maaser* funds.[42]

N. Personal Need

Maaser funds may **not** be used to pay for any personal need or benefit — yours or someone else's (except a poor person). Therefore, for example, one who rents flowers from a *tzedakah* organization for a *simchah* may **not** pay for the rental with *maaser* funds, since what he is receiving has a value and one cannot use *maaser* funds to receive such benefits.[43] This would apply whether or not he would have purchased such flowers. However, if one overpays by making the purchase from a

---

40. ערוה״ש יו״ד סי׳ רמ״ט ס״ק ז׳.

41. שו״ת כתב סופר יו״ד סי׳ קי״ב.

42. דכיון שמחויב לשלם אותו אינו יכול לשלמה ממעות מעשר.

43. פשוט, וכן שמעתי מפוסקי זמנינו.

tzedakah organization, one **may** use *maaser* funds for that amount. For example, if one paid the *tzedakah* organization $2,000 for the flowers and that is how much they would have cost him otherwise, he may **not** use *maaser* funds. However, if by purchasing the flowers elsewhere it would have cost him $1,500, he **may** pay the additional $500 to the *tzedakah* organization using *maaser* funds.[44]

Similarly, one who hires a poor worker to do work for him may **not** use *maaser* funds to pay his wages. However, if his wages are more than someone else's, one may use *maaser* funds for the difference.[45]

O. Wedding Gift

One is permitted to give a wedding gift to an indigent using *maaser* funds. This applies even in a situation where he would have given him a wedding gift anyway, since there is no obligation to give him a gift.[46]

P. *Shul* Dues

One is permitted to allocate *maaser* funds for his *shul's* operating costs, provided that in his initial acceptance of *maaser* he did so with the intent to use *maaser* funds for mitzvah purposes,[47] as we previously established. However, one would **not** be permitted to use *maaser* funds for the cost of his membership dues since he benefits by being a member (*aliyos*, seats, etc.), and any amount of pleasure that one derives from the *shul* cannot be paid for by using *maaser* funds.[48] Since it is difficult to determine the value of those benefits one can assume that they are

---

44. ע׳ ציון למטה. וכן שמעתי מפוסקי זמנינו.

45. צדקה ומשפט פ״א הערה פ״ה, תשובות והנהגות ח״ב סי׳ תע״ז.

46. כך שמעתי מהגאון הרב יוסף שלום אלישוב שליט״א. וע׳ בספר צדקה ומשפט פרק ו׳ ס״ק כ״א.

47. כן פסק הגרש״ז אויערבאך זצ״ל בקונטרס קול התורה חוברת ל״ט דף פ״ט שאלה ט״ו.

48. כך שמעתי מהגאון הרב יוסף שלום אלישוב שליט״א. וכן ראיתי בספר אמת ליעקב חלק יו״ד הערה 134.

anywhere between one-half and two-thirds of the value of his membership dues and one should pay this amount using his own money and not *maaser* funds.[49]

If by being a member of a particular *shul* one would receive certain *personal* benefits which he wants, he would **not** be permitted to deduct the value of those benefits from *maaser*.[50] Therefore, if one *shul* charged membership dues of $100 and another *shul* charged $200 but included the right to use their *simchah* hall for free, one would **not** be able to deduct that extra $100 from *maaser* since that amount is being applied to one's own personal benefit. However, if one does not require those added benefits he may deduct the extra amount from his *maaser* funds.[51]

Q. *Yamim Noraim* Seats

Using *maaser* money to purchase a seat for the *Yamim Noraim* is **not** permissible since having a seat is considered a personal benefit. However, any amount above the value of the seat may be paid for with *maaser* funds.[52] (A *Rav* should be consulted, since it is difficult to determine the value of a seat.)

R. Building Fund

Many *shuls* and *yeshivos* have a building fund, and if one

---

49. כך שמעתי מהגאון הרב ישראל בעלסקי שליט״א. ואם יש חיוב ליתן פשוט שאסור ליתנו ממעות מעשר כמבואר בשו״ת בי״ד של שלמה יו״ד סי׳ א׳ שהביא בשם השל״ה, וז״ל שמה שנוהגין ליתן להחזן א״א לחשבו ממעות מעשר. וכ״כ הכנה״ג או״ח סי׳ תרצ״ד בשם ספר מטה משה שאין שכר החזן וש״צ ושמשים יוצא מן המעשר, דא״כ צדקה תהיה לנו ולא לעניים. ואף אם הם עמלי תורה ג״כ יהיה אסור שזה הוא שכרם הקצוב והוי חובה ואינו בא ממעות מעשר. וכן הוא בשו״ת מלמד להועיל ח״ב סי׳ ק״ב דאם אחד כבר מחויב ליתן להקהל סך ידוע קצוב שנה בשנה דבר פשוט הוא דאסור לו לשלם מה שמחויב מן מעות מעשר, דכל דבר שבחובה אינו בא אלא מן החולין.

50. פשוט, וע׳ שו״ת מנחת יצחק ח״ח סי׳ פ״ג שאלה אם רוצים לבנות ביהמ״ד ורוצים למכור מקומות, שמהמעות שהוא נותן יוכלו לבנות הבהמ״ד והוא רוצה ליקח מקומות בשבילו ובשביל אשתו בהך מעות אם מותר לקנותם ממעות מעשר.

51. כך שמעתי מפוסקי זמנינו.

52. כך שמעתי מהגאון הרב יוסף שלום אלישוב שליט״א ומהגאון הרב חיים קנייבסקי שליט״א. והטעם הוא שצריך מקום לישב.

is a member or sends his children there he is asked to contribute to the building fund. May one use *maaser* funds to pay for this ? If the *shul* or yeshiva *obligate* one to contribute to the building fund one would **not** be permitted to use *maaser* funds. However, if it is *optional* one **is** permitted to use *maaser* funds.[53]

S. Raffle Tickets

One **may** use *maaser* funds to purchase a raffle ticket from a *tzedakah* organization where an *unlimited* number of tickets are being sold over a prolonged period of time. However, if a *limited* number of tickets are being sold, one would **not** be permitted to use *maaser* funds for the ticket. The reason for this distinction is that when there are a limited number of tickets there is a definite value in owning such a ticket, since there is a specific chance of winning (i.e., 1 in 5,000) and purchasing this raffle is considered buying something of worth. Consequently, one may not purchase that right for himself using *maaser* funds. However, when an unlimited number of tickets are being sold over a prolonged period of time there is no set value to owning a chance to win. He is thereby purchasing a ticket that has no value and may, therefore, use *maaser* funds.[54]

Many organizations sponsor raffles where there are an unlimited number of tickets being sold over a short period of time

---

53. כך שמעתי מפוסקי זמנינו.

54. שו״ת אג״מ או״ח ח״ד סי׳ ע״ו ס״ק ב׳, וז״ל הנה בעצם תלוי איזה מין הגרלה הוא אם יש לזה שיוי ממון או אין להם שיוי, היינו דהגרלה שיש לה קצבה להכרטיסים כגון שלהרויח אלף דאלאר עושין למשל רק חמשה אלפים כרטיסים, שנמצא הוא ספק ידוע דאחד מחמשת אלפים ירויח ושייך לשום כמה שוה ספק זה דאחד מחמשת אלפים ירויח סך אלף דאלאר... שלכן אם הוא הגרלה דיש לה שיוי, והשיוי שהעמידו הגבאים אינו גדול ביותר ששייך שיקנו אף אינשי שאין בכוונתם לצדקה צריך שיקנה ממעות שלו. ואם הוא הגרלה דאין לה שיוי הרי כל מי שלוקח הוא לנתינת צדקה ויכול ליקח זה ממעות מעשר, עכ״ל. וכעין זה כתב בספר דרך אמונה פ״ז הל׳ ה׳ בבאור ההלכה ד״ה ואחד מעשרה. וע׳ עוד מזה בשו״ת שבט הלוי ח״ט סי׳ ר׳, שו״ת עמק התשובה ח״ב סי׳ פ״ג, ספר תשובות והנהגות ח״ג סי׳ רפ״ט, שו״ת אבן ישראל ח״ח סי׳ ס״ד, ובספר צדקה ומשפט פ״א ס״ק פ״ה.

(i.e., Chinese Auction). The price of those raffle tickets is usually much greater than the actual value of the chance of winning. Generally, one who does purchase such a ticket is doing so because the money is going to *tzedakah*. One may, therefore, deduct the difference between the cost of the ticket and the value of the chance of winning, and pay that amount with *maaser* funds.[55] Determining the value is dependent on many variables so it is impossible to stipulate an amount — a *Rav* should be consulted for each specific situation.

Similarly, when there are a specific number of tickets being sold, if the value of the chance of winning is not worth the cost of the ticket, one may deduct the difference between the cost of the ticket and the value of the chance of winning, and pay that amount with *maaser* funds.[56]

One who purchased a ticket with *maaser* funds and eventually won the raffle may keep the winnings.[57] However, he should preferably give the organization (from his own money) the amount of money that it cost to purchase the ticket.[58] The *maaser* that one separates from his winnings should also be given to that organization.[59]

There are, however, other *Poskim* who disagree with the premise that one may purchase raffle tickets with *maaser* funds. According to them one should **not** use *maaser* funds to purchase raffle tickets.[60]

---

55. כך שמעתי מפוסקי זמנינו והוא ע״פ שו״ת אג״מ הנ״ל.

56. כך משמע באג״מ הנ״ל ובספר דרך אמונה הנ״ל.

57. כ״כ האג״מ הנ״ל וז״ל, ואם נזדמן לאחד שגורלו הרויח, מעצם הדין הוא שלו דהא כיון שאין להספק ענין שיוי הוא בהכרח מה שעושין כן הוא למתנה לאחד מהנותנין משום הזריזות לקנות כרטיסי הגרלה לצדקה שעי״ז הדרך שמוכרין הרבה יותר ונתקבץ לצדקה הרבה יותר מכפי שמבקשין שיתנו צדקה ואיכא רוחה לצדקה עי״ז שלכן הרשות ביד הגבאים ליתן מתנה זו, עכ״ל.

58. שם באג״מ, וכן כתב בדרך אמונה הנ״ל.

59. שם באג״מ.

60. כך שמעתי מהגאון הרב יוסף שלום אלישיב שליט״א, וכן אמר לי הגאון הרב שמואל פעלדר שליט״א ששמע זה מהגאון הרב שלמה זלמן אויערבאך זצ״ל. וע׳ לעיל הערה 54.

T. *Yeshiva* or *Tzedakah* Organization Dinner

Money given to pay for a yeshiva/*tzedakah* organization dinner or *Melaveh Malkah* may be taken from *maaser* funds. However, one must deduct the amount that he determines such a meal is worth to him.[61]

U. Ad in *Tzedakah* Journal

One is permitted to use *maaser* funds for an ad in a journal for a *tzedakah* organization, even though he is honoring someone with that ad.[62]

V. To Hire Capable Workers

One who has to hire workers and wants to employ more capable ones since they will be more scrupulous in *kashrus*, may **not** use *maaser* funds to pay for the difference in wages.[63]

W. Printing and Buying *Sefarim* From a Poor Person

1. In a situation where one did not stipulate the use of *maaser* funds for mitzvah purposes, one may **not** use *maaser* funds to help pay for the printing costs of *sefarim*. Even if the author is poor this applies, unless the *sefer* is needed by everybody.[64] However, one would be permitted to use *maaser* funds if the author supports himself from the profits of his books.[65]
2. If the author is poor, *maaser* funds **may** be used to **purchase** his *sefer* directly from him, only in the situation where the purchaser does not need the *sefer* and is only buying it as a

---

61. כך שמעתי מפוסקי זמנינו, והטעם הוא מפני שנהנה שם. וכן ראיתי בספר אמת ליעקב חלק יו״ד הערה 134. וע׳ בשו״ת אג״מ חו״מ ח״ב סי׳ נ״ח כעין זה.

62. כך שמעתי מהגאון הרב יוסף שלום אלישוב שליט״א והטעם, שזה רק טובת הנאה ומותר.

63. שו״ת שבות יעקב ח״ב סי׳ פ״ה הובא בפ״ת יו״ד סי׳ רמ״ט ס״ק ב׳, וכן הוא בשו״ת בי״ד של שלמה סי׳ א׳ בתוספות מעשר אות י״ז דאין להשתמש בדמי מעשר בעד עבדים גדולים אם די לו בעבדים קטנים אף אם הגדולים משגיחים באיסור והיתר יותר.

64. חזו״א הובא בספר דרך אמונה פ״ז בציון ההלכה ס״ק ס׳.

65. דרך אמונה שם.

way of giving him *tzedakah.* However, if one would have purchased the *sefer* regardless, then one may **not** do so using *maaser* funds.[66]

X. *Mikveh*

One may use *maaser* funds for the building and construction of a *mikveh* provided that he stipulated the use of *maaser* funds for mitzvah purposes. However, if he did not make such a condition then he would not be permitted to do so.[67]

It is important to remember that even when one is permitted to use his *maaser* funds for non-obligatory mitzvos one should try to make sure never to use more than half of his *maaser* money for such purposes.[68]

Y. *Shadchanus*

One may **not** use *maaser* funds to pay for the services of a *shadchan.*[69]

Z. Repaying Lost Loan

There is a discussion in the *Poskim* regarding a situation where one lent money to an individual and the money was not paid back as promised — may one deduct the loan owed from *maaser* funds? According to *all Poskim,* if at the time of the loan the lender had the intention of retrieving the money from *maaser* in the unfortunate event the borrower would not pay it back then it would be allowed. It would even be permitted without informing the borrower that you used *maaser* to repay the loan. However, there is a dispute among the authorities

---

66. ע׳ בספר דרך אמונה פ״ז הל׳ ה׳ בבה״ל בסוף ד״ה ואחד מעשרה. וכן כתב בספר ארחות רבינו חלק א׳ דף 303 בשם החזו״א. וע׳ גם בספר צדקה ומשפט פרק א׳ הערה פ״ה.

67. כך שמעתי מהגאון הרב חיים קנייבסקי שליט״א.

68. שו״ת חת״ס יו״ד סי׳ רל״א וז״ל ומ״מ נ״ל מהיות טוב יחלק המעשר ויתן חציו לעניים דעלמא וחציו לבניו. . . עכ״ל.

69. שו״ת זכרון יהודה חלק יו״ד סי׳ קצ״ב, וכן ראיתי בספר אמת ליעקב חלק יו״ד הערה 134.

whether one may deduct the loan if he did **not** have the intention to do so at the outset.

Generally, one would **not** be permitted to take the money from *maaser* to pay off the loan.[70]

---

70. ע׳ גמ׳ גיטין ל׳ א׳, במשנה, תנן המלוה מעות את הכהן ואת הלוי ואת העני להיות מפריש עליהן מחלקן מפריש עליהן בחזקת שהן קיימין ואינו חושש שמא מת הכהן או הלוי או העשיר העני. מתי צריך ליטול מן היורשים. . . ובברייתא תניא העשיר העני אין מפריש עליו, וזכה הלה במה שבידו. וטעם החילוק בין מיתה, שעשו חכמים תקנה, לעשירות שלא עשו תקנה הוא מפני שמיתה שכיח ועשירות לא שכיח. וכתב רש״י שם שהמלוה הזה כשיפרוש המתנות הוא ימכור אותם ויעכב הדמים לעצמו בפרעון החוב ואין כאן גזל מתנות שכבר נתן דמיהם להכהן והלוי והעני ובשעת ההלואה פסק להם דמים. ועפי״ז פסק הרמ״א יו״ד סי׳ רנ״ז סע׳ ה׳ מי שמפריש מעשרותיו והלוה לעני משלו מפריש מעשר שלו ומחשב על זה שהלוה לעני ומעכב לעצמו מה שהפריש. וכתב ע״ז הש״ך בס״ק י״ב דזה דוקא כשהיתה מחשבתו בשעת הלואה ע״ד ליפרע ממעות מעשר ע״ש. ושם בס״ק י״ג וי״ד ובביאור הגר״א ס״ק י״ג הקשה למה לא הביא הרמ״א הדינים שצריך רשות מהעני וגם שצריך זיכוי על ידי איש אחר? אולם ע׳ בירושלמי גיטין פ״ג הל׳ ז׳ שכתב וז״ל, אתא עובדא קומי ר׳ אימי כהן לוי שהיה חייב לישראל מעות, ואמר לו הפרש עליהן מחלקי אמר ליה ולא תנינן אלא המלוה מעות את הכהן ואת הלוי ואת העני להיות מפריש עליהן מחלקו בשהלוהו על מנת כן, הא לא הלווהו על מנת כן לא. רבי זעירא אמר אפילו לא הלווהו על מנת כן. חיליה דר׳ זעירא מן הדא וכן בן לוי שהיה חייב לישראל מעות אמר לו הפרש עליהן מחלקי לא יהא גובה ומפריש שאין לוי עושה לוי שלא אמר אלא לא יהא גובה ומפריש, הא משלו מפריש, עכ״ל הירושלמי. וכתב הנו״ב מהדורא תנינא סי׳ קצ״ט שהפוסקים לא הביאו פלוגתא זו ולא הכריעו בה. ואחרי השקלא וטריא סיים שם הנו״ב וז״ל בהא נחתי בהא סלקי שדברי ר׳ זעירא עיקר ויכול להפריש עליהן אבל רשות מהעני צריך. וגם זה אמינא דוקא אם הוא באופן שאף אם לא היה חייב היה גם כן נותן המעשר שלו לזה העני כפי אותו אומד שהיה נותן לו בלאו הכי. יחשוב עתה על חלקו ולא יותר דאם לא כן לא שבקת חיי לעניים דכל עשיר יש לו חובות שנתייאשו ויפריש מעשרותיו על אלו החובות עכ״ל. נמצא שיש כאן מחלוקת בין הש״ך והנו״ב, דלהש״ך הנ״ל אי אפשר להפריש אם לא היה דעתו על זה מעיקרא ולהנו״ב יכול להפריש אם קיים שני התנאים א׳ שיש רשות מהעני ב׳ שבלאו הכי היה נותן להעני מעשר שלו כשיעור החוב.

וע׳ בשו״ת אג״מ יו״ד ח״א סי׳ קנ״ג שהקשה על הנו״ב מכמה טעמים וסיים שקשה להכריע נגד הש״ך. וע׳ בשו״ת מנחת יצחק ח״ה סי׳ ל״ד אות ח׳ שהוסיף עוד טענה על הנו״ב, דכמעט א״א לקיים תנאי השני מטעם שברוב פעמים לא היה המלוה נותן להלוה הסכום הזה בלאו הכי וממילא כמעט לא שייך הדין של הנו״ב. אולם מצאתי אח״כ בשו״ת משיב דבר ח״ב סי׳ מ״ט שאלה, אם יכול בעל חנות לקבל לעצמו מעות מעשר עבור חוב שמגיע לו מכמה שנים על עניים שלקחו ממנו בהקפה. וכתב שבוודאי אינו צריך רשות העני שדין מעשר כספים הוא רק ליהנות לעניים ויש להם הנאה בהממון אפילו בלי הזכוי. ומסיים שם שיכול לנכות סכום החוב שחייב לו רק אם מקיים שני תנאים א׳ שיהא הלוה עני הראוי לקבל צדקה עתה. וב׳ וגם שיהא מוותר משלו שלא יקבל לצרכי עצמו אלא לפרעון חוב המוטל עליו למשא, אז יכול לנכות. היוצא מהנ״ל

The above halachah applies equally to the lender and one who accepts to become an *areiv* — guarantor of a loan. If he intended at the outset to use his *maaser* funds in the event he would have to repay the loan he would be allowed to do so. However, if he did not intend to use his *maaser* funds then he would not be permitted to do so.[71]

In the above situation where one cannot deduct the loan from *maaser* funds, the *Poskim* suggest two ways for one to recover one's money.

1. Lend to That Poor Person on the Condition He Will Repay You With *That* Money

One **may** take *maaser* funds equaling the amount of the loan and give it to the borrower, who is now considered poor, and stipulate that you are giving him this money *only* on the condition that he repay the loan which is owed to you. One may then take the money back as payment for the loan.[72]

2. Take Up a Collection for the Borrower

One **may** set up a charity fund to collect the debt owed to him. One may do this even without notifying the borrower. However, he may **not** disclose the borrower's name to those

---

דלהש״ך ולשו״ת אג״מ ההיתר לנכות ממעשר כספים הוא דוקא אם הלוהו על מנת כן אבל להנו״ב ולהמשיב דבר יהיה מותר אף אם הלווהו שלא על מנת לגבות החוב ממעות מעשר רק צריך איזה תנאים כל אחד לשיטתו. וממילא כשלא הלווהו ע״מ לגבות חובו ממעות מעשר נראה שאם הוא מקיים כל התנאים של הנו״ב והמשיב דבר והם, א׳ נטילת רשות מהעני. ב׳ שבלאו הכי היה נותן לו סכום זה בשביל מעשר. ג׳ שהוא עני עכשיו שיכול לקבל מעשר. ד׳ שיהא מוותר משלו שלא יקבל לצרכי עצמו אלא לפרעון חוב המוטל עליו למשא, יכול לסמוך להקל. אולם צריך לדעת שהתנאי של הנו״ב שבלאו הכי נותן לו סכום זה במעשר כמעט א״א לקיים כדהזכרתי למעלה משו״ת מנ״י. אולם זה ברור שאף אם לא היה נותן להעני בלאו הכי כל סכום חוב זה ממעות מעשר, אם היה נותן לו חלק מהסכום, היה יכול לנכות אותו חלק אם הוא קיים ג״כ הג׳ תנאים האחרים. וע׳ בקונטרס קול התורה חוברת ל״ט דף פ״ט שאלה י״ט שהגרש״ז אויערבאך זצ״ל סובר דאם יכול לגבות החוב בדין יכול לשלם החוב ממעות מעשר. וע׳ בשו״ת הר צבי יו״ד סי׳ ר״ג.

71. צדקה ומשפט פ״ה סוף הערה נ׳.

72. שו״ת מנחת יצחק הנ״ל. וע׳ בשו״ת חבצלת השרון ח״ג סי׳ נ״ח.

who donate money without first receiving permission from the borrower.[73]

◆§ Other Practical Applications

a. Store Owner

One who is a store owner and allows people to take merchandise on credit would be permitted to deduct the bill of one who is poor from *maaser*, if he intended to do so at the outset in the event that the poor person did not pay. However, if he did not stipulate doing so, he would not be permitted.[74]

If he would be able to collect the money by pressuring him but he does not want to because the individual is impoverished, he is then permitted to deduct what is owed from *maaser*.[75]

b. Renting an Item to a Poor Person

One who rents an item to a poor person who then did not pay what was owed, would be permitted to deduct the amount from *maaser*, provided he intended to do so at the outset.

However, to avoid these problems, the *Poskim* suggest that one should *always* lend with the intention of reimbursing himself from *maaser* funds if the borrower falls on hard times and is not able to repay the loan.[76]

◆§ Summary

In this chapter we have attempted to outline when and how one may use one's *maaser* funds for things other than assisting the poor and supporting Torah. Of course, there may be other situations not mentioned above, in which case one should consult with a *Rav*. It must be emphasized that the primary

---

73. כן שמעתי מפוסקי זמנינו. ולכאורה הוא ע״פ הרמ״א יו״ד סי׳ רנ״ג סע׳ י״ב.

74. ספר תשובות והנהגות ח״ב סי׳ תע״א.

75. שם וכך שמעתי מפוסקי זמנינו.

76. אג״מ הנ״ל ופשוט.

purpose of instituting the concept of *maaser* is to help those in need and especially to assist one who is learning Torah and is in need. One should do one's best to make sure to limit one's use of *maaser* funds for other purposes and focus on helping the poor and supporting Torah.[77]

---

77. ע׳ לעיל ציון ו, וכן ע׳ בשו״ת מלמד להועיל ח״ב סי׳ ק״ב, וכתב ואע״ג שעכשיו אין מדקדקין בכך ונותנין לעניי עולם היינו משום דמסתמא מתחילה היה דעתו לשם כך.

15 / Summary of *Halachos* of *Maaser Kesafim* According to the Chofetz Chaim

The Chofetz Chaim, when summarizing the *halachos* of *maaser kesafim*, suggests that one stipulate and follow certain guidelines when accepting to keep the custom of *maaser*, in order to minimize any problems.[1] We will list them here:

1. When one accepts upon himself to keep the custom of separating *maaser*, he should do so *b'li neder*, thereby avoiding any potential problem of not keeping one's vows if he happens not to separate the funds.
2. One should keep a calculation sheet as to how much profit one makes every year. One may combine *all* profits and losses from the year and separate *maaser* from the *total* profit.
3. One should keep an accounting of *all* money he gives throughout the year to *tzedakah* (even very small amounts). One may include the cost of all food he may have given to the poor who came to his house.
4. If when making his yearly calculation he realizes that he has **not** given the amount of *maaser* he is supposed to, he should *immediately* separate the amount he owes and distribute it to the poor, without delay. If there are no poor people, he may keep the money in his possession until one will come. In the interim, he would be permitted to use the money for himself (see Chapter Nine, section M, for those guidelines). However, as soon as a poor person comes he is obligated to give him money. If one does not have money available because he used the *maaser* funds he would then be obligated to borrow money in order to give the poor person immediately.

---

1. אהבת חסד חלק ב׳ פרק י״ח אות ב׳.

5. If when making his yearly calculation he realizes that he has given **more** than he was obligated to give, he may deduct the amount from the next year's *maaser* obligation. Since this is a matter of dispute among the *Poskim*, in his initial acceptance of fulfilling the custom of *maaser* one should do so on the condition that a deduction will be made from his *maaser* in case this might occur.

For other conditions one is permitted to make when accepting upon himself the custom of *maaser kesafim*, see Chapter Fourteen.

Epilogue

The Chofetz Chaim concludes his *sefer, Ahavas Chesed,* with an essay highlighting the urgency of implementing the mitzvah of *tzedakah* in contemporary society. I feel that it is a fitting conclusion to include a translation of the holy Chofetz Chaim's Epilogue as the last words for the *Halachos* of *Tzedakah* and *Maaser Kesafim.*

Chofetz Chaim's Epilogue

I certainly know that many people will think and say: Nowadays, even without writing this *sefer,* the concept of *tzedakah* and *chesed* is firmly established in the world and there is no reason for anyone to speak on the topic. To this I respond and I say to them as follows:

1. It is known that the obligation of *tzedakah* and *chesed* depends on the beneficiary and the benefactor. As concerns the beneficiary — it is dependent on how much he may need. As the Torah tells us, כִּי פָּתֹחַ תִּפְתַּח אֶת יָדְךָ לוֹ וְהַעֲבֵט תַּעֲבִיטֶנּוּ דֵּי מַחְסֹרוֹ אֲשֶׁר יֶחְסַר לוֹ, "You shall open your hand to him, and lend to him what he requires, whatever he is lacking"(*Devarim* 15:8).

In earlier generations, one was able to fulfill the concept of *dei machsoro* (דֵּי מַחְסֹרוֹ), "what he requires," just by giving a poor person a small amount. However, nowadays, clothing, shoes, housing and other needs of a person are very expensive. If a person would examine his own personal expenses he would realize that the cost of living is much more than it was in previous generations, and therefore the amount one must give in order to fulfill "*dei machsoro*" is also much greater.

So, too, when it comes to the concept of *chesed*. It is a positive command (*mitzvas asei*) to lend money to one who is poor. As the Torah states: אִם כֶּסֶף תַּלְוֶה אֶת עַמִּי אֶת הֶעָנִי עִמָּךְ, "When you lend money to My people, to the poor person who is with you" (*Shemos* 22:24), and וְכִי יָמוּךְ אָחִיךָ וּמָטָה יָדוֹ עִמָּךְ וְהֶחֱזַקְתָּ בּוֹ, "If your brother becomes impoverished and his hand falters in your proximity, you shall hold on (strengthen) to him" (*Vayikra* 25:35).

In earlier generations, when a person needed only a small amount to live, it was sufficient to lend him a small amount, since this small amount that he borrowed was adequate to help him earn enough money to support himself and his family. The one who lent the funds thereby fulfilled that which the Torah says, וְהֶחֱזַקְתָּ בּוֹ, "you shall hold on (strengthen) to him" (ibid.). However, nowadays, since basic necessities are much greater and profits from business are small, a person generally needs more money to help him secure a source of income.

Concerning the benefactor: It is known that the obligation for one to give *tzedakah* is dependent on what he can afford. One who works and has a source of income has a greater obligation than one who is poor (since even a poor person has an obligation to give *tzedakah; Gittin* 7b). One who is wealthy has a greater obligation to give than one who is a regular working man. One who is extremely wealthy has an even greater obligation to give. For example, two people may do the same good deed, however one is praised for it and will receive a reward while the other one will be punished and will lose his wealth. The reason is because compared to the wealth with which Hashem blessed the rich man the amount he gave was very minimal. Similarly, we find in *Chazal* (*Kesubos* 67b) concerning Nakdimon ben Gurion. Even though he was a very great man — for he was one of the three individuals for whom the sun was eclipsed (as is stated in *Taanis* 20a) — and he also gave large amounts of *tzedakah* and performed many good deeds for the Jews, nevertheless, it was decreed that he should lose his money since he did not give the amount of *tzedakah* that was commensurate with his wealth.

Accordingly, it is obvious that one cannot compare the monetary obligation of our time to the past. In earlier times the kind of wealth we have today was not common. *Baruch Hashem,* there are many more wealthy individuals in our time than ever before. Therefore, it would be impossible for one to say that the obligation to give *tzedakah* nowadays is equal to that of the previous generations.

2. In earlier times, a person would be exacting in the way he lived and he would not spend money on anything beyond what he needed for his basic living. Consequently, it was enough to set aside only a small amount of money to fulfill the mitzvah of *tzedakah* and *chesed*. However, nowadays, we find that people will spend a lot of money, not just on what is basic but even for items of luxury which are only for their enjoyment. For example: fancy clothing, expensive houses, and many servants and the like. Therefore, one should make sure that when fulfilling the mitzvah of *tzedakah* and *chesed,* which is the lifeblood and salvation of a person in this world and in the World to Come, it should not be any less important to him than any of the luxuries on which he spends money. This is hinted at in the words of *Chazal* — that in the future Hashem will rebuke each and every individual according to the consistency of his actions.

In truth, if one were to ask each individual about the way he runs his household and that concerning his expenditures he acts like a wealthy person and spends above the amount that he is worth, he would respond as follows: He feels it is appropriate not to cut back on the needs of his household and he trusts that Hashem will help him concerning these needs. However, when this same individual is faced with the prospect that he should give *tzedakah* and do *chesed,* he hardens his heart and closes his hand and makes himself into a pauper and does not give the amount of money that he is really able to afford. Concerning such a person the *pasuk* states, יֵשׁ מִתְעַשֵּׁר וְאֵין כֹּל, מִתְרוֹשֵׁשׁ וְהוֹן רָב, "Some pretend to be rich and have nothing, but others act poor and have great wealth" (*Mishlei* 13:7). There are people who act as if they are wealthy, but in truth they do not have anything. Then there are those who make themselves out to be impoverished, especially concerning matters of *tzedakah* and *chesed,* however, they really have great wealth.

3. It is known that *tzedakah* and *chesed* have the power to strengthen the attribute of mercy. As *Chazal* tell us concerning the *pasuk,* וְנָתַן לְךָ רַחֲמִים וְרִחַמְךָ, "Hashem will give you mercy and be merciful to you" (*Devarim* 13:18): Whoever has mercy on Hashem's creations, Hashem will have mercy on him. Nowadays, we see with our own eyes that the attribute of strict justice is increasing in strength each and every day in the form of many types of sicknesses and strange types of death and there is a lack of Hashem's influence in the world. Also, we have reached a point that there is not a day that its curses are not greater than the previous day's curses. Therefore, a person should try to increase his acts of *tzedakah* and *chesed* all the more and perhaps in that merit the strict justice will be overturned and the world will become filled with Hashem's mercy.

Index

The Index is arranged both alphabetically *and* according to major topics. The sub-heads for each major heading are indicated with a • in front of them. Otherwise, the Index is alphabetical and other significant sub-heads are bolded within their alphabetical location.

OPPORTUNE TIMES FOR GIVING *TZEDAKAH*

ORDER OF PRECEDENCE (*Kedimos*)

TZEDAKAH

מפתח להערות

ציון המספר השמאלי להפרק והימיני לההערה
דוגמא 1,8 פרק 1 הערה מספר 8

In memory of

HaGaon HaRav Shmuel Yaakov Weinberg *zt"l*

By

Herb & Joyce Green

In honor of

Errol & Sandra Newfield
and
Aron & Naomi Koral

by their children

Warren & Talia Newfield
THORNHILL, ONTARIO

לזכר נשמת

ר׳ שמעון פנחס בן ר׳ חיים יצחק הכהן
שיינא שרה בת ר׳ אליעזר ליפמן

Gary & Malkie Torgow

Dedicated in loving memory of

ר׳ אשר זעליג בן ר׳ משה יוסף
מרים בת ר׳ שמחה משה הלוי

Reb Asher Zelig and Miriam Posner *z''l*

Reb Asher Zelig's tremendous devotion to learning was well known to all who knew him. He rarely missed his daily *shiurim* even after a long day at work and served as a sterling example for what a true *ben Torah* should be.

Miriam was the perfect *eishes chayil* to Reb Asher Zelig, always supporting his learning by being a mother and wife par excellence. Her *chesed* activities included always being available to anybody who needed a sympathetic ear.

Their love for and dedication to *Yiddishkeit* and their children and grandchildren will live on as an inspiration to all of us.

Dr. Louis and Chanie Malcmacher
Dovid Yaakov, Shlomo Zalman, Shmuel Aharon, and Shana Rochel

Dedicated in loving memory of

לעילוי נשמות של

ר׳ אברם אבא ב״ר צבי בערגעל ז״ל

נפטר כ״א אייר תשמ״ז

ואשתו מרת פייגע יטע ע״ה בת ר׳ זרח ז״ל

נפטרה כ״ז שבט תשמ״ג

ת.נ.צ.ב.ה.

הונצח ע״י
בנם וכלתם
ר׳ חיים צבי וחנה שיינדעל בערגעל
ונכדיהם ונינהם

By their son, daughter-in-law
and grandchildren
Hy and Helen Bergel and Family
TORONTO, ONTARIO, CANADA

לזכר נשמת

ר׳ שלמה ב״ר יהודה יחיאל הלוי דזייקאבס

נפטר ט׳ ניסן תשנ״ב

והאשה רבקה בת ר׳ יוסף

נפטרה כ״ד טבת תשמ״ב

אנשי צדקה וחסד

Mr. and Mrs. Shloime and Rivka Jacobs *z"l*

By their children

Mr. and Mrs. Kalman Lowenthal and family

לזכר נשמת

איש אמונים צדיק וישר אבי מורי

ר׳ יוסף ב״ר יעקב פיינטוך ע״ה

עבד בלב שלם את קונו
מעשיו הטובים והישרים נודעו לתהלה
וקולו הערב התעורר בתפילה
נפטר ביום י״ח אלול שנת תש״ס

Joseph Feintuch

Renowned for his noble deeds, he inspired us
with his kindness, sincere faith, and pleasant
voice which stirred others in their prayers.

תהא נשמתו צרורה בצרור החיים

By his children
Jack and Harriet Feintuch
and family

לזכר נשמת

ר׳ אברהם אלימלך ב״ר שמעון הכהן ע״ה
שרה יענטל בת ר׳ משה מרדכי ע״ה

ויבלחט״א

In honor of

ר׳ יעקב לייב ב״ר חיים שמואל נ״י
מרת ריזל בת ר׳ יוסף שתחי׳